edition suhrkamp 2560

Ob es um Lehrpläne für Gymnasien geht oder um die Privatisierung öffentlicher Leistungen: Überall auf der Welt sind lokale Autoritäten wie Kommunalpolitiker oder Lehrer mit standardisierten, wissenschaftlich begründeten Rezepten konfrontiert. Vorgegeben werden diese von einer globalen Beraterelite. Mit den Problemen, die entstehen, wenn auf dem Land die Müllabfuhr privatisiert oder Bildung generell auf die Bereitstellung von Humankapital reduziert wird, müssen die Verantwortlichen jedoch alleine zurechtkommen. Richard Münch, einer der international renommiertesten deutschen Soziologen, untersucht die Mechanismen hinter der globalen Standardisierung lokaler Lebenswelten.

Richard Münch, geboren 1945, lehrt Soziologie an der Universität Bamberg. Zuletzt erschien in der edition suhrkamp *Die akademische Elite* (es 2510), Münchs vieldiskutierte Studie zur Hochschulreform.

Richard Münch

Globale Eliten, lokale Autoritäten

Bildung und Wissenschaft
unter dem Regime von PISA,
McKinsey & Co.

Suhrkamp

edition suhrkamp 2560
Erste Auflage 2009
© Suhrkamp Verlag Frankfurt am Main 2009
Originalausgabe
Alle Rechte vorbehalten, insbesondere das
der Übersetzung, des öffentlichen Vortrags sowie der
Übertragung durch Rundfunk und Fernsehen,
auch einzelner Teile.
Kein Teil des Werkes darf in irgendeiner Form
(durch Fotografie, Mikrofilm oder andere Verfahren)
ohne schriftliche Genehmigung des Verlages reproduziert
oder unter Verwendung elektronischer Systeme
verarbeitet, vervielfältigt oder verbreitet werden.
Satz: Hümmer GmbH, Waldbüttelbrunn
Druck: Druckhaus Nomos, Sinzheim
Umschlag gestaltet nach einem Konzept
von Willy Fleckhaus: Rolf Staudt
Printed in Germany
ISBN 978-3-518-12560-1

3 4 5 6 7 8 – 14 13 12 11 10 09

Inhalt

Vorwort 7

Einleitung: Bildung und Wissenschaft zwischen
Weltkultur und nationalen Entwicklungspfaden 8

I. PISA, Bologna & Co.: Bildung unter dem Regime der Humankapital-Produktion 29

1. PISA und Bologna als Teil und treibende Kräfte der Transformation von Bildung *31* – 2. Erzwungener Bildungswandel: verwertbaren Grundkompetenzen statt Fachwissen *39* – 3. Die Transformation der Legitimations- und Erwartungsstrukturen *53* – 4. Fatale Allianzen: Hybride zwischen Weltkultur und nationalen Entwicklungspfaden *60* – 5. Die Transformation der Governance-Strukturen *74* – 6. Die Transformation der Sozialisationsstrukturen *87* – Schlussbemerkungen *90*

II. McKinsey, BCG & Co.: Wissenschaft unter dem Regime des akademischen Kapitalismus 93

1. Warum die deutsche Universität den Anschluss an die internationale Entwicklung verloren hat *93* – 2. Universitäten als Unternehmen *105* – 3. Das Prinzipal-Agent-Modell der Hochschul-Governance *113* – 4. Die Rhetorik der Funktionalität als Instrument der Legitimation von Verdrängungsprozessen *124* – 5. Der Kampf um Positionen im akademischen Feld *139* – 6. Akademischer Kapitalismus: Die zirkuläre Akkumulation von monetärem und symbolischem Kapital durch Universitäten *148* – 7. Die Kulturwissenschaften im Sog des akademischen Kapitalismus *164* – 8. Verdrängungseffekte, Konzentrationsprozesse und die Schließung der Wissensevolution *179* – Schlussbemerkungen *196*

Schlussbetrachtung *199*

Anhang 205
1. Statistische Analysen zu PISA 205
2. Statistische Analysen zur Allokation von Reputation
   und Forschungsgeldern an Forschungseinrichtungen 228

Literatur 250
Nachweise 267

Vorwort

»PISA« und »McKinsey« stehen für einen grundlegenden Wandel der Herrschaft in der Gegenwart. Das »Programme for International Student Assessment« (kurz: »PISA«) verkörpert die Transformation von Bildung in Humankapital, »McKinsey« die Umgestaltung aller Lebensbereiche nach ökonomischen Denkmodellen. Es stoßen globale Eliten auf lokale Autoritäten. Aus ihrem Zusammenspiel entstehen institutionelle Hybride, gute Absichten ziehen oft unerwünschte Nebenfolgen nach sich. Globale Eliten und lokale Autoritäten gehen also fatale Allianzen ein, deren paradoxe Natur in diesem Buch anhand von zwei Fallstudien beleuchtet werden soll. Zunächst geht es um den Wandel der Bildung unter dem Regime der Humankapital-Produktion, dann um den Wandel der Wissenschaft unter dem Regime des akademischen Kapitalismus. Beabsichtigt ist ein Stück soziologische Aufklärung über die Realität, die sich hinter der funktionalen Rhetorik der globalen Eliten verbirgt.

Brigitte Münzel, Margrit Seuling und Julian Hamann haben mich bei der Erstellung des Manuskripts unterstützt. Nils Müller hat einen Literaturbericht zum Thema »akademischer Kapitalismus« erstellt. Christian Baier hat die statistischen Analysen zu PISA durchgeführt, Christian Dressel die Analysen zur Medizin. Ihnen allen sei herzlich gedankt.

Bamberg, im September 2008   Richard Münch

Einleitung:
Bildung und Wissenschaft zwischen Weltkultur und nationalen Entwicklungspfaden

Die Pfadabhängigkeit gesellschaftlicher Entwicklung ist zu einer Art Dogma der sozialwissenschaftlichen Forschung geworden. Ursprünglich zu Recht als Kritik an der Modernisierungstheorie verstanden, hat sich das Theorem so weit verselbständigt, dass es zu einem Hindernis für das Erkennen von globalen Transformationen geworden ist (vgl. Pierson 2004; Beyer 2006). Auf der Gegenseite hat der von John Meyer und seinem Team entwickelte soziologische Institutionalismus die zunehmende Dominanz einer Weltkultur als maßgeblicher Kraft der Konstitution von Nationalstaaten, Organisationen und Individuen starkgemacht (Meyer et al. 1997; Boli und Thomas 1999; Drori et al. 2003; Meyer 2005; Hasse und Krücken 1999; Greve und Heintz 2005). Mit Max Weber könnte man auch von der globalen Verbreitung des von der westlichen Kultur hervorgebrachten Rationalismus der Weltbeherrschung sprechen (Weber 1920/1972a: 435-443; 1972b: 143-147; 1971: 595-598; Münch 1986/1993, 2001a; Schluchter 1988). Die Weltkultur gibt das Skript vor, nach dem Nationalstaaten, Organisationen und Individuen überhaupt als verantwortliche Akteure denkbar sind (Meyer und Jepperson 2000). Um vor dem Gericht der Weltkultur Anerkennung zu finden, müssen sie deren Prinzipien entsprechen und diese in ihrem Handeln umsetzen. Im Sinne Meads könnte man diese Instanz als generalisierten Anderen begreifen (Mead 1968), der im Denken und Handeln stets präsent ist und für eine globale Homogenisierung von Leitbildern sorgt.

Soweit sich tatsächlich eine weltweite Verbreitung gleicher Denk-, Organisations- und Handlungsschemata beobachten lässt, ist das aus institutionalistischer Perspektive nicht durch deren universell wirksame funktionale Effektivität zu erklären, sondern durch ihre Legitimation als Umsetzung weltkultureller Prinzipien mit universellem Geltungsanspruch und die gleichzeitige De-Legitimation partikularer nationaler Traditionen.

Nun kann man aus der Perspektive des Theorems der Pfadabhängigkeit gegen die Diagnose der globalen Verbreitung homogener Schemata das Argument ins Feld führen, dass spätestens bei ihrer praktischen Implementation die Trägheit des Denkens, die Vetomacht (*vested interests*) der von den gegebenen Institutionen profitierenden Akteure und die Kosten der Transaktion wirksam werden und dafür sorgen, dass auch die Diffusion weltkultureller Modelle nichts am Fortbestehen nationaler Idiosynkrasien ändern wird. Diesen Gegenkräften trägt das institutionalistische Konzept der Entkopplung von Formal- und Aktivitätsstruktur Rechnung (Meyer und Rowan 1977). Gerade weil die Umsetzung globaler Vorbilder in historisch gewachsenen Kontexten leicht zu Dysfunktionalitäten führt, ist diese Entkopplung von der zu Legitimationszwecken öffentlich präsentierten Formalstruktur notwendig, um Denken, Organisieren und Handeln funktionsgerecht gestalten zu können. Dennoch entstehen auf diese Weise oft dysfunktionale Hybride, deren inneren Widersprüche die Leistungsfähigkeit von Institutionen in erheblichem Maße lähmen können.

Anstatt einseitig auf der Pfadabhängigkeit oder der Hegemonie der Weltkultur zu insistieren, sollte man sich klarmachen, dass beide Kräfte in einem komplexen Wechselverhältnis stehen. Eine entscheidende Rolle bei der Herausbildung einer *world polity* spielen dabei globale Akteursnetzwerke (in der Gestalt von internationalen Regierungsorganisationen und internationalen Nichtregierungsorganisationen), internationale Institutionen sowie die beschriebenen globalen Leitbilder (Boli und Thomas 1999). Je mehr sich diese Netzwerke, Institutionen und kulturellen Modelle verselbständigen, umso mehr nehmen sie einen transnationalen Charakter an, der unabhängig von den Machtbeziehungen und Verhandlungen zwischen nationalen Regierungen ist. Je weiter dieser Prozess voranschreitet, umso mehr verlieren nationale Akteure an Souveränität und legitimer Macht. Sie werden somit zu Agenten der Weltkultur und durch diese überhaupt erst als legitime Akteure konstituiert. Das geschieht allerdings immer auf der Ebene der formalen Struktur, die von der Aktivitätsstruktur der alltäglichen Praxis abweichen kann, wenn im partikularen Kontext machtvolle Akteure präsent sind. Weil die Weltkultur nur durch die Ausdifferenzierung transnationaler institutioneller und kultureller Felder geschaffen werden kann, gerät sie zwangsläufig in Widerspruch zu den eingefahrenen nationalen Traditionen, sodass sich Anomien, Dysfunktionalitäten und Legitimationskonflikte häufen. Die skizzierte Entkopplung hilft, diese Probleme in Grenzen zu halten.

In jedem Fall haben regionale Traditionen angesichts der Weltkultur ihre selbstverständliche Geltung eingebüßt. Ihre Nutznießer und Verteidiger sehen sich neuen Legitimationszwängen ausgesetzt, ihre Gegner finden neue Möglichkeiten zu wirksamer Opposition. In dieser Situation verlieren idiosynkratische lokale oder nationale Lösungen auch an funktionaler Effektivität, da sich ihr Umfeld geändert hat und ihnen mit der selbstverständlichen Geltung auch die notwendigen motivationalen Ressourcen der Agenten entzogen wurden, die sie in ihrem alltäglichen Handeln praktizieren sollen. Schließlich schwindet im Kontext der Weltkultur auch die Legitimität und Wirksamkeit traditioneller Kollektivbindungen und Solidaritäten. Historisch in partikularen Kontexten gewachsenes Wissen wird zunehmend durch wissenschaftliches Wissen ersetzt (Drori et al. 2003). An die Stelle der traditionellen Bindung des Individuums an Kollektive treten die individuelle Autonomie und die freie Wahl von Bindungen, in die man eintreten und die man nach freier Entscheidung auch wieder auflösen kann. Diese Entwicklung betrifft auch nationale Kollektivbindungen und Zwänge. Es ist nicht länger die Zugehörigkeit zu einer Nation oder Berufsgruppe, die über die Verteilung von Lebenschancen entscheidet, sondern der individuelle Erfolg auf dem Markt. Damit verbunden sind zwei prägende Prinzipien der Weltkultur: Erstens die beschriebene Sakralisierung des wissenschaftlichen Wissens, zweitens die Sakralisierung der individuellen Autonomie. Dementsprechend werden die herrschenden Organisationen der Wissenschaft zu globalen Konsekrationsinstanzen des Wissens. Davon profitieren in erster Linie die Universitäten und besonders angesehene außeruniversitäre Forschungsorganisationen (Stehr 1994; Frank und Gabler 2006; Frank und Meyer 2006).

Die Herausbildung einer globalen akademischen Elite, die sich zunehmend aus den eigenen Reihen rekrutiert und einen exklusiven akademischen Lebensstil pflegt, verleiht dem in ihrer Mitte generierten Wissen die notwendige Sakralität (Burris 2004; Karabel 2005; Lenhardt 2005). Real handelt es sich im Wesentlichen um Vertreter der amerikanischen Spitzenuniversitäten. Vergleichbare Multiplikatoren für das Leitbild der individuellen Autonomie sind nationale Verfassungsgerichte, der Europäische Gerichtshof für Menschenrechte und internationale Menschenrechtsorganisationen. Letztere bilden ein immer dichteres Netzwerk, das nationale Regierungen unter Druck setzt, Menschenrechtsverletzungen zu unterlassen. Die Erklärung der Vereinten Nationen über die Menschenrechte aus dem Jahr 1948 bildet das weltkulturelle Fundament der Argumentation (Boli und Thomas 1999; Koenig 2005a; 2005b). Aus der auf diese Weise geprägten Weltkultur resultieren zwei Mastertrends ihrer Durchsetzung: Die *instrumentelle Rationalisierung von Governance* und die *universale Individualisierung der Lebensführung sowie der Verteilung von Lebenschancen* (Münch 1986/1993; 2001a). Governance im weitesten Sinn meint die Gestaltung des Lebens durch Regierungen, Organisationen und Individuen (im Sinne von Selbst-Governance also). Lebensführung bedeutet die Orientierung des Handelns an Leitbildern. Die Verteilung von Chancen regelt den Zugang des Individuums zu den Ressourcen der Lebensführung.

Die *instrumentelle Rationalisierung von Governance* bezieht sich vor allem auf ihre Verwissenschaftlichung, d. h. die immer umfassendere Inanspruchnahme von wissenschaftlicher Expertise (Drori et al. 2003). Es wächst die Zahl der in die Gesetzgebung einbezogenen Kommissionen und Experten. Das gilt auch für die Gestaltung von Organisationen und individuellem Handeln. Daraus ergibt sich eine eigentümliche Dialektik von Befreiung und Gefangennahme. Akteure sehen sich von den Borniertheiten des traditionellen Wissens und seiner maßgeblichen Träger, d. h. den lokalen Autoritäten, befreit. Die traditionellen Organe der Gesetzgebung und Verwaltung, die Parteien, Gewerkschaften, Kirchen, Verbände und Berufsgruppen verlieren an legitimer Macht. Das ist die Seite der Befreiung. Dagegen gewinnen die wissenschaftlichen Experten, insbesondere die international führenden Netzwerke, Institutionen und Paradigmen an legitimer Macht. Infolgedessen werden weltweit die Problemlagen ähnlich definiert und mit denselben Rezepten in Angriff genommen. Das ist die Seite der Gefangennahme. Es handelt sich um einen Prozess, in dem sich Herrschaft immer weniger als legitime Machtausübung von dafür verantwortlichen Amtsträgern äußert, die man im Rahmen demokratischer Kontrollverfahren auch zur Rechenschaft ziehen kann. Stattdessen zeigt sie sich immer mehr als eine Wissensordnung, die festlegt, was als vernünftiges, der Wahrheit verpflichtetes und richtiges Handeln gelten kann (Bittlingmayer 2005).

Für unseren Untersuchungszusammenhang ist insbesondere die zunehmende Unterwerfung historisch gewachsener lokaler Praktiken unter global zur Dominanz gelangte ökonomische Denkmodelle von entscheidender Bedeutung. Diese Modelle beherrschen in wachsendem Maße die Gesellschaftspolitik, von der Bildungspolitik bis zur Sozial- und Gesundheitspolitik. Besondere Relevanz besitzen dabei Modelle, die aus der Neuen Institutionenökonomik abgeleitet werden. Die Alte Institutionenökonomik hatte sich in Gestalt der Politischen Ökonomie (Adam Smith, David Ricardo) und der Kritik der Politischen Ökonomie (Karl Marx) noch mit den institutionellen Grundlagen (Staat, Verwaltung, Recht) der Ökonomie bzw. den ökonomischen Grundlagen von Staat und Verwaltung beschäftigt. Dagegen hat sich die Neoklassik ganz auf die ökonomischen Gesetzmäßigkeiten unter idealen, modelltheoretisch spezifizierten Bedingungen konzentriert. Dazu gehörten die Annahme der vollständigen und allen Akteuren gleich zugänglichen Information und die Ausblendung der Formung des menschlichen Handelns und der Beziehungen zwischen den Akteuren durch Institutionen. Die ökonomische Theorie hat sich auf diese Weise aus der Untersuchung aller nichtökonomischen Bereiche der Gesellschaft zurückgezogen und auch die Strukturierung der Ökonomie durch Institutionen anderen Disziplinen – der Soziologie, der Politikwissenschaft und der Rechtswissenschaft – zur Erforschung überlassen.

Die Neue Institutionenökonomik hat genau diese beiden Desiderate aufgegriffen und sowohl die ökonomische Seite des Nichtökonomischen als auch die institutionelle Seite des Ökonomischen wieder in den Blick genommen. Mit umso größerem Universalitätsanspruch tritt seitdem die Ökonomie als diejenige gesellschaftswissenschaftliche Disziplin auf, die alles erklären kann, nicht nur das Angebots- und Nachfrageverhalten von Marktteilnehmern und dessen Effekte auf Preise, sondern beispielsweise auch die Arbeitsteilung in Familien, den Erwerb von Bildung und die Ausübung krimineller Akte. Jedes Mal geht es dabei um Investitionen, die mehr oder weniger Nutzen für die Akteure abwerfen. Im Sog dieser Expansion des ökonomischen Denkens ist eine Art ökonomischer Imperialismus entstanden, der alles Denken über das menschliche Handeln und die Gesellschaft den eigenen Prinzipien unterwirft.

Den Anstoß für die Entwicklung der Neuen Institutionenökonomik hat ein 1937 von Ronald Coase veröffentlichter Aufsatz gegeben. Coase (1937) erklärt in diesem Aufsatz, warum es überhaupt Unternehmen gibt und warum sie in sich nicht wie Märkte funktionieren, sondern hierarchisch organisiert sind. Im Wesentlichen sind Märkte für komplexe Anforderungen und Unsicherheiten der Herstellung und Distribution von Gütern nicht geeignet. Dagegen erfüllt die Organisationsform eines Unternehmens genau diese Bedingungen. Die Neue Institutionenökonomik hat sich inzwischen zu einem breit ausgefächerten Forschungsansatz entwickelt, der sich mit der institutionellen Strukturierung der Ökonomie und der ökonomischen Strukturierung von Institutionen beschäftigt. Neben den Institutionen der Wirtschaft stehen dabei die Institutionen des Rechts und der Politik im Vordergrund. Einen umfassenden Forschungsansatz der Neuen Institutionenökonomik hat Douglas North (1990) entwickelt. Die Institutionen der Wirtschaft sind insbesondere Gegenstand der Transaktionskostenökonomik und der Prinzipal-Agent-Theorie, die Institutionen des Rechts Gegenstand der Theorie der Verfügungsrechte, die Institutionen der Politik Gegenstand der Verfassungsökonomik und der Neuen Politischen Ökonomie.

Für unseren Untersuchungszusammenhang besonders relevant sind die Forschungsansätze, die sich mit der Interdependenz von Institutionen und ökonomischem Verhalten beschäftigen, ihre Modelle jedoch auch auf Gegenstände jenseits der Ökonomie im engeren Sinn übertragen, so etwa auf die Gestaltung von Bildung und Wissenschaft. Die Transaktionskostenökonomik ist insbesondere mit der Frage befasst, wie sich erklären lässt, warum bestimmte Güter in hierarchischer Organisation, andere durch Märkte hergestellt und verteilt werden. Auf der Grundlage der Pionierarbeit von Coase haben Kenneth Arrow (1974) und Oliver Williamson (1985) wichtige Beiträge zu diesem Forschungsansatz geleistet. Die Prinzipal-Agent-Theorie widmet sich einem Spezialproblem, dem Verhältnis zwischen Auftraggeber (Prinzipal) und Auftragnehmer (Agent). Dieser Forschungsansatz wurde 1976 von Jensen und Meckling (1976) in einem Aufsatz zur Theorie der Firma eingeführt. Er fußt auf der Theorie unvollständiger Verträge. In institutionenökonomischer

Sicht lassen sich alle sozialen Beziehungen als Vertragsbeziehungen begreifen. Bei unvollständigen Verträgen befinden sich beide Seiten in mehr oder weniger großen Unsicherheiten (Informationsasymmetrien) über die Leistungserbringung des Vertragspartners. Der Auftraggeber ist unsicher, wieweit der Auftragnehmer willens und in der Lage ist, seine Erwartungen zu erfüllen. Der Auftragnehmer ist unsicher, ob der Auftraggeber willens und fähig ist, das von ihm erstellte Produkt abzunehmen und erwartungsgemäß zu bezahlen. In der Anwendung der Theorie dominiert die Perspektive des Prinzipals. Er muss einerseits dem Agenten relativ große Freiräume gewähren, um dessen Wissen und Können nutzen zu können. Andererseits läuft er dadurch Gefahr, dass der Agent seine Freiräume zu dessen Vorteil und zum eigenen Nachteil nutzt. Es besteht die Möglichkeit, dass der Agent die Vorleistungen des Prinzipals nicht durch die erwartete Gegenleistung erwidert (*hold up*), den gewährten Freiraum für eigene Zwecke nutzt (*shirking*) oder die Solidarität bzw. Kollegialität einer Gemeinschaft schamlos ausbeutet (*moral hazard*). Infolgedessen entsteht Bedarf an Kontrollen, die wiederum im Interesse der Nutzung von Wissen und Können des Agenten weniger auf den Herstellungsprozess und mehr auf das Endprodukt bezogen sind. Eine häufig angewandte Form der Kontrolle sind Zielvereinbarungen und Kennzahlen, anhand derer Menge und Qualität von Endprodukten bestimmt werden.

Die Neue Institutionenökonomik bedeutet für die ökonomische Theorie eine Erweiterung und Überwindung der neoklassischen Beschränkungen. Sie hat neue Einsichten gebracht und neue Anwendungsgebiete geschaffen. Aus einer umfassenderen gesellschaftswissenschaftlichen Perspektive hat sie die Schattenseite, die Sicht auf die soziale Wirklichkeit auf ein enges Spektrum von Annahmen über menschliches Verhalten, soziale Beziehungen und Strukturen der gesellschaftlichen Praxis einzuschränken. Das gilt insbesondere für die Dimensionen des menschlichen Handelns, die nicht auf Nutzenmaximierung ausgerichtet sind, für soziale Beziehungen, die sich nicht als Tauschvorgänge begreifen lassen, und für Strukturen der gesellschaftlichen Praxis, die nicht vertraglichen Charakter haben. Bei der Anwendung institutionenökonomischer Modelle werden diese nichtökonomischen Dimensionen verfehlt, wodurch sie die soziale Realität nur eingeschränkt erklären und die gesellschaftliche Praxis nur unzureichend anleiten können. Beherrschen sie trotzdem die Gestaltung sozialer Reformen, dann erzeugt ihre praktische Anwendung wegen der nicht vorhergesehenen Interdependenzen jede Menge unerwünschte Folgen. Ihre Hauptwirkung besteht dann in einer *self-fulfilling prophecy*. Wenn die soziale Realität – anders als zuvor – nur noch in den Kategorien von Verträgen und Prinzipal-Agenten-Beziehungen gesehen wird, dann werden sich die entsprechenden Akteure auch wie Vertragspartner bzw. Prinzipale oder Agenten verhalten und alles vergessen, was vorher ihr Handeln, ihre Beziehungen und ihre soziale Praxis ausgezeichnet hat. Zumindest werden das nachfolgende Generationen tun, die in diesem Denken sozialisiert wurden. Die neuen Praxismodelle setzen sich dann nicht deshalb durch, weil sie die alten Zwecke besser erfüllen, sondern weil sowohl Zwecke als auch Mittel neu bestimmt worden sind. Oft entstehen dabei institutionelle Hybride, die weder die alten noch die neuen Zwecke wie gewünscht erfüllen. Wir werden diese Merkwürdigkeit eines als Modernisierung gedachten sozialen Wandels hier sowohl im Feld der von PISA geprägten Umstellung von Bildung auf Humankapitalproduktion als auch im

Feld der von McKinsey & Co. angeleiteten Umwandlung von Universitäten in Unternehmen beobachten können. Das wird sich auch bei einer maßgeblichen praktischen Anwendung der Prinzipal-Agent-Theorie zeigen, nämlich bei der Umwandlung von Behörden der öffentlichen Verwaltung in Dienstleistungsbetriebe nach Maßgabe von New Public Management (NPM) bzw. nach dem Neuen Steuerungsmodell (NSM) (Lane 2000).

Die Bewegung des New Public Management resultierte aus dem Einfluss des ökonomischen Denkens auf Verwaltungsreformen, zunächst in den USA, in Großbritannien und Neuseeland, dann aber auch in vielen anderen Ländern. Nach diesem Modell leidet der einst von Max Weber (1922/1976) beschriebene Typus der bürokratischen Verwaltung unter Inflexibilität, grenzenloser Expansion, nicht mehr zu befriedigendem Finanzbedarf und mangelnder Servicequalität für die Bürger. Aus der Umwandlung von Verwaltungsbehörden in öffentliche oder noch besser private Dienstleistungsunternehmen verspricht man sich spiegelbildlich mehr Flexibilität, Kostenbewusstsein und Servicequalität. Im neuen Dienstleistungsunternehmen wird das Denken in den Kategorien von Verträgen, Wettbewerb, Kosten-Nutzen-Rechnung und Prinzipal-Agenten-Beziehungen der Neuen Institutionenökonomik in die Praxis umgesetzt. An die Stelle bürokratischer Regeln – aber auch an die Stelle von Handeln nach Maßgabe von professionellen Ethiken – treten Kontraktmanagement mit Zielvereinbarungen, Outputorientierung statt Regeltreue bzw. Berufsethik, Controlling, Kosten- und Leistungsrechnung, Berichtswesen, Budgetierung, Kundenservice, prozessorientierte Organisation, Qualitätsmanagement und Benchmarking in die Konkurrenz mit vergleichbaren Leistungsanbietern. Das sieht im Vergleich zum

»schwerfälligen« bürokratischen Apparat außerordentlich modern, kostensparend und leistungsfähig aus. Gleichwohl gilt auch für NPM, dass der Erfolg seiner Einführung weniger der besseren Erfüllung der alten Zwecke zu verdanken ist, als vielmehr der Umstellung der Sicht auf die soziale Praxis, der Veränderung nicht nur der Mittel, sondern auch der Zwecke und der Sozialisation der nachfolgenden Generationen. Letztere können sich dann Verwaltung nur noch als Dienstleistungsunternehmen vorstellen. Sie verhalten sich nicht mehr wie Beamte und auch nicht wie Professionelle mit eigener Professionsethik, sondern wie Wettbewerber auf einem Markt. Sie wollen ihren eigenen Nutzen maximieren und werden dabei mittels Wettbewerb, Benchmarking und Controlling auf die Bahn eines verbesserten Kundenservice gelenkt. Konsequenterweise wird die Einführung von NPM von der Forderung begleitet, die Juristen in den Verwaltungen durch Ökonomen zu ersetzen. Dadurch wird gewährleistet, dass das neue Denken unabhängig von den Realitäten in der Praxis verankert wird. Die Reformer schaffen so flächendeckend neue Arbeitsplätze für ihre Profession.

Die Probleme dieser Art der Modernisierung als Mittel- und Zielverschiebung unter der Hand resultieren daraus, dass unerwartete Interdependenzen die Modelle in der Praxis verändern. Auch hier entstehen Hybride, die den alten Zielen nicht mehr dienen können, die neuen aber nicht erfüllen. Die eigentliche Sacharbeit wird von Berichtspflichten, Controlling, aufwändigen Suchprozessen (*screening*) und umfassendem Marketing der Serviceangebote (*signalling*) überwuchert. Die Aktivitäten werden einseitig auf die Erfüllung von Kennzahlen ausgerichtet, was bei komplexen Aufgaben zu Qualitätseinbußen führt. Paradoxerweise geschieht das unter der Ägide des Qualitätsmanagements. Mikropolitische Kämpfe um Positionen beherrschen infolge der Umstellung auf Wettbewerb und permanenten Wandel den Alltag und beeinträchtigen zusätzlich die Leistungen. Mitarbeiter, die vorher nur ganz normal ihre Arbeit getan haben, werden nun zu Mobbingspezialisten. Wie man zur Bezeichnung des Reformprozesses auf den englischen Begriff »business process reengineering« zurückgreifen muss, gibt es auch für die unerwünschten Begleiterscheinungen nur die entsprechenden englischen Begriffe. Es werden eben nicht einfach bessere Mittel zur Erreichung der gegebenen Ziele eingesetzt, vielmehr geht es um die Konstruktion einer ganz neuen sozialen Realität, die ihre eigene Sprache hat. Weil die neue Sprache allerdings noch nicht fest in der Lebenswelt verwurzelt ist, wirkt sie oft aufgesetzt, hohl und irreführend. Sie ist dann bloße Rhetorik. Statt der erwünschten vollkommenen Märkte mit offenem Wettbewerb entstehen oft Quasimärkte mit allerlei Unvollkommenheiten oder gar irreführend als Märkte bezeichnete Pseudomärkte sowie fälschlicherweise als Wettbewerb titulierte Pseudowettbewerbe. Hinter der Markt- und Wettbewerbsrhetorik verbergen sich dann Monopol- bzw. Oligopolbildungsprozesse mit ganz anderen Effekten als den erwarteten. Auch diese Schattenseite der Modernisierung nach ökonomischen Denkmodellen wird uns bei der Vermarktlichung von Bildung und Wissenschaft begegnen.

Die entsprechenden Reformen werden in aller Regel mit den funktionalen Notwendigkeiten der Anpassung von Institutionen an neue Anforderungen, mit dem Versprechen der Leistungsverbesserung und der Beseitigung von Funktionsdefiziten begründet, ohne dass es dafür jedoch harte empirische Beweise gäbe. Ihre Durchsetzung erklärt sich deshalb weniger funktional und eher aus globalen Machtverschiebungen sowie der damit einhergehenden Diffusion von Rationalitätsmodellen der Gesellschaftsgestaltung. Funktionalitätsargumente verleihen den neuen Machthabern allerdings Legitimität. So geht den Reformen in aller Regel eine Expertendiagnose voraus, nach der Organisationen und ganze Gesellschaften krank sind, unter Funktionsdefiziten, Leistungsschwächen, Kostenexplosion, innerer Kündigung der Mitarbeiter und mangelndem Engagement der Bürger leiden. Maßstab dieser Diagnose ist das Bild, das man sich aus der neuen Weltsicht von einer gesunden Organisation bzw. Gesellschaft macht. Dabei wird übergangen, dass sich die Situation aus der alten Weltsicht ganz anders darstellt. Aus der neuen Weltsicht folgt dann auch die Therapie, die nur darin bestehen kann, Organisationen und Gesellschaften an das neue Ideal anzupassen, koste es, was es wolle. Die Schattenseiten des neuen Ideals müssen dann in Kauf genommen werden, um vor dem Gericht der Weltkultur bestehen zu können.

Die *universale Individualisierung der Lebensführung* befreit das Individuum aus lokalen Kollektivbindungen. Die Verteilung von Lebenschancen entzieht sich der Organisation durch Kollektive, um sie den Gesetzmäßigkeiten des Marktes zu überlassen. Das Individuum gewinnt Spielräume der freien Entfaltung hinzu, Kollektivzugehörigkeiten und die damit verbundenen Privilegien machen einer offeneren Form der Verteilung von Lebenschancen Platz. Die Kehrseite dieser großen Befreiung des Individuums durch transnationale Netzwerke, Institutionen und Leitideen, Schemata sowie Paradigmen ist dessen Unterwerfung unter die Gesetze des Marktes. Es sind eine *Rekommodifizierung der Lebensführung* des Individuums und eine *Rekommodifizierung der Verteilung von Lebenschanchen* durch Markterfolg zu beobachten. Mit dem Machtverlust von historisch gewachsenen Kollektiven verliert auch die Nation als Kollektiv an Bindungskraft und somit an der Fähigkeit, ungleichen Markterfolg zu kompensieren. Eine Folge davon besteht darin, dass die Ungleichheit zwischen Nationen abnimmt, während sie innerhalb von Nationen größer wird (Münch und Büttner 2006). Die soziale Differenzierung von Lebenschancen wird durch die Abspaltung einer transnationalen Elite und einer marginalisierten Gruppe der Geringqualifizierten von der breiten, auf ein standardisiertes Niveau von Lebensführung und Lebenschancen normalisierten Masse der Bevölkerung, den »neuen Spießern«, geprägt. Die globale Herrschaft der Wissenschaft greift in diesen Prozess in dem Sinne ein, dass die Verfügung über Wissen zum zentralen Kriterium der sozialen Inklusion wird. Das kommt in der Selbstverständlichkeit zum Ausdruck, mit der von der »Wissensgesellschaft« bzw. von der »wissensbasierten« Ökonomie gesprochen wird. In dieser so definierten »Wissensgesellschaft« setzt sich eine Stratifikation nach dem Grad der Verfügung über Wissen durch, von der die Stratifikation nach Geld, Macht, Herkunft und Prestige überlagert und kolonisiert wird. Die transnationale Elite ist in erster Linie eine Wissenselite, die sich durch die Fähigkeit der Entwicklung von neuem Wissen auszeichnet. Die marginalisierten Habenichtse sind in erster Linie Menschen ohne die Fähigkeit, Wissen aufnehmen und verarbeiten zu können. Zwischen diesen beiden Extremen steht die Masse der Bevölkerung, die das vorhandene Wissen verarbeiten und anwenden, aber kein neues Wissen entwickeln kann. Der Stratifikation nach Wissenseliten, Wissensarbeitern und Unwissenden folgt in zunehmendem Maße auch die Stratifikation nach Einkommen, Macht und Prestige (Reich 1991).

Aus der Sicht der ökonomischen Modernisierung der Gesellschaft, die uns hier beschäftigt, ist die Wissensgesellschaft maßgeblich durch eine wissensbasierte Ökonomie geprägt. Das heißt, dass Wissen dominant als eine ökonomische Ressource verstanden wird. Dementsprechend wird es wie ein Individualgut auf einem Markt gehandelt, es wird in Wissen und Wissensvermehrung investiert und es werden mit Wissen Renditen erzielt. In dieser Perspektive ist es naheliegend, dass die Investition in Wissen eine Sache von Unternehmen ist, die sich auf dem Markt des Wissens in der Konkurrenz mit anderen Unternehmen behaupten wollen. Das kleinste Unternehmen dieser Art ist das einzelne Individuum, das in seine Bildung investiert, um aus diesem »Humankapital« eine Rendite zu erwirtschaften, wie Gary Becker (1993) aus institutionenökonomischer Sicht dargelegt hat.

Die konsequente Umsetzung dieser Perspektive bedeutet, dass der Staat seine Aufgabe weniger in der öffentlich-rechtlichen Organisation und Kontrolle von Bildung und Forschung hat und mehr in der Einrichtung und Regulierung von Märkten für Bildung und Forschung, auf denen jede Nachfrage ein korrespondierendes Angebot findet und auf denen Wettbewerb zu einer Mehrung von Bildung und Wissen zum Nutzen aller führt. Als Unternehmer seiner selbst wird das Individuum auf einem solchen Markt diejenigen Anreize finden, die es zur Investition in Bildung und Wissensvermehrung zum eigenen Vorteil und zum Nutzen der Gesellschaft veranlasst. Wie Foucault (2006) in seiner Analyse des Neoliberalismus und der durch ihn verkörperten Idee der Gouvernementalität der Gegenwart demonstriert hat, ist das typisch für die Regierungskunst im Zeitalter der Globalität. Wo sich die Gesellschaftsgestaltung immer weniger auf Territorialherrschaft mittels staatlicher Gesetze und auf staatliche Disziplinarmacht stützen kann, findet die Regierungskunst ihre Bestätigung in der Intersektion der Respektierung individueller Rechte und der Veridiktion durch den Markt (vgl. Lemke 1997, 2000; Bröckling et al. 2000; Lessenich 2003). Allerdings ist die Realität eine andere als in der Theorie des Neoliberalismus gedacht. Bei der Verwirklichung der Idee der Steuerung und Mehrung von Bildung und wissenschaftlichem Wissen zeigt sich eine Vielzahl von Unvollkommenheiten der Märkte und von Unzulänglichkeiten des Regierens.

Somit bildet sich eine Doppelstruktur der Herrschaft heraus: Das transnationale Feld der Politik überlagert das nationale, in dem die politischen und administrativen Eliten (Regierungen, Parlamente, Parteien und Verbände) die Oberhand haben, während sich die Experten, Manager und Unternehmensberater in einer untergeordneten Position befinden. In diesem klassischen Modell der demokratischen Herrschaft im Nationalstaat haben die Medien und die Wissenschaften eine dienende, eher informierende Funktion. Im Feld der transnationalen Politik übernehmen jedoch die wissenschaftliche und die wirtschaftliche Elite gemeinsam das Regiment, während sich die alten Partei-, Verwaltungs- und Verbandseliten unterordnen müssen. Die Wissenschaft wird nun selbst zur Herrscherin über die Politik, die Massenmedien konstruieren eher die politische Realität, als dass sie über das politische Geschehen informierten. Die legitime Form demokratischer Herrschaft im Nationalstaat wird so von nichtlegitimer, wissenschaftlich angeleiteter Governance dominiert.

Abbildung E-1 gibt die Doppelstruktur der Herrschaft wieder. Auf der x-Achse verlagert sich das Zentrum der Herrschaft von der Seite des kulturellen, traditional oder lebens-

Abb. E-1: Die Doppelstruktur der Herrschaft im nationalen und transnationalen Feld der Politik

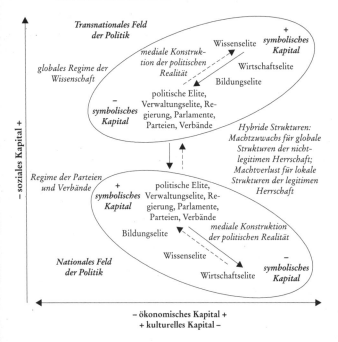

weltlich begründeten Kapitals auf die des ökonomischen, wodurch instrumentelles wissenschaftliches Wissen aufgewertet wird. Auf der y-Achse wächst das soziale Kapital transnationaler Expertennetzwerke und Institutionen sowie deren für die Durchsetzung wissenschaftlich begründeter Modelle verfügbares symbolisches Kapital, während das der nationalen Parteien und Verbände schrumpft.

Dieser Strukturwandel der Herrschaft wird in der Politikwissenschaft im Rahmen von theoretischen Modellen der Legitimierung regulativer Politik durch die Treuhänderschaft von Experten erklärt. Paradigmatisch steht dafür der Beitrag von Giandomenico Majone (1996) zur Ablösung der alten »distributiven« Politik im nationalen Wohlfahrtsstaat durch die neue »regulative« Politik auf der Ebene der Europäischen Union.

Während die Legitimität distributiver Politik nur aus einem Kompromiss zwischen den betroffenen, verbandlich organisierten Gruppen hervorgehen kann (*bargaining*), stützt sich die regulative Politik auf den »Sachverstand« von Experten. Beschlüsse der regulativen Politik beruhen insofern auf diskursiven Verfahren der Deliberation (*arguing*). Die Ergebnisse dieser Verfahren sollen sich dadurch auszeichnen, dass sie dem Interesse der »Allgemeinheit« Ausdruck verschaffen anstatt den partikularen Interessen nationaler Regierungen und einzelner gesellschaftlicher Gruppen (Joerges und Neyer 1997; Gehring 2002).

Das Regime der Experten erhält auf diese Weise von der Politikwissenschaft das Qualitätssiegel der Legitimität. Man sollte allerdings nicht übersehen, dass jeder reale Diskurs durch den Einsatz von Macht geschlossen wird, da er sonst zu keinem verbindlichen Ergebnis käme. Diese Schließung findet statt, wenn sich bestimmte Expertengruppen im Feld durchsetzen und sodann maßgebliche Definitionsmacht ausüben. Mit solchen Phänomenen setzt sich die kritische politikwissenschaftliche Literatur auch durchaus auseinander. Sie verweist z. B. auf das wachsende Missverhältnis zwischen internationaler Wirtschaft und nationaler Demokratie (Bieling und Deppe 1996; Streeck 1998; Ziltener 1998). Die EU-Kommission reagierte auf entsprechende Vorwürfe mit einem Programm, das die Beratungen der Expertenkommissionen (es handelt sich um die so genannte »Komitologie«)

transparenter machen soll. Kommissionen gelangen allerdings nur dann zu einem Ergebnis, wenn der Diskurs von mächtigen Akteuren in eine bestimmte Richtung geleitet und das Alternativenspektrum eingeengt wird. Kollektiv bindende Entscheidungen sind ohne die Ausübung von Macht nicht möglich. Und daran ändern auch kritische, auf mehr Transparenz drängende Forscher wenig. Vielmehr tragen auch sie zur Verbreitung der Illusion bei, Entscheidungen der regulativen Politik würden durch allgemeingültiges, quasi neutrales Wissen legitimiert.

Je mehr sich die Politikwissenschaft darum bemüht, Wege der Legitimation von Politik im transnationalen Feld aufzuzeigen, umso mehr wird sie zu einer Mitspielerin in dieser Arena. In dieser Position muss sie zwangsläufig die Rolle der Aufklärung über die Vorgänge hinter den Kulissen zugunsten der Mitwirkung an der Konstruktion einer wirksamen, Legitimität erzeugenden Illusio aufgeben. Diese Rolle fällt dann eher einer Soziologie zu, die sich aus dem Spiel heraushält, sich dann aber zwangsläufig dem Verdikt aussetzt, nur eine Spielverderberin zu sein, die keinen konstruktiven Beitrag zur Gestaltung der neuen Verhältnisse leistet. Das ist indessen nur die verengte Sicht aus dem Spiel selbst heraus. Ohne den Blick von außen gäbe es keine Möglichkeiten zur Änderung der Spielregeln. Das ist die klassische Rolle der soziologischen Aufklärung. Verändern kann man die Regeln jedoch nur, wenn man selbst mitspielt. Wenn das eher von der Politikwissenschaft als von der Soziologie geleistet wird, handelt es sich um eine durchaus zweckmäßige Arbeitsteilung zwischen diesen beiden Disziplinen (vgl. Bourdieu 2004).

Der skizzierte Strukturwandel der Herrschaft zwischen nationalen Traditionen und transnationalem Veränderungsdruck, zwischen lokaler Praxis und globalem Wissen, lokalen Autoritäten und globalen Eliten soll in diesem Buch in zwei Studien untersucht werden. Die eine widmet sich dem Wandel des deutschen Bildungssystems unter dem globalen Regime der Humankapital-Produktion, wie es vom Programme for International Student Assessment (PISA), der Organisation für wirtschaftliche Zusammenarbeit und Entwicklung (OECD) und vom europäischen Bologna-Prozess verkörpert wird. Die andere beschäftigt sich mit dem Wandel des deutschen Universitätssystems unter dem Regime des sich global ausbreitenden akademischen Kapitalismus unternehmerischer Universitäten, der angeleitet wird von Unternehmensberatungen wie McKinsey oder Boston Consulting Group (BCG).

I. Pisa, Bologna & Co.:
Bildung unter dem Regime der Humankapital-Produktion

Die globale Verbreitung der wissenschaftlich-technischen Zivilisation reißt lokale Lebenswelten also aus ihrem historisch gewachsenen Zusammenhang. Sie verlieren ihre traditionale Legitimität und müssen im Lichte des herrschenden wissenschaftlichen Wissens ihre Geltung behaupten und sich als nützliche Ressource zur Akkumulation von ökonomischem, politischem oder sozialem Kapital beweisen. Die wissenschaftlich-technische Zivilisation erzeugt im Sinne John Meyers (2005) eine Weltkultur, die eine solche Verbindlichkeit erlangt, dass sie selbst Nationalstaaten, Organisationen und Individuen in ihrer legitimen Struktur, Identität und Verantwortlichkeit konstituiert.

Ein aktuelles, politisch hochrelevantes Beispiel für diesen Mechanismus ist die verbindliche Definition von Bildungsstandards im Rahmen der PISA-Testreihe der OECD. Im europäischen Kontext lässt sich der Bologna-Prozess der Schaffung eines europäischen Hochschulraumes als ein solches Verfahren interpretieren, in dem national divergierende Bildungstraditionen einem gemeinsamen, weit über Europa hinaus global einheitlichen Bildungskonzept unterworfen werden. In diesem Rahmen müssen sich nun lokale Kulturen der Bildung, die zuvor eine eigene Geltung und Würde für sich beanspruchen konnten, dem internationalen Vergleich mit Bildungsstandards unterziehen, die mit wissenschaftlicher Autorität ausgestattet sind.

PISA und Bologna sind überaus aufschlussreiche Untersuchungsgegenstände für die oben beschriebenen Mechanismen. Dazu gehört auch die Durchsetzung einer globalen wissenschaftlich-technischen Governance von Experten, von der die nationalen und lokalen Formen der Herrschaft von Parlamenten, Parteien und Verbänden verdrängt werden. Gleichzeitig ist eine im Vergleich zu den kollektiven Solidaritäten der nationalen Wohlfahrtsstaaten zunehmende Re-Kommodifizierung der individuellen Lebensführung und der Verteilung von Lebenschancen zu beobachten. Die Bildung wird den nationalen Eliten (also den Lehrerverbänden, den Bildungspolitikern der Parteien und den Ministerialbeamten) von einer transnationalen Koalition aus Forschern, Managern und Unternehmensberatern aus der Hand gerissen. Schließlich hat die Bildung nicht länger die Funktion der Reproduktion der ständischen Strukturen der Fachbildung, vielmehr wird sie auf die Vermittlung von Grundkompetenzen verpflichtet, die notwendig sind, um sich auf dem offenen Markt zu behaupten. Sie dient nun der Produktion und Reproduktion von Humankapital, das Rendite erwirtschaften soll. Das ist Sinn und Zweck des neuen Bildungs-Kapitalismus.

Die PISA-Studie sowie ihre Wirkungen auf die nationale Bildungspolitik und der Bologna-Prozess sind Teil und zugleich treibende Kraft einer großen Transformation der Bildung. Das alte Paradigma, in dem Bildung als Kulturgut und Fachwissen verstanden wurde, wird nun vollständig durch ein neues, ökonomistisches Leitbild abgelöst. Dieser Prozess wird durch die Ausdifferenzierung transnationaler Akteursnetzwerke (Bildungsforscher) und Institutionen (OECD, EU) vorangetrieben, die zunehmend symbolische Macht ausüben und nationale Akteure (Philologenverbände) und Institutionen (Kultusministerien, Schulämter) aus der herrschenden Position drängen. Erleichtert wird diese tiefgreifende Transformation dadurch, dass sie auf dem Weg einer *self-fulfilling prophecy* genau diejenigen Legitimations-, Erwartungs-, Sozialisations- und Governance-Strukturen erzeugt, auf die sie angewiesen ist.

Für eine möglicherweise sehr lange Übergangszeit entsteht ein hybrides Bildungssystem, das weder die alten noch die neuen Ziele erreicht. Die Veränderungen vollziehen sich in den Bahnen des nationalen Entwicklungspfades. Diese hybride Form der weltkulturell induzierten Modernisierung hat jedoch insbesondere in Deutschland ein Schul- und Hochschulsystem hervorgebracht, das von massiven Widersprüchen gelähmt wird.

1. PISA und Bologna als Teil und treibende Kräfte der Transformation von Bildung

Bei der PISA-Studie (zu den muttersprachlichen, mathematischen und naturwissenschaftlichen Kompetenzen 15-jähriger Schüler) geht es um das Benchmarking der OECD-Mitgliedstaaten in der Erfüllung global definierter Bildungsstandards, im Rahmen des Bologna-Prozesses um die europaweite Angleichung der tertiären Bildung nach dem Bachelor-Master-Modell (Baumert et al. 2001; 2002; Terhart 2002; Eckard 2005; Alesi et al. 2005). Beide Projekte sind, wie oben bereits angedeutet, einerseits ein Ergebnis der Diffusion weltkultureller Leitbilder, die von transnational vernetzten Experten und Institutionen vorangetrieben wird, andererseits sind sie selbst zu wirkungsvollen Trägern dieser Expansion und ihres Hineinwirkens in nationale Gesellschaften geworden.

In dieser Weise wirken sie als Dispositive der Macht eines globalen Regimes der Wissenschaft, sie illustrieren die Herausbildung eines Monopols der legitimen Definition von Bildung durch eine globale Forscherelite. Die institutionelle Basis dafür ist im Falle von PISA die OECD. Die am Bologna-Prozess beteiligten Staaten haben eine spezielle Organisation geschaffen, die EU nimmt nach anfänglichem Zögern eine Führungsrolle ein (Martens, Balzer, Sackmann und Weymann 2004; Martens und Weymann 2007; Martens, Rusconi und Leuze 2007).

Obwohl es schon seit den siebziger Jahren Versuche der internationalen Koordination der Bildung gegeben hat, ist erst Ende der Neunziger ein Durchbruch gelungen, der zu PISA und Bologna geführt hat. Wie ist das zu erklären? Nach dem entwickelten theoretischen Leitfaden ist die maßgebliche Ursache in Machtverschiebungen von der nationalen zur transnationalen Ebene zu vermuten. Insbesondere im Rahmen der OECD haben sich ursprünglich spontane, lose und zerbrechliche Kontakte von Bildungsexperten zu dauerhaften, engmaschigen und stabilen Netzwerken entwickelt, die über deutlich größere Durchschlagskraft und Ausdauer in der Entwicklung, Diffusion und Umsetzung von Leitideen verfügen. Die OECD ist der Kristallisationspunkt dieser Aktivitäten. Die transnationalen Bildungsexperten sind zu Trägern einer Fraktion innerhalb der Diskursformation »Bildung« geworden und haben das Konzept des Humankapitals zu einem einflussreichen Paradigma gemacht. Auf diesem Wege ist das Modell der möglichst breiten Einbeziehung der Bevölkerung in die Allgemeinbildung bis zur tertiären Stufe der Universitäten weltweit zu einem verbindlichen Standard geworden, ohne dass es einen Beweis dafür gäbe, dass es im Vergleich zu einem beruflich ausdifferenzierten Modell der Bildung, wie es in der deutschen Tradition entwickelt wurde, mehr Wirtschaftswachstum, umfassendere soziale Inklusion oder eine stärkere Beteiligung der Bürger an demokratischen Entscheidungsprozessen mit sich bringt. Das angestrebte Modell ist zum Selbstzweck geworden, Kritiker, die an die Erfolge des deutschen Bildungssystems erinnern, stehen auf verlorenem Posten (Hinrichs 2008).

Die neue Leitidee der Bildung als Humankapital ist eingebettet in ein Weltbild, das die Gesellschaft als »Wissensgesellschaft« versteht, die mit einer »wissensbasierten« Ökonomie im zunehmend härteren internationalen Wettbewerb bestehen muss. Dieses Weltbild wird durch eine Koalition transnationaler Eliten (Manager, Unternehmensberater, Wirtschaftsprüfer und Analysten) gestützt, die innerhalb der Diskursformation »Wirtschaft« den Standortwettbewerb in den Vordergrund geschoben haben. Auch dieser Diskurs hat sich in den neunziger Jahren transnational stabilisiert. Weltöffentlich sichtbar wird dies insbesondere während des Wirtschaftsforums in Davos, das immer größere Aufmerksamkeit erzielt (Lohmann 2001). Während die Fraktion »Standortwettbewerb« in den neunziger Jahren die von den Gewerkschaften getragene Forderung »Wohlstand für alle« in die Defensive gedrängt hat, ist dies den Verfechtern des »Humankapitals« im Hinblick auf die maßgeblich von den Philologenverbänden getragene Diskursfraktion gelungen, die Bildung als Kulturgut und als Fachwissen versteht (z. B. Kraus 2005; Gauger 2006). Die nunmehr hegemonialen Paradigmen verdanken ihren Erfolg der transnationalen Vernetzung sowie der Anbindung an bestimmte internationale Organisationen, deren Einfluss in den vergangenen Jahrzehnten stark zugenommen hat. Für die transnationale Elite der Bildungsexperten ist das die OECD, für die der transnationalen Wirtschaft sind es neben der OECD die Weltbank, der Internationale Währungsfonds (IWF) und die Welthandelsorganisation (WTO). Dagegen liegt es in der Natur der Sache, dass Philologen vorrangig national organisiert sind, zumal sie treuhänderisch nationale Kulturgüter verwalten. Ebenso sind die Gewerkschaften eine tragende Säule der korporatistischen Verflechtung nationaler Volkswirtschaften. Ihre internationale Vereinigung in der International Labour Organization (ILO) und im Europäischen Gewerkschaftsbund (EGB) kann bei weitem nicht mit der transnationalen Wissenselite der weltweit sichtbaren führenden Ökonomen, angeführt von geadelten Nobelpreisträgern, mithalten (Dezalay und Garth 1998, 2002; Fourcade 2006).

Es hat sich ein transnationalisiertes diskursives Feld herausgebildet, in dem sich die symbolische Macht zu den transnational vernetzten Fraktionen verschoben hat. Nationale Arbeitnehmerorganisationen und Philologenverbände wurden zusätzlich geschwächt, da ihnen die Klientel abhandengekommen ist. Den Gewerkschaften fehlt heute die Arbeiterklasse, den Philologenverbänden das Bildungsbürgertum. Dabei wird das Verschwinden dieser Klassen durch die Expansion des Humankapital-Paradigmas weiter forciert. Die ehemalige Arbeiterklasse wurde in die breite, mit standardisiertem Wissen ausgestattete Mittelschicht inkludiert, während die Geringqualifizierten als neue Unterschicht exkludiert wurden. Die neue *Wissen*selite von Wissenschaft und Technik verdrängt die alte *Bildung*selite der Humanisten und die *Fach*elite der historisch gewachsenen Berufe.

An der Geschichte der Gewerkschaft Erziehung und Wissenschaft (GEW) lässt sich dieser Wandel für Deutschland gut demonstrieren. In der GEW haben sich in den siebziger Jahren kritische Lehrer und Wissenschaftler in Anlehnung an die Arbeiterklassen-Tradition und -Rhetorik der älteren Gewerkschaften zusammengetan. Bildungs- und Arbeiterelite gingen damals ein symbolisches Bündnis ein. Die GEW war dann in den siebziger und achtziger Jahren die treibende Kraft einer Bewegung, die sich für die Ablösung des weltweit nahezu einmaligen dreigliedrigen deutschen Schulsystems durch die Gesamtschule eingesetzt hat. Die konservative Koalition aus Lehrerverbänden und CDU/CSU hat diesen Angriff erfolgreich abgewehrt. In der Zwischenzeit hat die GEW wie alle Gewerkschaften erheblich an Einfluss verloren.

Die Transnationalisierung der Bildungspolitik lässt die traditionellen Konfliktstrukturen sowie Repräsentanten (Verbände, Parteien und Parlamente) obsolet werden. An deren Stelle tritt die Auseinandersetzung zwischen global ausgerichteten Modernisierern und nationalen Traditionalisten. Diese verläuft quer zu den Parteien und alten ideologischen Lagern und trägt mit zur wachsenden Komplexität politischer Konflikte bei, die kaum noch in festen, vorstrukturierten Bahnen verlaufen, zufällig wirken bzw. allein von der Aufmerksamkeitsökonomie der Massenmedien bestimmt zu sein scheinen (Münch 1991, 1995; Franck 1998). Unter diesen Bedingungen wächst der Einfluss der Wissenschaft auf die Politik, global herausragende Institutionen setzen die entsprechenden Paradigmen durch und gewinnen Definitionshoheit. Die Macht verschiebt sich auf eine globale Ebene, die schwer greifbar ist und für konkrete Entscheidungen kaum zur Verantwortung gezogen werden kann. Die globale Wissenselite führt unmissverständlich das Wort. Gleichzeitig verlieren die lokalen Autoritäten immer stärker an Einfluss.

Die von der OECD verfolgte Strategie der Expansion von Bildung als Humankapital konvergiert mit der europäischen, inzwischen von der EU-Kommission forcierten Strategie der

Bildung eines europäischen Hochschulraums (Eckard 2005; Alesi et al. 2005). In diesem transnationalen Rahmen verliert die Bildung zwangsläufig ihre feste Bindung an nationale Traditionen, sie muss sich von lokalen Partikularitäten befreien und universell verwertbar sein. Das Paradigma »Humankapital« erfüllt diese Bedingung weit besser als das Paradigma »Bildung als Kulturgut«. Die Vielsprachigkeit ist heute ein strukturelles Hindernis für die Bildung von Humankapital, da sie Schüler und Studenten zwingt, viel Zeit mit dem Eintauchen in verschiedene Kulturen zu »verschwenden«, Zeit, die dann für die schnellstmögliche Aneignung technischer Kompetenzen fehlt, mit denen man sich in der zunehmend homogenisierten und verwissenschaftlichten globalen Wissensgesellschaft behaupten kann, die nur eine Sprache spricht: die englische. Es passt ins Bild, dass das Studium der Geschichte vom Studium der Wirtschafts- und Sozialwissenschaften verdrängt wird (Frank et al. 2000; Hymans 2005) und in den USA wie auch in Großbritannien der Fremdsprachenunterricht im Verschwinden begriffen ist. Die angelsächsischen Konkurrenten im PISA-Rennen erzielen aus dem weitgehenden Verzicht auf Fremdsprachenunterricht und der weltweiten Hegemonie des Englischen handfeste Vorteile, wie sich am überdurchschnittlichen Abschneiden dieser Ländergruppe erkennen lässt. Langfristig kann diese Einschränkung der kulturellen Vielfalt jedoch dazu führen, dass die Evolution neuen Wissens verhindert wird. Länder, die sich diesem Zwang nicht beugen wollen, müssen ihren »Sonderweg« nach PISA damit bezahlen, dass sie den Druck auf Schüler, Lehrer und Eltern in einem zu heftigen Protesten führenden Maße erhöhen, ohne dafür entscheidende Gewinne im Ranking garantieren zu können. Es liegt ganz auf dieser Linie, dass PISA nur muttersprachliche, mathematische und naturwissenschaftliche Kompetenzen misst. Auf längere Sicht müsste nach dieser Logik jedoch der Test der muttersprachlichen Kompetenz durch den der Englischkenntnisse ersetzt werden. Selbst wenn sich ein PISA-Test der Mehrsprachigkeit etablieren ließe, bliebe er angesichts der faktischen Entwicklungen weitgehend bedeutungslos, zumal er dem Konzept widerspräche, ausschließlich Grundkompetenzen zu messen.

PISA ist zu einem Großunternehmen innerhalb der globalen Bildungsindustrie geworden, die sich im Sog des OECD-Bildungsmonitoring entwickelt hat (Jahnke und Meyerhöfer 2006). Der Test wird von einem Konsortium aus fünf Educational-Assessment-Agenturen gestaltet, die ihr Produkt inzwischen an 57 Staaten verkauft haben (Jahnke 2008). Dabei hat eine Koalition überaus mächtiger Akteure ein Interesse an der weltweiten Verbreitung des Tests: Das Konsortium hofft auf Jahre hinaus auf profitable Großaufträge, die OECD versucht, sich für ihre Mitgliedstaaten unentbehrlich zu machen (und von ihnen entsprechend finanziell unterstützt zu werden), und die nationalen Regierungen sind daran interessiert, ihrer Bildungspolitik – wie auch immer diese genau aussehen mag – wissenschaftliche Legitimität zu verschaffen. All dies wäre nicht möglich ohne Forscher, denen es anscheinend gelungen ist, »Bildung« mit quasi naturwissenschaftlicher Methodik messbar zu machen. Angesichts dieser mächtigen Koalition haben es Kritiker schwer, sich Gehör zu verschaffen (Wuttke 2006; Rindermann 2006, 2007). Auf der Hand liegende methodische Kritik an der Repräsentativität der Studie, den nicht signifikanten Leistungsunterschieden über eine größere Zahl von Rangplätzen hinweg sowie an der Validität der Instrumente wird verdrängt, um dieses profitable Geschäft nicht zu gefährden. Auch der Hinweis, dass Kosten und Ertrag in keinem zu rechtfertigenden Verhältnis stehen und die entsprechenden Informationen bereits mit einem Zehntel dieses Aufwands gewonnen werden könnten, können das Unternehmen nicht stoppen (Wuttke 2006). Die Auftraggeber haben viel Geld investiert und können nun nicht einfach zugeben, dass es sich nicht gelohnt hat. Die Auftragnehmer haben die Einkünfte aus dem PISA-Programm auf Jahre hinaus in ihr Budget einkalkuliert. Unter diesen Bedingungen wird das Programm der extensiven Bildungsevaluation weiterlaufen, obwohl immer deutlicher wird, dass es mehr Schaden anrichtet, als es Nutzen bringt. So schreibt die American Evaluation Association über die Erfahrungen des ausgiebigen Testens in den USA:

»Während die Defizite des gegenwärtigen Schulunterrichts schwerwiegend sind, behindert die vereinfachte Auswertung einzelner Tests oder ganzer Testbatterien, um folgenreiche Entscheidungen über Individuen und Gruppen zu treffen, das Lernen von Schülern, statt es zu verbessern. Vergleiche von Schulen und Schülern auf der Grundlage von Testergebnissen fördern die Ausrichtung des Unterrichts auf den Test, insbesondere in Formen, die keine Verbesserung des Lehrens und Lernens erbringen. Obwohl mehr als zwei Dekaden in Gebrauch, hat staatlich verordnetes Testen mit einschneidenden Folgen (für Schüler, Lehrer und/oder Schulen, der Verfasser) die Qualität der Schulen nicht verbessert, noch hat es die Disparitäten im Bildungserfolg zwischen den Geschlechtern, Rassen oder Klassen beseitigt, noch hat es das Land in moralischen, sozialen oder ökonomischen Begriffen vorangebracht.« (AEA 2006, Übersetzung des Verfassers)

2. Erzwungener Bildungswandel: Grundkompetenzen statt Fachwissen

Die deutschen PISA-Forscher lassen in ihrer Auswertung des Tests aus dem Jahr 2000 gar keinen Zweifel daran aufkommen, dass die Aufgaben in Lesen, Mathematik und Naturwissenschaften dem angloamerikanischen Modell allgemein verwertbarer Grundkompetenzen entsprechen, das sich vom deutschen Modell der fachlich differenzierten Bildung deutlich unterscheidet. Typischerweise haben die deutschen Schüler im Jahr 2000 genau bei jener Mathematikaufgabe überdurchschnittlich gut abgeschnitten, die eine fachliche Nähe zu einem Teilgebiet der Mathematik, nämlich zur Euklidischen Geometrie, aufwies. Dagegen waren sie bei den innermathematischen Grundfragen weniger erfolgreich. Daran ist zu erkennen, dass sie in ausdifferenzierten Teilgebieten besser geschult sind als in den Grundlagen der Mathematik. Der Testerfolg stellt sich allerdings nur ein, wenn auch die erlernten Teilgebiete abgefragt werden. Um in dieser Hinsicht kein Lotteriespiel zu veranstalten, konzentriert sich der PISA-Test auf die innermathematischen Grundkompetenzen und zwingt die teilnehmenden Länder, ihren Unterricht darauf einzustellen. Überhaupt erzielen die deutschen Schüler ihre besten Ergebnisse bei technischen Aufgaben, bei denen sie ihr Wissen aus dem kalkülorientierten deutschen Unterricht abrufen können. Dagegen haben z. B. die amerikanischen Schüler, die insgesamt etwa dasselbe Leistungsniveau wie die deutschen erreichen, ihre Stärken bei denjenigen Aufgaben, die verallgemeinerte kognitive Kompetenzen testen. Diese stehen jedoch im Mittelpunkt des PISA-Konzeptes, das sich an der »Realistic Mathematics Education« orientiert, die insbesondere in Großbritannien und den Vereinigten Staaten als Leitbild dient (Baumert et al. 2001: 178-179). In der deutschen Studie zu PISA 2000 wird bei der Darstellung dieser einander entgegengesetzten Bildungstypen an Werturteilen nicht gespart. Die verallgemeinerten Kompetenzen helfen demnach bei der Lösung »anspruchsvoller«, »innermathematischer« Aufgaben, während die fachspezifischen Kompetenzen lediglich geeignet seien, Aufgaben zu bewältigen, die »technische Fertigkeiten« abverlangen und im Bereich der »Reproduktion« liegen (Baumert et al. 2001: 179). Man kann es auch umgekehrt formulieren: Der angloamerikanische Mathematikunterricht bleibt bei der Vermittlung »einfacher« Grundkompetenzen stehen und dringt nicht so weit in die einzelnen Teilgebiete der Mathematik mit ihren »anspruchsvolleren« Kalkülen vor wie der deutsche.

Auch die Konzeption des Lesetests ist weit von den Lehrplänen des Deutschunterrichts entfernt. Während hierzulande ein breites Spektrum literarischer Texte behandelt wird, dominieren im PISA-Test diskontinuierliche Sachtexte, wie z.B. Gebrauchsanweisungen, technische Beschreibungen und Zeitungsberichte. Sie machten im Jahr 2000 insgesamt 38 Prozent der Aufgaben aus, finden aber weder in deutschen Lehrplänen noch in den von der Kultusministerkonferenz (KMK) formulierten Standards irgendwelche Entsprechungen. Die Forscher behaupten jedoch, die Interpretation solcher Texte sei eine Grundkompetenz, die auch für andere Schulfächer sowie im Berufsleben unverzichtbar sei (Baumert et al. 2001: 98 f.). Betrachtet man jedoch Indikatoren wie die Beschäftigungsquote junger Erwachsener, die Innovationsrate der Industrie oder die wissenschaftliche Produktivität der Teilnehmerländer, so können sie diese weit reichende These nicht belegen. Trotzdem dient sie als Legitimationsgrundlage für die Umstrukturierung des Deutschunterrichts von literarischen Kenntnissen auf das Verstehen von Sachtexten. Der ausgelöste Benchmarking-Prozess wird darauf hinauslaufen, dass der literarisch angelegte Deutschunterricht im transnationalen Feld der Bildung seine Legitimität einbüßt. Eine jahrhundertealte Tradition wird also der transnational diktierten Instrumentalisierung des Unterrichts für ökonomische Zwecke weichen müssen, ohne dass es für die Nützlichkeit dieser Umstellung schlagende Beweise gäbe.

Nicht die funktionale Überlegenheit erklärt also diesen Strukturwandel, sondern der von mächtigen transnational vernetzten Experten ohne demokratische Legitimität ausgeübte normative Druck. Wandel wird so zum Selbstzweck, er dient der Selbstbestätigung der neuen Eliten. Prinzipiell könnte man angesichts des nicht nachweisbaren wirtschaftlichen Nutzens des instrumentellen Unterrichts natürlich darauf beharren, mit dem eher literarischen Deutschunterricht eine Tradition um ihrer selbst willen zu pflegen, doch dies wird aufgrund der veränderten Machtverhältnisse im Feld der Bildung kaum durchzusetzen sein. Daran kann auch die Tatsache nichts ändern, dass diese Form des Unterrichts die Grundlagen für einen weltweit einmaligen literarischen Buchmarkt schafft, der als Beitrag zum Bruttoinlandsprodukt entfallen würde, wenn die hohe Literatur aus den Schulen verschwindet.

Allerdings hat der traditionelle Deutschunterricht auch seine Schattenseiten. So gaben im Jahr 2000 über 40 Prozent der deutschen 15-Jährigen an, sie läsen nicht zum Vergnügen. Damit gehört Deutschland zusammen mit den Vereinigten Staaten, Österreich, Belgien und den Niederlanden zur Gruppe mit den höchsten »Missvergnügenswerten«, lediglich Japan schnitt mit 55 Prozent noch schlechter ab. Gleichzeitig sagten weniger als 15 Prozent der Befragten, sie verbrächten täglich eine Stunde oder mehr freiwillig mit Büchern – ein Wert im unteren Drittel des Feldes (die Spitzengruppe erzielt Werte bis zu 30 Prozent) (Baumert et al. 2001: 114-115, Abbildung 2.13 und 2.14). Man könnte daraus eine gewisse Abneigung als Reaktion auf die Überforderung mit literarischen Texten in der Schule herauslesen. Möglicherweise hat sich zwischen der Lebenswelt der breiten Masse der Schüler in der Sekundarstufe und der literarischen Welt der alten Bildungselite eine Kluft aufgetan, die sich durch didaktische Maßnahmen nicht mehr überbrücken lässt.

Der klassische deutsche Unterricht gerät also von zwei Seiten unter Druck: Von Schülern, denen die Literatur fremd geworden ist, und von einer transnationalen Wissens- und Wirtschaftselite, die sich die Instrumentalisierung des Unterrichts auf die Fahnen geschrieben hat. Die Fokussierung des Deutschunterrichts auf Literatur gilt eben als Hindernis für den Erwerb der Kompetenz zum Verstehen von Sachtexten. Wenn der Alltag ganz überwiegend von solchen Texten beherrscht wird, verliert der literarische Unterricht de facto seine Legitimität, die ihm nationale Bildungseliten lange Zeit garantierten.

Auch der naturwissenschaftliche PISA-Test im Jahr 2000 wich deutlich von den Lehrplänen deutscher Schulen ab. Er konzentrierte sich fächerübergreifend auf Grundkompetenzen des Erfassens naturwissenschaftlicher Konzepte, Prozesse und exemplarischer Anwendungsbereiche. Dagegen ist der Unterricht in Deutschland in Physik, Chemie und Biologie ausdifferenziert, fächerübergreifende Grundkompetenzen können nur implizit erworben werden, werden jedoch nicht eigens gelehrt. Im Gegensatz dazu hat die amerikanische Bewegung der »Scientific Literacy« bzw. der »Science for All« dazu geführt, fächerübergreifend methodisches Vorgehen für die breite Masse der Schüler in den Vordergrund zu stellen, während man die Vermittlung fachspezifischen Wissens dem Studium überlassen hat (Baumert et al. 2001: 193-201). Dieses Modell hat sich international durchgesetzt und ist deshalb auch zum Leitbild von PISA geworden. In Deutschland verteidigten dagegen die Fachlehrerverbände die differenzierte Struktur, um ihre herausgehobenen und hochbezahlten Positionen zu verteidigen, ihre Disziplinen nicht zu verwässern und ihr Spezialwissen in voller Breite im Unterricht zu verankern. Das erkennt man schon daran, dass die deutschen Schüler im Jahr 2000 mit 144 Stunden naturwissenschaftlichen Unterrichts 16 Stunden länger Biologie, Physik und Chemie pauken mussten als der Durchschnitt ihrer Altersgenossen in anderen Ländern, während der Unterricht in der Testsprache mit 110 Stunden und in Mathematik mit 112 deutlich unter dem Durchschnitt von 131 bzw. 125 Stunden rangierte (Baumert et al. 2001: 418).

Rechnet man noch den Unterricht in den drei Fremdsprachen im sprachlichen Gymnasium hinzu, zeigt sich, dass die lange von der nationalen Bildungselite verteidigte deutsche Tradition sich fundamental vom Grundkompetenzen-Modell des PISA-Testes unterscheidet. Das zeigen auch Befragungen von Lehrplanexperten, die den Aufgaben im nationalen Zusatztest eine größere Nähe zu den Curricula in den naturwissenschaftlichen Fächern attestierten als den PISA-Aufgaben (75 vs. 58 Prozent der Aufgaben) (Baumert et al. 2001: 214-216). Die PISA-Forscher weisen zwar darauf hin, dass »mindestens die Hälfte der internationalen Testaufgaben in einem direkten Bezug zu den Lehrplänen [stehe]« (Baumert et al. 2001: 216), dass der Test wegen seiner deutlichen Distanz zur schulischen Realität insgesamt wertlos sein könnte, kommt für sie allerdings nicht in Frage. Nachdem in der aktuellen Studie, deren Ergebnisse im Dezember 2007 bekannt gegeben wurden, der naturwissenschaftliche Teil breiter ausdifferenziert wurde und z. B. auch Umweltfragen beinhaltete, haben die deutschen Schüler prompt überdurchschnittlich gut abgeschnitten. Test und Lehrplan passten offensichtlich besser zusammen. In Lesen und Mathematik erzielten sie jedoch erneut nur durchschnittliche Ergebnisse. Der Test misst also weniger die tatsächlichen Kompetenzen der Schüler, als vielmehr die Nähe seiner eigenen Fragen zu nationalen Lehrplänen und Unterrichtskonzepten (OECD 2007).

Wer den deutschen Unterricht gegen PISA verteidigen möchte, könnte demnach die Validität des Tests grundsätzlich in Frage stellen (Jahnke und Meyerhöfer 2006; Rindermann 2006, 2007). Er misst auf jeden Fall nicht das, was die deutsche Schule im Kontext ihrer Bildungsidee und -tradition vermitteln will. Man könnte auch nach dem Sinn eines solchen Tests bei 15-jährigen Schülern fragen, von denen die meisten noch lange Jahre vom Berufsleben entfernt sind. Warum testet man beispielsweise nicht Abiturienten in mindestens zwei Fremdsprachen, Geschichte, Literatur, Mathematik und Naturwissenschaft, statt Elementarkompetenzen von 15-Jährigen, die sich mitten in der Pubertät befinden und mit anderen Dingen beschäftigt sind als mit dem Erwerb von auf dem Arbeitsmarkt verwertbarem Humankapital? Es kann durchaus sinnvoll sein, in dieser Lebensphase anderen Inhalten Vorrang zu geben, literarischen Texten etwa, zu denen sonst überhaupt niemand mehr Zugang fände. Muss Rilke zwangsläufig irgendwelchen ordinären Sachtexten geopfert werden, nur damit die deutschen Schüler beim nächsten PISA-Test besser abschneiden? Könnte es nicht sein, dass sie später als Abiturienten (trotz des schlechten Abschneidens beim PISA-Test) über eine breitere und tiefere Bildung verfügen und studierfähiger sind als ihre Altersgenossen in den meisten konkurrierenden Ländern? PISA gibt darüber überhaupt keine Auskunft. Die Tatsache, dass deutsche Studenten von Auslandssemestern praktisch durch die Bank mit Bestnoten, in aller Regel auch mit besseren Noten, als sie zu Hause erzielt haben, zurückkehren, ist ein sehr ernstzunehmender Indikator dafür, dass PISA möglicherweise etwas misst, was für den Studien- und Berufserfolg irrelevant ist.

Auch im naturwissenschaftlichen Teil zeigt der Test sein Janusgesicht, auch in diesem Bereich stellt ein transnationales Konzept (das der »Scientific Literacy«) das traditionelle deutsche Modell in Frage, obgleich man die universelle Verbindlichkeit des angloamerikanischen Paradigmas grundsätzlich in Zweifel ziehen kann. Andererseits offenbart der Test auch in den Naturwissenschaften eine große Kluft zwischen Anspruch und Wirklichkeit im deutschen Bildungssystem. Die fachliche Ausdifferenzierung versagt in der Vermittlung von Grundkompetenzen an die breite Masse der Schüler, ohne sich durch besondere Leistungen in der Spitze zu rechtfertigen. Die Hüter der Tradition könnten sich nun damit verteidigen, dass PISA etwas gemessen hat, worauf die deutschen Schulen bewusst verzichten, dass dagegen ein Test, der der fachlichen Ausdifferenzierung in Biologie, Chemie und Physik gerecht würde, die deutschen Schüler an der Spitze sähe, erst recht, wenn man ihn mit erfolgreichen Abiturienten durchführen würde (und genau darauf deutet ja auch das überdurchschnittlich gute Abschneiden der deutschen Schüler beim breiteren naturwissenschaftlichen PISA-Test im Jahr 2006 hin, OECD 2007). Man könnte auch argumentieren, dass ein universitärer Physikstudiengang erst recht keine ausreichend vorgebildeten Studenten bekäme, wenn der gymnasiale Unterricht auf die Vermittlung fächerübergreifender Grundkompetenzen beschränkt würde. Das ist sicherlich richtig, wenn die Messlatte eines bisherigen Diplomstudiengangs in Physik angelegt wird. Aus der Perspektive der Verteidiger der »Scientific Literacy« könnte man jedoch entgegenhalten, dass ein reines Physikstudium unmittelbar nach dem Abitur ohnehin zu früh ansetzt und dieser verfrühte Beginn mit dafür verantwortlich ist, dass sich zu wenig geeignete Studentinnen und Studenten für Physik und andere naturwissenschaftliche Fächer finden. In den USA beginnt das eigentliche Physikstudium erst nach dem recht breit angelegten Bachelor of Science mit dem Master- und PhD-Studiengang. Das deutsche Modell scheitert demnach an einer verfrühten Fachspezialisierung an Schulen und Universitäten und den damit verbundenen zu hohen Ansprüchen, die in der Schule offensichtlich nicht eingelöst werden und dazu führen, dass sich zu wenige Studenten in naturwissenschaftlichen Fächern einschreiben. Die Verteidiger des deutschen Modells könnten nun wiederum darauf verweisen, dass die geringere Zahl universitärer Naturwissenschaftler und Ingenieure durch die größere Zahl gut ausgebildeter Facharbeiter, Techniker und Fachhochschulingenieure überkompensiert wird, die es in anderen Teilnehmerländern nicht gibt. Wiederum muss man sich allerdings klarmachen, dass dieses Argument (ob es nun zutrifft oder nicht) in der transnationalen Bildungsdebatte keine Chance hat, Gehör zu finden.

Ob das amerikanische Modell am Ende zu besseren Ergebnissen führt, ist keineswegs bewiesen, zumal wenn man berücksichtigt, dass gerade die Vereinigten Staaten ihre Defizite in der Ausbildung von Ingenieuren und Naturwissenschaftlern durch die Rekrutierung von Nachwuchskräften aus dem Ausland kompensieren müssen. Erneut kann man die Transformation nationaler Bildungskulturen allein durch einen bildungspolitischen Machtwechsel erklären, der durch die Transnationalisierung ermöglicht wurde.

Diese Transformation erfasst alle Zweige des deutschen Bildungssystems, auch das spezifische Modell der Berufsbildung. Vom dualen System der schulisch/betrieblichen Ausbildung über das Ingenieursstudium an den Fachhochschulen bis zu den berufsorientierten Diplomstudiengängen und den mit dem Staatsexamen abschließenden Studiengängen an den Universitäten wird das deutsche Modell vom angloamerikanischen der Allgemeinbildung verdrängt. Dieser Prozess vollzieht sich unabhängig von funktionalen Erfordernissen durch die Dynamik der isomorphischen Anpassung an das global dominierende Paradigma, er wird jedoch von einer legitimierenden funktionalen Rhetorik begleitet. Dabei geht es darum, dass die wissensbasierte Ökonomie mit ihrem beschleunigten technologischen Wandel das erworbene Fachwissen und die entsprechenden Berufsbilder immer schneller veralten lässt, weshalb Bildung auf die Vermittlung genereller Kompetenzen und lebenslanges Lernen umgestellt werden müsse. Dass dies jedoch z. B. durch die Beschränkung auf innermathematische Kompetenzen effizienter geschieht als durch die Vermittlung von differenziertem Fachwissen in den einzelnen Teilgebieten der Mathematik, lässt sich indessen nicht wirklich beweisen. Genauso gut könnte man behaupten, dass dadurch Fachwissen verloren geht, wodurch die inkrementale Innovation untergraben würde, die laut Autoren wie Hall und Soskice (2001) den genuinen Wettbewerbsvorteil der deutschen Industrie sowie die Grundlage der diversifizierten Qualitätsproduktion darstellt.

Doch wie gesagt: Auf solche nationalen Idiosynkrasien nimmt die weltweite Angleichung der Bildungsstandards keine Rücksicht. Aus der Sicht der transnationalen Elite der Bildungsforscher ist das deutsche Modell »veraltet«, weil es angeblich die Anforderungen der Wissensgesellschaft nicht erfüllt. Als Beweis genügt ihnen das schlechte Abschneiden der 15-jährigen Schüler im PISA-Test. Dass es sich um eine zirkelhafte Selbstbestätigung ohne Realitätsbezug handelt, fällt nicht weiter auf. Zu ermitteln, ob auch die Innovationskraft der Wissenschaft, der Technik und der Wirtschaft von den PISA-Kompetenzen profitiert, erübrigt sich, weil diese weiteren Konsequenzen letztlich nicht genau erfasst werden können. Dabei zeigt jedoch schon ein Blick auf die Arbeitslosenstatistik unter jungen Erwachsenen, dass das Modell der breiten Grundkompetenzen keinesfalls eindeutig überlegen ist, schließlich schnitt Deutschland ausgerechnet in dieser Rubrik über einen langen Zeitraum besser ab als die meisten Konkurrenten. Die besonders hohe Arbeitslosenrate der jungen Erwachsenen in Finnland (im Jahr 2001 lag sie bei 19,9 Prozent) nährt die Vermutung, dass das gute Abschneiden beim PISA-Test zum Selbstzweck wird. Die globale Informationsgesellschaft büßt allerdings tendenziell Ressourcen der Wissensevolution ein, wenn der Alternativenreichtum kultureller Traditionen einem globalen Einheitsmaß geopfert wird.

Der PISA-Test »misst« nämlich nicht einfach Leistungsunterschiede zwischen den teilnehmenden Ländern, vielmehr konstruiert er diese Unterschiede, indem er die Diversität nationaler Bildungstraditionen ignoriert. Traditionen, die bislang ihre eigene Würde hatten und nebeneinander existierten, finden sich über Nacht auf mehr oder weniger zufrieden stellenden Plätzen in der PISA-Tabelle. Ein simples, methodisch fragwürdiges Testverfahren erzeugt somit eine globale Statushierarchie, ohne dass die Legitimität dieses Verfahrens überhaupt debattiert würde.

Allerdings sollten wir bei aller Kritik an der PISA-Industrie, die eindeutig Vielfalt reduziert, nicht aus dem Blick verlieren, dass im unterdurchschnittlichen Abschneiden der deutschen Schüler auch eine Kluft zwischen Anspruch und Wirklichkeit im deutschen Bildungssystem zu Tage tritt. Diese zeigt sich bereits daran, dass die befragten Lehrer-Experten die möglichen Leistungen der Schüler im Lesetest weit überschätzt haben (Baumert et al. 2001: 99-101), aber auch daran, dass es im Rahmen des auf die Differenzierung von Schulformen sowie auf Unterricht, Selektion und Fachwissen ausgerichteten Systems offensichtlich nicht gelingt, generelle Kompetenzen zu vermitteln, die den Maßstäben der OECD genügen. Dies gilt insbesondere auch deshalb, weil dieses System ein höheres Maß der Leistungsungleichheit nach Schichtzugehörigkeit sowie zwischen Migranten und Einheimischen mit sich bringt als ungegliederte Systeme. Auch die strukturelle Überforderung der Schüler durch das Festhalten am Modell der breit ausgefächerten literarischen, sprachlichen, mathematischen und naturwissenschaftlichen Bildung trägt dazu bei, Ungleichheit zu reproduzieren (Baumert et al. 2001: 381-397). Die vielbeschworene »Durchlässigkeit« des dreigliedrigen Bildungssystems ist in Wirklichkeit eine Einbahnstraße nach unten. Das Verhältnis zwischen Auf- und Abstieg bewegt sich je nach Studie zwischen einer Quote von 1:11 (nach einer Studie aus Nordrhein-Westfalen) und 1:18 (so eine Untersuchung in Bremen) (Bellenberg 1999; Kemnade 1989). Eine damit einhergehende Besonderheit ist das hohe Maß, in dem deutsche Schüler regelmäßigen Nachhilfeunterricht außerhalb der Schule benötigen. Beim PISA-Test

2000 haben 36 Prozent der befragten 15-jährigen Schüler in Deutschland angegeben, dass sie gelegentlich oder regelmäßig außerhalb des regulären Unterrichts Förder- oder Stützkurse besuchen oder Nachhilfeunterricht erhalten. Der OECD-Durchschnitt befand sich bei 32 Prozent. In den im Test erfolgreicheren Ländern Schweden, Finnland und Norwegen lag der Anteil bei nur acht, neun bzw. elf Prozent. Die Nachhilfe durch die Eltern ist dabei nicht mitgerechnet. Sie würde in Deutschland den Anteil weit über 36 Prozent bis nahe an 100 Prozent erhöhen (OECD 2001: 345, Tabelle 7.7).

Ebenso deutlich macht sich bemerkbar, dass das Bestreben, homogene Leistungsklassen zu schaffen, dazu führt, die Ungleichheit insgesamt zu verstärken und gleichzeitig das gesamte Leistungsniveau zu senken, ohne dass die Spitze herausragen würde (Baumert et al. 2001: 106-107, 174, 230). Wie schon 2000 und 2003 gehörte Deutschland auch 2006 zu der »Spitzengruppe« derjenigen Länder, in denen die Leistungsunterschiede *zwischen* den Schulen am stärksten ausgeprägt waren. Die entsprechende Varianz lag 2006 bei fast 70 Prozent (und damit weit über dem OECD-Durchschnitt von 33 Prozent), nur Bulgarien hat diesen Wert knapp übertroffen. Die Varianz innerhalb der Schulen befand sich nur knapp über 50 Prozent, bei einem OECD-Durchschnittswert von 68,1 Prozent (OECD 2007: 32). Das zeugt in der Tat von der in Deutschland herrschenden Lehre, die auf homogene Schulen und Klassen setzt.

Die beschriebenen Idiosynkrasien des deutschen Bildungssystems führen auch dazu, dass Deutschland eine außergewöhnlich hohe Quote von Kindern aufzuweisen hat, die bei der Einschulung zurückgestellt werden oder Klassen wiederholen müssen. So hatten im Jahr 2000 insgesamt 36 Prozent der 15-Jährigen aus den genannten Gründen die zehnte

Klasse noch gar nicht erreicht.* Der PISA-Test bezog nun allerdings diese Altersgruppe ganz bewusst unabhängig von der Klassenstufe ein. Dabei schnitten natürlich die Schüler der zehnten Klasse besser ab, sodass das Ergebnis für Deutschland maßgeblich nach unten gedrückt wurde – ein weiterer Hinweis darauf, dass die Ergebnisse der teilnehmenden Länder nicht wirklich miteinander vergleichbar sind.

Um es noch einmal zusammenzufassen: Im Vergleich zum Mittelwert der Schulstunden im Jahr und anderen Faktoren wie der Klassengröße, dem Anteil alleinerziehender Eltern, dem Schulklima und der Bewertung der Lehrer wie auch des Unterrichts durch die Schüler sind die Dreigliedrigkeit des Schulsystems, die hohe Selektivität durch die Fokussierung auf Fachwissen statt Grundkompetenzen, verbunden mit viel Nachhilfeunterricht sowie hohen Zurückstellungs- und Wiederholungsquoten, die bei weitem erklärungskräftigsten Faktoren, die das unterdurchschnittliche Abschneiden der deutschen Schüler beim PISA-Test erklären (Baumert et al. 2001: 413, 417, 422, 455-467, 471-475, 479-481, 490-500).

Man kann an dieser Entwicklung recht anschaulich die Konsequenzen einer hybridalen Modernisierung beobachten, die den Weg der Bildungsexpansion beschritten hat, ohne etwas an dem berufsständischen Modell der klassischen Fachbildung zu ändern. Es besteht nun allerdings eine hohe Wahrscheinlichkeit, dass mit PISA der Weg der ambivalenten und dysfunktionalen Modernisierung mit noch höherem Leistungsdruck fortgesetzt wird. Der Bildungsprozess soll jetzt mit früherer Einschulung und kürzerer Dauer vollzogen wer-

---

* Dazu kommt noch der relativ späte Stichtag bei der Einschulung (30. Juni), sodass insgesamt nur 23,5 Prozent der getesteten Schüler in Deutschland schon die zehnte bzw. nur 0,1 Prozent bereits die 11. oder eine höhere Klasse besucht haben, während der OECD-Durchschnitt bei 48,9 bzw. 8,4 Prozent lag (Baumert et al. 2001: 413, Tabelle 9-1).

den, ohne vom klassischen Anspruch der Vermittlung von Fachwissen irgendwelche Abstriche zu machen. Das aktuellste Beispiel dafür ist die Einführung des achtjährigen Gymnasiums (G8) in Bayern (Schultz 2008c). Diese Form der hybridalen Modernisierung zu Lasten überforderter Schüler und Lehrer ist der fatalen Allianz der transnationalen Elite der Bildungsforscher und Wirtschaftsmanager mit der nationalen Elite der Lehrerverbände und Bildungspolitiker zu verdanken. Auf einen Punkt gebracht kann man sagen, dass die deutschen Schüler deshalb beim PISA-Test versagt haben, weil sie von einer fachlich weit überqualifizierten und (komplementär dazu) mangels Erdung in der Lebenswelt der Schüler pädagogisch hilflosen Lehrerschaft nach fachlich weit überfrachteten Lehrplänen systematisch überfordert werden. Es sollen kleine Sprachgenies oder Naturwissenschaftler herangezogen werden. Dabei wird die Entwicklung der elementaren Kompetenzen (auch der sozialen) vernachlässigt. Alle Zeichen deuten darauf hin, dass die Konsequenzen, die aus PISA gezogen werden, die Problematik weiter verschärfen, solange man den überhöhten, in der Massenbildung nicht einlösbaren Anspruch nicht aufgibt. Wenn die Professoren an den Universitäten die mangelnde Studierfähigkeit der Abiturienten beklagen, dann setzt sich die Kluft zwischen Anspruch und Wirklichkeit auf der Ebene des Universitätsstudiums weiter fort. Auch hier traktieren Professoren ohne Kontakt zur Lebenswelt die Studierenden mit einem Anspruch auf Wissenschaftlichkeit, der weithin nicht eingelöst werden kann und das wissenschaftliche Studium zur Fiktion werden lässt. Doch auch die Professoren werden eines Tages begreifen, dass nach einer achtjährigen Sekundarschule kein genuin wissenschaftliches Studium beginnen kann, und daraus die Forderung nach der Einführung eines verbindlichen vierjährigen Studium generale ableiten, auf dessen Grundlage dann die Ausbildung des wissenschaftlichen Nachwuchses (nach 16 Jahren!) einsetzen kann. Bologna herrscht ihnen nun ohnehin eine Kehrtwende auf, deren Tragweite noch gar nicht richtig erfasst wird, wenn z. B. der Bachelor analog zur Diplomvorprüfung kurzerhand zur Zwischenstation auf dem Weg zum Master-Abschluss gemacht wird.

3. Die Transformation der Legitimations- und Erwartungsstrukturen

Weder PISA noch der Bologna-Prozess können sich auf sanktionsbewehrte Instrumente der Durchsetzung in den nationalen Gesellschaften stützen. PISA bietet lediglich zusätzlich zur Bildungsstatistik der OECD Informationen über das Abschneiden der teilnehmenden Länder. Es bleibt den nationalen Regierungen überlassen, welche Schlüsse sie aus den Ergebnissen ziehen. Bologna hat insofern einen verbindlicheren Charakter, als sich in diesem Verfahren die teilnehmenden nationalen Regierungen auf das Programm der Schaffung eines einheitlichen europäischen Hochschulraumes nach dem Bachelor-Master-Modell und auf einen Zeitplan der Verwirklichung bis 2010 geeinigt haben. Die EU hat das Programm im März 2000 in ihre Lissabon-Strategie der Schaffung der wettbewerbsfähigsten und dynamischsten »wissensbasierten« Ökonomie der Welt aufgenommen. Diese soll sich durch nachhaltiges Wachstum, mehr und bessere Beschäftigung und größere soziale Kohäsion auszeichnen.

Die Inklusion des Bologna-Prozesses in die Lissabon-Strategie der EU geht mit den oben beschriebenen Transformationen innerhalb des Feldes der Bildung einher. Während die Idealisten zunächst noch von der Erhaltung der kulturellen Vielfalt träumen konnten, hat sich letztlich die Steigerung der Wettbewerbsfähigkeit durch die Bereitstellung von Humankapital in den Vordergrund geschoben. Auf dieser Linie sind »lebenslanges Lernen« sowie die Verbesserung der *employability* in den Zielkatalog des Bologna-Prozesses aufgenommen worden (Schnitzer 2005; Lavdas, Papadakis und Gidarakou 2006; Lohmann 2006).

Die EU hat die Bildungspolitik in die Offene Methode der Koordinierung (OMK) einbezogen. Dadurch werden die Fortschritte der Mitgliedstaaten in der Umsetzung des Bologna-Prozesses dem Monitoring und Benchmarking, der *peer review* und Evaluation unterworfen. Dabei bleibt es den Einzelnen überlassen, wie und in welchem Zeitrahmen sie Bologna implementieren (Eberlein und Kerwer 2004; Jacobson 2004; Bernhard 2005).

Unter den geschilderten Bedingungen müssten die Kräfte des Widerstands gegen Veränderungen dafür sorgen können, dass sowohl PISA als auch Bologna die historisch gewachsenen Bildungsstrukturen weitgehend unversehrt lassen und dass Verzögerung, Verwässerung und Absorption durch die eigenen Strukturen vorherrschen. Solcher Widerstand wird auch tatsächlich geleistet, die eingespielten nationalen Policy-Netzwerke (Schulen, Schulämter, Philologenverbände, Kultusministerien, Hochschulen, Hochschulrektorenkonferenz, Hochschulverband und Wissenschaftsministerien) haben entsprechend reagiert. PISA und Bologna werden insofern »pfadabhängig« umgesetzt. Implementiert werden sie allerdings dennoch, und daraus ergeben sich wiederum tiefgreifende Veränderungen: Potenzielle Vetospieler (insbesondere der Philologenverband der Gymnasiallehrer und der Hochschulverband der Professoren) haben erhebliche Reputationsverluste hinnehmen müssen, allein schon deshalb, weil sie zu Massenverbänden ohne Exklusivität geworden sind und sich von der Pflege der Berufsethik weg und hin zur Interessenvertretung bewegt haben.

Wie gesagt: Die Tradition hat im Kontext der Weltkultur an Legitimität eingebüßt. Wenn sich die Umwelt verändert und ein Bewegungsprozess auf breiter Linie in Gang gekommen ist, *erscheinen* die Transaktionskosten der Anpassung plötzlich geringer als diejenigen des Festhaltens am Althergebrachten. Es kommt allein darauf an, wie die Kosten *eingeschätzt* werden. Sobald erste *commitments* eingegangen wurden und der Zug fährt, sorgt der Mechanismus der Dissonanzreduktion dafür (Festinger 1962; Münch 1972), dass immense Kosten mit dem Argument getragen werden, das Verharren in der Tradition wäre noch kostspieliger gewesen. Man weiß es zwar nicht im objektiven Sinn, sieht es allerdings so aus der Sicht der im Gang befindlichen Bewegung. Genauso verhält es sich im Rahmen der OMK mit der Bildungspolitik. Auch in diesem Bereich gelten hohe Transaktionskosten und das Risiko unerwarteter Nebeneffekte nun als das kleinere Übel.

Weil hier offensichtlich Veränderungen ohne Sanktionsmacht gegen machtvolle Akteurskonstellationen durchgesetzt werden, hat in der Forschung zur OMK zunehmend ein Forschungsansatz Beachtung erlangt, der das Verfahren als Lernprozess deutet. Dabei findet demnach eine Rekombination des Wissens statt. Policy-Programme werden dekontextualisiert, sie müssen ihre allgemeine Anwendbarkeit unter Beweis stellen und als übernehmenswerte Beispiele guter Praxis dienen. In *peer review*-Verfahren überprüfen Experten die Wirksamkeit von Policy-Programmen und beobachten, wie weit und mit welchen Erfolgen sie von den Mitgliedstaaten implementiert wurden. Dadurch erweitert sich der Denkhorizont der Akteure, sie werden aus der Verstrickung in alte Denkschablonen und Loyalitäten befreit, um sie für neue Problemdefinitionen und -lösungen zu öffnen. Indem immer wieder im Vergleich mit anderen Ländern geprüft wird, welche Ergebnisse eine bestimmte Praxis hervorbringt, findet eine rekursive Reflexion der Praxis statt (Bernhard 2005).

Lernprozesse sind demnach geeignet, Veränderungen auch ohne den Einsatz von Macht in Gang zu setzen. Dabei wird in der Regel unterstellt, dass sie in der Tat zu besseren Problemlösungen führen. Freilich muss das nicht zwangsläufig der Fall sein, zumal in der Regel sowohl die Problemdefinition als auch die Lösung geändert wird, die neue Praxis demnach gar nicht auf dieselben Ziele ausgerichtet ist wie die alte. Wenn das Erlernen von Grundkompetenzen die Aneignung von Bildung und Fachwissen ablöst, dann wird de facto das Ziel der Bildung verändert, für das dann ein studienbegleitendes, kursbezogenes Prüfungssystem geeigneter ist als eine Blockprüfung am Ende eines Studiums. Es fragt sich dann, ob solche Zielverschiebungen allein durch Lernen möglich sind. Zumindest soweit sie erkannt werden, sollten sie auf den Widerstand der Hüter der alten Ordnung stoßen. Außerdem ist in vielen Fällen überhaupt nicht sicher zu entscheiden, welche erwünschten und welche unerwünschten Effekte von einer Veränderung der Praxis erzeugt werden. Sicheres Wissen ist allein schon wegen der hohen Komplexität und vielfältigen Interdependenzen nicht vorhanden. Umso erstaunlicher ist es, dass überhaupt Veränderungen stattfinden.

Um das zu erklären, kann man auf das institutionalistische Konzept isomorphischer Prozesse (DiMaggio und Powell 1983) sowie auf das feldtheoretische Modell materieller und symbolischer Machtverschiebungen zurückgreifen (Bourdieu 1992, 2004; Krais 1989). Institutionalistisch wird der Vorgang nicht als eine Veränderung der Mittel zur Erreichung gegebener Zwecke begriffen, sondern als das Ergebnis einer neuen Situationsdefinition, die Ziele und Mittel betrifft. Damit verlieren Traditionen ihre Legitimität und ihre Träger an symbolischer Macht, neue Akteure mit entsprechenden Programmen profitieren. So greifen isomorphische Prozesse und Verschiebungen der symbolischen Macht Hand in Hand.

Die methodische Verbesserung der Bildungstests hat überdies zu einer Annäherung an naturwissenschaftliche Verfahren geführt und damit das Ansehen der Bildungsforscher sowie den Respekt vor ihren Ergebnissen erheblich erhöht. Sie können mit der Weihe wissenschaftlicher Wahrheit eine Autorität für sich beanspruchen, die den eingelebten nationalen Bildungstraditionen zunehmend versagt bleibt. Die Kritik an der neuen Bildungswelt (Hentig 2003; Duncker 2004; Kraus 2005; Gauger 2006) kann sich allerdings nur auf die alte Tradition stützen und steht angesichts der Koalition von transnationaler Wissens- und Wirtschaftselite auf verlorenem Posten. Kompetenzen sind eben messbar, Bildung nicht. Sobald man anfängt, »Bildungserfolge« zu messen, ergibt sich zwangsläufig eine Zielverschiebung. Diese lässt sich zurückführen auf eine mächtige Koalition zwischen Bildungsforschern, denen es um quantifizierbare Ergebnisse geht, und Wirtschaftseliten, die an verwertbaren Kompetenzen interessiert sind. Dabei haben Letztere allein dadurch an Definitionsmacht gewonnen, dass ein immer größerer Teil der Hochschulabsolventen von der Privatwirtschaft beschäftigt wird, während immer weniger Absolventen in den öffentlichen Dienst gehen.

Gegen diese Koalition, die in erheblichem Maße auch von den auf den Erwerb praktischer Kompetenzen zielenden Studierenden unterstützt wird, stellt sich das Beharren auf Bildung als Kulturgut in mehrerlei Hinsicht als unzeitgemäß dar – die Idee bekommt etwas beinahe Museales, gilt nun als Hindernis im internationalen Wettbewerb. Schließlich führt sie nicht zuletzt dazu, dass zu wenig Naturwissenschaftler und Ingenieure und zu viele Geisteswissenschaftler ausgebildet werden. Die Pflege von Geschichte, Kultur und Sprache kann sich im Kontext der Weltkultur sogar als unzeitgemäßer Nationalismus darstellen. Schließlich ist Bildung umso weniger als Kulturgut vermittelbar, je weniger sich die Schüler und Studierenden als nachfolgende Generation einer Bildungselite verstehen, sondern in der breiten Masse in Berufen tätig werden, die von klassischen humanistischen Inhalten weit entfernt sind.

Was soweit exemplarisch für PISA demonstriert wurde, lässt sich mit entsprechenden Anpassungen auch für Bologna sagen. Im Unterschied zu PISA liegt der Bologna-Prozess nicht in der Hand von Forschern, sondern in der Hand der Bildungsminister. Seit der Konferenz in Prag im Jahre 2001 hat die EU-Kommission die Koordination übernommen (Eckard 2005; Alesi et al. 2005; Witte 2006). Im Rahmen des Bologna-Prozesses geben transnationale Akteure unmittelbar Ziele, Zeitpläne und Modelle der Umsetzung vor; dementsprechend entfaltet das Programm auch eine tiefgreifendere Wirkung. Die damit einhergehende Standardisierung und Modularisierung der Hochschulbildung und die Ausrichtung auf die Vermittlung marktfähiger Qualifikationen korrespondiert der Fokussierung auf instrumentelle Kompetenzen im Rahmen von PISA.

Gleichwohl fokussiert auch Bologna auf das Paradigma des

Humankapitals sowie auf messbare, standardisierte Kompetenzen. Das ist kaum verwunderlich, schließlich wirken auch hier der beschriebene isomorphische Angleichungsdruck sowie die Machtverschiebungen im Feld der Bildungspolitik. Gerade die Eingliederung des Prozesses in die Lissabon-Strategie bringt Letztere deutlich zum Ausdruck. Zum normativen Druck wissenschaftlicher Expertise und zur Nachahmung im Rahmen von Benchmarking-Verfahren kommt noch ein Minimum an Zwang hinzu, da die EU-Kommission ihre finanzielle Unterstützung an die zügige Umsetzung des Prozesses knüpft.

Die Schaffung eines einheitlichen europäischen Hochschulraums lässt die alten Formen der Berufsausbildung als nicht mehr zeitgemäß erscheinen. An die Stelle beruflicher Ausbildung tritt die generalisierte Ausbildung, die durch »lebenslanges« Lernen immer wieder erneuert und für die sich rascher verändernden Aufgaben durch Weiterbildung und Umschulung jeweils spezifiziert wird. Die soziale Inklusion des Individuums wird in der transnationalen Wissensgesellschaft nicht mehr durch die Zugehörigkeit zu Familie und Berufsgruppe und entsprechende verbandliche oder gewerkschaftliche Organisation gewährleistet, sondern durch seine individuelle Behauptung auf dem Arbeitsmarkt (Münch 2001b). Die ganze Last der sozialen Inklusion fällt deshalb der Vermittlung von verwertbaren Kompetenzen für den Arbeitsmarkt durch die Bildung zu. Die Berufsgruppen üben nicht mehr die Definitionsmacht über gute Bildung und Praxis aus. Vielmehr entscheidet das Zusammenspiel von artikulierter Nachfrage auf dem Arbeitsmarkt und beschleunigter wissenschaftlicher Wissensentwicklung darüber, welche Kompetenzen sich verwerten lassen. Deshalb erscheinen generelle, wissenschaftsbasierte Kompetenzen aus der Hand der Hochschulen als besser verwertbar als das praktische Wissen traditioneller Berufsgruppen. Bildung ist dann nicht mehr an Berufe und ihre ständischen Organisationen gebunden, sondern überall verwertbares Humankapital.

4. Fatale Allianzen: Hybride zwischen Weltkultur und nationalen Entwicklungspfaden

Soweit haben wir untersucht, wie durch PISA und Bologna die Legitimations- und Erwartungsstrukturen so verändert werden, dass sich das transnationale Paradigma von Bildung als Kompetenz und Humankapital durchsetzen kann. Das neue Leitbild hat nun bessere Chancen, die Formalstruktur von Bildungseinrichtungen zu prägen. Damit ist jedoch noch lange nicht gesagt, dass sich auch die Aktivitätsstruktur der alltäglichen Praxis verändert (Meyer und Rowan 1977). Das gilt etwa – trotz PISA – für das dreigliedrige deutsche Schulsystem. Auch die alten Unterrichtsmodelle bestehen fort, selbst wenn immer mehr PISA-ähnliche Tests durchgeführt werden und die entsprechende Rhetorik (man denke an Floskeln wie »Lernen lernen«, »lebenslanges Lernen«, den vielbeschworenen Erwerb von »Kernkompetenzen« und »Schlüsselqualifikationen«) den Diskurs zunehmend beherrscht (Mugabushaka 2005). Elemente des neuen Paradigmas werden angelagert, ohne dass die des alten beseitigt würden. Auf diesem Weg entstehen Hybride mit nichtintendierten Wirkungen. Die Einführung des G8 in Bayern bedeutet z. B. eine formale Angleichung an das internationale Standardmaß. Damit verliert das Gymnasium endgültig seinen herausgehobenen Status, der klassische Bildungsanspruch wird auf die reine Kompetenzvermittlung für die breite Masse heruntergestuft. All dies bleibt jedoch verborgen und wird beharrlich geleugnet, zumal sich der Philologenverband aus eigenem Interesse gegen jeden Prestigeverlust wehren muss. In der Folge wird das ehrgeizige Curriculum des klassischen Gymnasiums in weniger Zeit abgehandelt, der Unterricht wird derart überfrachtet, dass etwa im neusprachlichen Zweig keine der drei Sprachen richtig gelernt und in Deutsch, Mathematik und den Naturwissenschaften zwar viel gepaukt wird, aber nur wenig hängen bleibt (Schultz 2008a, 2008b). Aufgrund der überzogenen Ansprüche bleiben jedoch auch die PISA-relevanten Kernkompetenzen auf der Strecke. Die Leidtragenden dieser Entwicklung sind die überforderten Schüler, Lehrer und Eltern. Letztere melden sich deshalb mit heftigem Protest zu Wort (Taffertshofer 2007; Burtscheid 2008b).

Allerdings ist nicht nur die Spitze des dreigliedrigen Systems von dieser Transformation betroffen, vielmehr trägt auch die zunehmende Konzentration einer neuen Unterschicht der »Schulversager« in den Hauptschulen dazu bei, dass systematisch unterdurchschnittliche PISA-Testergebnisse erreicht werden (Baumert et al. 2001, 2002). Das deutsche Schulsystem musste gleichsam an PISA scheitern, weil zu lange am dreigliedrigen Modell festgehalten wurde und die Umstellung vom Ideal der klassischen Bildung auf den massenhaften Erwerb von Kompetenzen und Humankapital im Rahmen des hybridalen Modells nicht konsequent vollzogen wurde.

Die Probleme setzen sich im universitären Bereich fort. Professoren bekommen es immer häufiger mit Studenten zu tun, die zwar drei Sprachen gelernt haben, aber die größten Schwierigkeiten haben, sich die jeweilige englische Fachliteratur anzueignen. Auch hier klaffen Anspruch und Realität weit auseinander (vgl. Windolf 1997; Teichler 2005). Wenn nun im Zuge des Bologna-Prozesses immer mehr englisch-sprachige Lehrveranstaltungen abgehalten werden, in denen sich Dozenten und Studenten mit sprachlichen Mitteln verständigen müssen, die den Diskurs, die Denkprozesse und ihre Resultate auf ein entsprechend niedrigeres Niveau herabsinken lassen, produziert der Hybrid aus transnationaler Formalstruktur und traditioneller Praxis erneut kontraproduktive Resultate.

In dieser Situation wäre es konsequent, auf das klassische Ideal zu verzichten und Bildung auf den Erwerb von Kernkompetenzen in Englisch, Deutsch, Mathematik und einer Naturwissenschaft zu reduzieren. Dies würde wenigstens für Standards sorgen, die dann auch eingehalten werden könnten, anstatt zu einer bloßen Fiktion zu verkommen.

Das alte System wurde durch die Bildungsexpansion der siebziger Jahre ausgehöhlt, seine Leistungsfähigkeit untergraben. Das Modell passt nicht mehr zur Realität und ist funktional defizitär geworden. Allerdings existieren diese Probleme seit gut dreißig Jahren. Die Defizite reichen offensichtlich nicht aus, um einen leistungssteigernden institutionellen Wandel herbeizuführen. Insofern nun also tatsächlich Wandel stattfindet, ist er funktionalistisch nicht zu erklären. Wieder müssen wir auf die beschriebenen Modelle (Machtverschiebungen im transnationalen Feld sowie isomorphische Anpassung) zurückgreifen. Auf der ersten Stufe haben wir damit die institutionelle Anlagerung neuer Elemente (Thelen 2002) insbesondere auf der Ebene der Formalstruktur der öffentlichen Selbstdarstellung des Bildungssystems und seiner Organisationen erklärt. Dadurch wurde allerdings keine Leistungssteigerung erzielt, sondern ein Hybrid geschaffen, der ein Defizit in Bezug auf das klassische Bildungsideal erzeugt hat, ohne die Anforderungen des neuen Leitbildes erfüllen zu können. Diese erste Etappe der Transformation ist demnach nicht mit einer de facto erfolgenden funktionalen Leistungssteigerung zu erklären, sondern durch eine Verschiebung der symbolischen Macht. Sie hat jedoch nicht ausgereicht, um flächendeckend einen Institutionenwandel herbeizuführen, der das klassische Bildungsideal endgültig aufgibt und die Curricula ganz auf Kompetenzerwerb und Humankapitalbildung umstellt. Dieser 30-jährige Schwebezustand lässt sich dadurch erklären, dass es den Kräften der Tradition gelungen ist, das alte System in seinen wesentlichen Strukturen (vor allem die Dreigliedrigkeit) zu erhalten, während zwei aufeinanderfolgende Gruppen von Modernisierern (zunächst die Verfechter des Paradigmas der »Bildung für alle« in Sozialdemokratie und Gewerkschaften, dann die transnationale Koalition der Bildungsforscher und ökonomischen Eliten mit ihrem Modell des Humankapitals) ihre Ziele lediglich auf der eher rhetorischen Ebene der Formalstruktur durchsetzen konnten (Lenhardt 2002a).

In Deutschland haben damit die ständischen Wurzeln auch im demokratischen Zeitalter überlebt, während nahezu alle OECD-Länder längst die Einheitsschule eingeführt haben. Das lässt sich auf ideologisch-kulturelle Unterschiede zurückführen. Während die amerikanische Humankapital-Theorie davon ausgeht, dass alle Staatsbürgerinnen und -bürger ein Recht darauf haben, ihre intellektuellen Kompetenzen so weit wie möglich zu entwickeln, um sich auf dem Markt behaupten, in der Politik Interessen artikulieren und an der öffentlichen Meinungsbildung mitwirken zu können, herrscht in Deutschland immer noch die insbesondere von den Lehrerverbänden getragene ständische Doktrin, nach der die Menschen mit unterschiedlichen Begabungen geboren werden und deshalb in möglichst homogenen Gruppen auf verschiedene Schulen verteilt werden sollten, um ihr Potenzial möglichst effektiv auszuschöpfen (Lenhardt 2002b). Zusammen mit dem im demokratischen Zeitalter nicht zu verweigernden Anspruch auf möglichst weit gehende Bildung nach dem in den sechziger Jahren von Ralf Dahrendorf (1965) und anderen eingeklagten Prinzip der »Bildung als Bürgerrecht« hat das Festhalten an dem ständischen Begabungsmodell dazu geführt, dass der demokratisch inspirierte Ansturm auf die ranghöheren Schulen mit besonders ausgeprägten Selektionsmaßnahmen beantwortet wurde. So sind Tests, Zeugnisse und Lehrer für die deutschen Schüler eine Bedrohung geworden, während amerikanische Schüler Prüfungen als motivierende Formen des Benchmarking verstehen, auf das sie bei Misserfolgen nicht mit dauerhafter Entmutigung reagieren (Little et al. 1995; Czerwenka et al. 1990). Hierzulande wurde die Schule jedoch zu einer Art Strafinstanz gemacht, in der sich keine Lerngemeinschaft zwischen Schülern und Lehrern bilden kann.

Es überrascht nicht, dass die Leidtragenden des skizzierten Selektionsmechanismus insbesondere die Kinder aus bildungsfernen Elternhäusern und Migrantenfamilien sind; gerade Letztere haben beim PISA-Test in Deutschland schlechter als in anderen Ländern abgeschnitten (Baumert et al. 2001: 397). Das alte System hat sich so für Schüler, Eltern und Lehrer immer mehr zu einem regelrechten »Horrorgebilde« entwickelt. Die Hauptschule ist zur »Restschule« einer neuen Unterschicht, das Gymnasium mit dem Anspruch, 50 Prozent eines Jahrgangs zu einer Elite heranzubilden, für manche Schüler zu einer subtilen Art der Folter geworden. Die Lehrer haben deshalb in großer Zahl frühzeitig den Dienst mit einem Burn-out-Syndrom quittiert (die höchste Rate der Frühpensionierung unter allen Berufsgruppen), viele

Schüler werden durch Sitzenbleiben und Zurückstufung auf eine Laufbahn des Versagens geschickt oder schaffen es mit jeder Menge Nachhilfestunden, teilweise auch mit Medikamenten wie Ritalin, gerade so durchzukommen. Der Stress zerrüttet auch das Familienleben, Nachhilfeunterricht für bis zu 600 Euro im Monat können sich nur gut situierte Eltern leisten (Taffertshofer 2007). Schulpsychologen bestätigen unmissverständlich, dass Schüler, Lehrer und Eltern unter einem kaum noch bewältigbaren Stress leiden. Lehrer einer ersten Gymnasiumsklasse sagen den Eltern eindringlich, dass es ihre Aufgabe sei, mit ihren Kindern regelmäßig zu üben, damit sie im Unterricht mitkommen, und das in einer Zeit, in der regelmäßig beide Elternteile berufstätig sind (Reheis 2007; *Süddeutsche Zeitung* 2008a).

Allseits bekannt ist die Tatsache, dass das dreigliedrige, allein auf Selektion und Unterricht ausgerichtete Schulsystem systematisch Migrantenkinder, sozial benachteiligte und behinderte Kinder ausgrenzt, in der Hauptschule verkümmern lässt oder in der Sonderschule von vornherein stigmatisiert. So ist die Hauptschule in den sozialen Brennpunkten zu einer Schule der Gewalt geworden. Der Hilferuf der Lehrer der Berliner Rütli-Schule, sie könnten unter diesen Bedingungen nicht mehr arbeiten, war kein Ausnahmefall, sondern lediglich ein besonders krasses Beispiel für ein systematisch angelegtes Versagen des Schulsystems. Beim PISA-Test hat sich gezeigt, dass die Lernbeeinträchtigung und die Überforderung der Schüler in der Hauptschule am stärksten, im Gymnasium am geringsten ausgeprägt ist (Baumert et al. 2001: 449). All diese Defizite sind wohlbekannt. Trotzdem konnte das System dreißig Jahre in diesem hybridalen Schwebezustand existieren. Die tiefere Ursache dafür ist die stille Übereinkunft zwischen Traditionalisten und Modernisierern, die ganze Modernisierung »pfadabhängig« in den Bahnen eines aus der traditionalen Ständegesellschaft übernommenen dreigliedrigen, auf Selektion und reinen Unterricht ausgerichteten Schulsystems abzuwickeln.

Der PISA-Schock hat jedoch das Spiel neu eröffnet (Terhart 2002; Prenzel et al. 2004; Oelkers 2003; Meyer 2004; Meyerhöfer 2005). Der Modernisierungsdruck ist jetzt größer geworden, die Gewichte haben sich ein Stück weit auf die Seite der Modernisierer verschoben. Der Gipfel der internationalen Bloßstellung des deutschen Schulsystems wurde mit dem Bericht des UN-Sonderbotschafters Vernor Munõz vor der Vollversammlung des Menschenrechtsrates der Vereinten Nationen am 21. März 2007 in Genf erreicht. Der 26-seitige Bericht wirft den deutschen Schulen nicht weniger als die Verletzung des Menschenrechts auf Bildung vor, insbesondere weil sozial benachteiligte Kinder, behinderte Kinder und Migrantenkinder diskriminiert werden und ihnen die Chance auf eine angemessene Bildung verweigert wird. Man kann die Verletzung des Rechtes aller Kinder und Jugendlichen auf eine menschenwürdige Erziehung und des Rechtes der Familien auf ein friedvolles Familienleben noch hinzuzählen. Als Hauptursache für die monierte Menschenrechtsverletzung durch das deutsche Schulsystem wird die frühe Selektion der Kinder schon nach der vierten Schulklasse und die dreigliedrige Unterteilung des Systems in Hauptschule, Realschule und Gymnasium identifiziert. Die Kultusminister der CDU/CSU und der SPD haben darauf unisono mit hochmütiger Ablehnung und Leugnung der Defizite reagiert, ein Verhalten, das man sonst nur von den Regierungen berüchtigter »Schurkenstaaten« kennt (Finetti 2007).

Dieser Hochmut speist sich aus der traditionellen Koalition des Philologenverbandes und der Kultusministerien, die bisher durch die gemeinsame Verwurzelung im alten System zusammengeschweißt wurde, und aus dem noch bestehenden Waffenstillstand mit der GEW. Auf PISA wurde zunächst wieder nur mit Maßnahmen reagiert, die auf die Rettung des alten Systems zielen. Es sollen mehr Durchlässigkeit geschaffen, die Unterrichtskultur verbessert und die Schüler stärker gefördert werden. Zuallererst macht sich diese Lernbereitschaft in den Grenzen des alten Systems in noch mehr Druck auf die Lehrerschaft bemerkbar, die jetzt einer vorher nicht gekannten Leistungskontrolle unterworfen wird. Das geschieht jedoch, ohne etwas an den allseits bekannten unzulänglichen Bedingungen zu ändern, unter denen die Lehrer arbeiten müssen. Mit größter Wahrscheinlichkeit wird der Haupteffekt dieser neuen Stufe der Modernisierung auf einem eigenen, weltweit inzwischen fast nur noch in Deutschland praktizierten Entwicklungspfad darin bestehen, dass die Zahl der Lehrer, die unter dem Burn-out-Syndrom leiden, weiter steigt.

Ob ein Schulsystem tatsächlich sozialen Aufstieg ermöglicht, wird bei solchen internationalen Vergleichen oft viel zu kurzschlüssig anhand des Anteils der Schüler berechnet, die einen Sekundarschulabschluss erreichen. In den USA z. B. sagt dieser jedoch überhaupt nichts über den weiteren tertiären Bildungsweg und erst recht nichts über den beruflichen Erfolg aus. Die Stratifikation vollzieht sich dort über die Reputation der besuchten Highschool und des anschließend besuchten Colleges, das Prädikat der erworbenen Bildungszertifikate und schließlich das individuelle Durchsetzungsvermögen auf dem Arbeitsmarkt. In Deutschland dagegen hat lange Zeit ein bedeutsamer Weg des sozialen Aufstiegs von der Hauptschule über die Lehrlingsausbildung und die innerbetriebliche Karriereleiter bis hoch in die Vorstandsetagen geführt. Das dreigliedrige Schulsystem hat sogar einen positiven Beitrag dazu geleistet, weil es nicht die breite Masse der Schüler einheitlich auf den gymnasialen Weg des sozialen Aufstiegs über Bildungszertifikate geschickt hat. Dadurch gab es noch einen Spielraum für Aufwärtsmobilität aus der beruflichen Praxis heraus, was dazu beigetragen hat, dass auch Vorstände noch Praxiserfahrung hatten und nicht die Bodenhaftung verloren. Für die inzwischen durchgehend akademisch gebildete Managerelite gilt das nicht mehr. Weil aber mit der Verbreiterung des Zugangs zur gymnasialen Sekundarbildung das Abitur zur Norm für jede erfolgreiche Karriere geworden ist, gilt der Satz, nach dem die soziale Selektion im Schulsystem über den sozialen Aufstieg entscheidet, inzwischen auch in Deutschland.

Unter diesen Bedingungen verliert das dreigliedrige Schulsystem seine alte Legitimität, weil es ganz offensichtlich zu einem Zeitpunkt über die Zukunftschancen der Menschen entscheidet, zu dem in fast allen anderen OECD-Ländern zumindest formal noch alle die gleichen Chancen haben. Das vom Elternhaus vermittelte kulturelle Kapital wird unter diesen Bedingungen bedeutsamer als jemals zuvor (Bourdieu 1982; Hartmann 2002, 2007). Gleichzeitig werden die »normalen« höheren Bildungsabschlüsse zunehmend entwertet, wodurch die Nachfrage nach Abschlüssen mit höherer Reputation enorm zunimmt. Zusatzqualifikationen, Auslandsstudium und »Eliteprogramme« befriedigen die wachsende Nachfrage nach Distinktionsmitteln. Wenn z. B. die bayerische Staatsregierung solche Eliteprogramme einrichtet, dann wird zu deren Legitimation zwar auf die funktionale Notwendigkeit der richtigen Vorbereitung auf besonders verantwortungsvolle Positionen verwiesen. Für diese Notwendigkeit gibt es allerdings keine Beweise, zumal die frühe Heraushebung der zukünftigen »Elite« eher Arroganz als ein Gefühl der sozialen Verantwortung erzeugt. Solche Programme befriedigen somit eher den Bedarf an Distinktion.

Man darf allerdings auch von der Einheitsschule keine Wunderdinge bei der Herstellung von Chancengleichheit erwarten. Das wird nur unter Sonderbedingungen erreicht, wie sie insbesondere in Schweden vorzufinden sind (Hartmann 2007: 158-171). In den USA bestehen dagegen zwischen Highschools, die formal denselben Bildungsabschluss verleihen, größere Unterschiede als zwischen Hauptschule und Gymnasium in Deutschland. In Frankreich gelingt es den Schülern und Schülerinnen eines traditionsreichen Gymnasiums in Paris – wie dem Lycée Louis-le-Grand oder dem Lycée Henri-IV – in viel größerer Zahl als den Schülern anderer Gymnasien, erfolgreich eine Vorbereitungsklasse zu einer Elitehochschule zu absolvieren. Dagegen ist nicht von der Hand zu weisen, dass ein Schulsystem, das wie in Baden-Württemberg gezielt Wege zu höheren Bildungsabschlüssen neben dem Gymnasium anbietet, möglicherweise im Endeffekt mehr Chancengleichheit gewährleistet als ein formal einheitliches, aber substanziell sehr ungleiches.

Die radikalen Modernisierer zielen seit langem mit geringem Erfolg auf eine Abkehr vom dreigliedrigen Schulsystem und von der ausschließlichen Ausrichtung der Schule auf Selektion und Unterricht. An deren Stelle soll eine eher am skandinavischen, insbesondere am im PISA-Test besonders erfolgreichen finnischen Modell orientierte Einheitsschule mit Ganztagsangebot treten, die auf Inklusion und Förderung zielt. Die Schule soll mehr sein als nur eine Lehranstalt, sie soll der Lebensraum sein, in dem eine umfassende, weit über die bloße Wissensvermittlung hinausgehende Sozialisation stattfindet. Eine solche Schule soll aufgrund ihrer breitangelegten Sozialisationsaufgabe gerade auch Pluralität in der Herkunft und in den Fähigkeiten aushalten und ausgleichen können. Entgegen der traditionellen Vorstellung, erfolgreicher Schul*unterricht* verlange homogene Gruppen, soll die umfassende schulische Sozialisation Pluralität als Spiegelbild der Gesellschaft in sich repräsentieren und zusammenführen (Oelkers 2003). Es versteht sich von selbst, dass ein solch radikaler Wandel vom traditionellen Selektions-/Unterrichtsparadigma zu einem modernen Inklusions-/Förderparadigma eine erhebliche Umschichtung von Ressourcen insbesondere in den Grund- und ersten Sekundarschulbereich verlangt. Wie die Vergleichsstatistik der OECD beweist, ist das deutsche Schulsystem genau in diesem Bereich deutlich unterfinanziert, während es den Gymnasien und Hochschulen wie auch den Forschungsorganisationen im internationalen Vergleich nicht an Geld mangelt. Die aktuelle Exzellenzinitiative zur Förderung von Wissenschaft und Forschung an den deutschen Hochschulen verlagert jedoch im großen Stil zusätzliche Ressourcen in diesen ohnehin schon privilegierten Bereich, um sie dort auf die zur neuen »Elite« gekürten Institutionen zu konzentrieren. Und weil jetzt alle darüber klagen, dass auch etwas für die vernachlässigte Lehre an den Hochschulen getan werden müsse, verlagert der Hochschulpakt noch mehr Ressourcen in die tertiäre Bildung. Der am 14. Juni 2007 zwischen Bund und Ländern geschlossene Pakt stellt zusätzliche Finanzmittel für die Hochschulen bereit, um sowohl mehr Studienanfänger aufnehmen zu können als auch in der Forschung international wettbewerbsfähiger zu werden. Zu verdanken ist diese Ressourcenvermehrung zugunsten der Hochschulen einer Koalition der akademischen Elite im breiten, Bildungs- und Wissenselite vereinigenden Sinn mit den Wissenschaftsministerien – konzentriert im Wissenschaftsrat, in der Deutschen Forschungsgemeinschaft, in der bis zum 31. Dezember 2007 tätigen Bund-Länder-Kommission für Bildungsplanung und Forschungsförderung (BLK) (seit 1. 1. 2008 Gemeinsame Wissenschaftskonferenz, GWK) und im Bundesministerium für Bildung und Forschung.

Ein wesentlicher strategischer Grund für diese Besserstellung der Hochschulen dürfte der Föderalismus sein, der im Grund- und Sekundarschulbereich noch weit vitaler ist als in der Hochschulpolitik und in der Forschungsförderung, Bereichen, die weit stärker auf Bundesebene organisiert sind. Das föderale System ist so noch weiter in Schieflage geraten, was auch den Sonderbotschafter der Vereinten Nationen zu entsprechender Kritik am deutschen Bildungsföderalismus veranlasste.

Die hybridale Modernisierung, die globale Eliten und lokale Autoritäten vorantreiben, wird dazu führen, dass der Druck auf die Lehrer in nächster Zeit noch weiter steigt, da sie nach Maßgabe des New Public Management an die Kandare genommen werden, ohne dass die Voraussetzungen für die Erfüllung der neuen Anforderungen geschaffen werden. Die Fortsetzung dieses dysfunktionalen Schwebezustandes zwischen moderner Formal- und traditionaler Aktivitätsstruktur ist wahrscheinlich, da es zu einer Koalition der neuen Wissens- und Wirtschaftseliten mit Teilen der alten Bildungselite kommen könnte, die sich dann möglicherweise für den Kompromiss der Abschaffung der Hauptschule und gemeinsamen Unterricht bis einschließlich des sechsten Schuljahres einsetzen wird, sodass erst zu diesem Zeitpunkt entschieden würde, ob die Schüler nun die Realschule oder das Gymnasium besuchen. Der Kampf um die Plätze im Gymnasium wird sich dann sogar noch verschärfen, weil an dieser Übertrittsgrenze noch größerer Distinktionsbedarf entsteht. Ein konsequenter, radikaler Systemwechsel zur Einheitsschule wäre nur dann zu erwarten, wenn sich die neuen Eliten mit der GEW gegen die alte Bildungselite, insbesondere den Philologenverband, verbünden würden.

Die Frage ist jetzt, ob der im Fahrwasser von PISA und Bologna steigende isomorphische Druck zu einem weitergehenden Institutionenwandel führt. Dafür gibt es auf der Ebene der Universitäten mehr Anzeichen als auf jener des Schulsystems. Bologna und die an sich auf Forschung ausgerichtete Exzellenzinitiative von Bund und Ländern haben dafür die Weichen gestellt (vgl. Lenhardt 2002a). Ein Bündnis aus transnational vernetzten Bildungsforschern, Managern sowie Vertretern der alten Bildungselite hat im Wissenschaftsrat (1999, 2000) und der Bund-Länder-Kommission für Bildungsplanung und Forschungsförderung einen Systemwechsel eingeleitet, der den größten Teil des Universitätsstudiums auf Bachelor-Niveau absenkt und dem Fachhochschulstudium gleichstellt. Gleichzeitig können die Fachhochschulen mit Masterstudiengängen nach oben ziehen, wodurch die Unterschiede zu den Universitäten erheblich verringert werden. Die Differenzierung erfolgt nur noch über den unterschiedlichen Anteil, den die Doktorandenausbildung und die Forschung an der Tätigkeit der Professoren an den einzelnen Universitäten bzw. den einzelnen Fachbereichen einnehmen. Die Lehrprofessur, deren Lehrdeputat sich kaum noch von dem an Fachhochschulen üblichen Volumen unterscheiden wird, dürfte von der Ergänzungskategorie zum Normalfall werden, während intensiver forschende Professoren sich über eine Verringerung der Stundenzahl freuen dürfen, die sie mit der Lehre verbringen. Die Akkumulation von Erfolgen nach dem Matthäus-Prinzip wird dann zu einer weitgehenden Schließung des Zugangs zu den Elitepositionen in Promotionsstudium und Forschung sorgen (vgl. Burris 2004; Hartmann 2006; Münch 2006, 2007).

Das bedeutet insbesondere, dass die Offenheit und der Wettbewerb durch die Transformation traditioneller Statusunterschiede in Monopolstrukturen im System verringert werden. Die ressourcenstarken Traditionsuniversitäten im Machtzentrum des akademischen Feldes usurpieren auf Dauer die Elitepositionen. Die oligarchischen Strukturen (das Verhältnis zwischen Professoren und Mitarbeitern liegt bei ungefähr 1:5, DFG 2006a: 18) lähmen systematisch den wissenschaftlichen Nachwuchs und unterbinden den immer von jungen Generationen kommenden Erkenntnisfortschritt. Nur eine Koalition von Wissens- und Wirtschaftseliten und einer auf Chancengleichheit, Wettbewerb und Karriereaussichten des wissenschaftlichen Nachwuchses bedachten GEW gegen die Traditionalisten in den Akademien der Wissenschaft, in der Deutschen Forschungsgemeinschaft (DFG) und im Wissenschaftsrat könnte die hybridale Überführung der transnational induzierten Modernisierung in neue Monopol- und Oligarchiestrukturen verhindern.

Bologna und die Exzellenzinitiative werden zusammen zu einer Stratifikation des Universitätssystems in wenige »Forschungsuniversitäten« und viele, auf die standardisierte Bachelor-Ausbildung beschränkte »Lehrhochschulen« führen (vgl. Schimank 1995). Das standardisierte und modularisierte Bachelor-Studium, in dem studienbegleitende Prüfungen die Regel sind, beseitigt die Kluft zwischen Anspruch und Wirklichkeit, die insbesondere die Geistes- und Sozialwissenschaften beherrscht hat. Die hohe Abbrecherquote hat dem alten System die letzten Reste an Legitimität geraubt. Auch die Natur- und Ingenieurwissenschaften wurden in diesen Veränderungsstrudel gerissen. Hier hat sich das Leistungsdefizit weniger in hohen Abbrecherquoten, dafür aber in zu niedrigen Studierenden- und Absolventenzahlen gezeigt. Auch sie werden vom hohen Anspruch ihrer Diplomstudiengänge auf breiter vermittelbare Curricula herabgeholt. Die Ausbildung mit höheren wissenschaftlichen Ansprüchen bleibt dann in der ersten Stufe den Master- und schließlich in vollem Umfang erst den Promotionsstudiengängen überlassen, die sich auf eine begrenzte Zahl von Standorten konzentrieren werden. In diesem stratifizierten System wird sogar das klassische Bildungsideal in einer Nischenposition als Teil der neuen Elitenbildung an wenigen Standorten überleben können.

5. Die Transformation der Governance-Strukturen

Ein wirkungsvolles Instrument der flächendeckenden Durchsetzung des neuen, auf die Bildung von Kompetenzen, Humankapital, Stratifikation, standardisierte Massenbildung und wissenschaftliche Elitenbildung setzenden Bildungsmodells ist die Umstellung der Verwaltung von Schulen und Hochschulen auf das in der Einleitung erläuterte New Public Management oder kurz NPM (Naschold und Bogumil 2000; Lane 2000; Sahlin-Andersson 2001). NPM ist das zentrale Instrument der neoliberalen Regierungskunst, die auf Verhaltenssteuerung durch Märkte, Quasimärkte, Wettbewerb und Anreize setzt. Dieses Steuerungsmodell muss komplexe Leistungen auf eine überschaubare Zahl von Parametern reduzieren, an denen sich Steuerungsinstanzen (Prinzipale), Gesteuerte (Agenten), Akkreditierungsagenturen und Kunden orientieren können. Das neue Modell beseitigt alte bürokratische Konditionalprogramme, bei denen die Beamten einer Behörde eine Entscheidung aus der Tatbestandsaufnahme und dem anzuwendenden Gesetz ableiten. Die Entscheidung gilt in diesem Fall unter der Bedingung (konditional), dass der Tatbestand zutrifft und das richtige Gesetz richtig angewandt wurde. Steuerungsinstanz (Regierung) und Bürger *vertrauen* in die rechtmäßige Entscheidung der Beamten. Das neue Steuerungsmodell ersetzt aber auch die professionelle Entscheidungspraxis des Experten, der seine Tätigkeit nach bestem Wissen und Gewissen auf der Grundlage seiner Berufsethik und seines Fachwissens ausübt.

Regierung und Schüler bzw. Studenten vertrauen nach dem alten Modell der professionellen Autonomie in die Verantwortung und Kompetenz des Lehrers bzw. des Professors. Der Lehrer übt in begrenztem Maße eine Expertentätigkeit innerhalb einer bürokratischen Schulordnung aus, der Professor hat im Rahmen von Prüfungs-, Studien- und Hochschulordnungen eine sehr viel weitere Expertenautonomie. Das neue Steuerungsmodell setzt an die Stelle des Vertrauens das grundsätzliche Misstrauen, bürokratische Regelungen seien ineffektiv und die Expertenautonomie würde missbraucht. Deshalb verlangt es eine weitestmögliche »Transparenz« der Leistungen, über die anhand von Kennziffern detailliert Rechenschaft abgelegt werden muss. An die Stelle der autonomen Entscheidung des Experten nach bestem Wissen und Gewissen tritt die Erfüllung von vorgegebenen Parametern, an die sich eine entsprechende Entlohnung in Geld knüpft. Konditionalprogramme und autonome professionelle Entscheidungen werden in Zweckprogramme umgewandelt. Die Prinzipale treffen mit den Agenten Zielvereinbarungen, die in Maßzahlen operationalisiert werden.

Statt der verwaltungsrechtlichen Aufsicht über die Einhaltung der Gesetze erfolgt dann eine Erfolgskontrolle anhand der erreichten Ziele. Man kann sich gut vorstellen, dass auf diese Weise die Arbeitsvermittlung effektiver und effizienter gestaltet werden kann. In Schulen und erst recht an Hochschulen erfolgt jedoch eine weitgehende Entprofessionalisierung der Tätigkeit von Lehrern und Professoren. Damit verschwindet aber auch die besondere Qualität dieser Berufe. Der flächendeckende Einsatz von NPM lässt eine Audit-Gesellschaft entstehen, in der die Rechenschaftslegung und Evaluation von Tätigkeiten einen solchen Umfang annimmt, dass die Tätigkeiten selbst von dem Zwang zur Berichterstattung und dem Aufwand der Evaluation deformiert und überfrachtet werden und so ihren ursprünglichen Sinn und Zweck verlieren (Power 1997; Rose 1999).

Die neue Form von Governance ist mit dem neuen Bildungsmodell wahlverwandt, d. h. die Strukturen ergänzen sich gegenseitig. Das neue Bildungsmodell stellt Bildung auf Wissens- und Kompetenzerwerb um und zerlegt den Prozess in einzeln abgeprüfte Kurse, die nahezu beliebig kombiniert werden können. Die Vielzahl der damit verbundenen Einzelprüfungen eignen sich als Leistungsindikatoren für das »Qualitätsmanagement«. An die gemessenen Erfolge wird dann an den Universitäten die so genannte »Leistungsorientierte Mittelverteilung« (LOM) geknüpft. Dieses System belohnt die Zerlegung eines Studiengangs in eine möglichst große Zahl kleinster Kurseinheiten mit entsprechenden Teilprüfungsleistungen. Wer auf mehr LOM-Punkte kommen will, bricht sein Curriculum auf viele kleine Kurse mit eigener Prüfung herunter. So spielen sich NPM und Bologna gegenseitig in die Hände. Wie LOM innerhalb der Universitäten den Bologna-Prozess unterstützt, so bringt LOM auch in der Mittelverteilung zwischen den Universitäten den Bologna-Zug in Fahrt. Die möglichst konsequente Umsetzung des Programms bringt den Universitäten finanzielle Vorteile.

Weiter unterstützt wird die durchgreifende Institutionalisierung von Bologna, indem Akkreditierungsagenturen als neue Konsekrationsinstanzen und Sachwalter des weltkulturell legitimierten Bildungsideals die Einhaltung der vorgegebenen Standards überwachen. Sie sind zu einer Art Weltpolizei des transnationalisierten Bildungssystems geworden. Das heißt, sie sorgen dafür, dass die durch NPM geschaffenen größeren Handlungsspielräume der Fachbereiche überall in genau derselben standardisierten Weise ausgefüllt werden (vgl. Bröckling et al. 2000). Die Entlassung aus der ministeriellen Kontrolle (so mussten Prüfungsordnungen bislang genehmigt werden) wird mit einer umso totaleren Überwachung durch eine Instanz bezahlt, deren Legitimität sich anders als die ministerielle nicht aus einer demokratischen und rechtsstaatlichen Ordnung speist, sondern aus der nicht direkt greifbaren, mit globalem Geltungsanspruch auftretenden Wissenschaft. Die Kontrolleure verordnen immer und überall dieselben Handlungsmuster, ohne die Verantwortung übernehmen zu müssen, wenn ihre Umsetzung in unterschiedlichen Kontexten zu ganz unterschiedlichen Effekten führt. Die alte akademische und schulische Vielfalt wird so durch die flächendeckende Verordnung vorgefertigter Rezepte weltweit homogenisiert (Drori et al. 2003).

Professoren an Universitäten, Lehrer an Schulen verlieren ihre alte professionelle Identität und Autorität und werden in einfachster Weise nach dem Modell der operanten Konditionierung auf die Erfüllung von vorgegebenen Parametern getrimmt. So reduziert das dahinter stehende Prinzipal-Agent-Modell der Ökonomie die Vielfalt professioneller Tätigkeiten auf wenige, standardisierte Merkmale. Das wird in Zukunft die konsequent an die Anforderungen des Bachelor-Studiums angepasste Realität der Professorentätigkeit sein. Das alte Modell verschwindet dadurch aber nicht gänzlich, vielmehr zieht es sich zurück auf die nun wieder elitäre Position der Doktorandenausbildung an dafür ausgewählten Eliteinstitutionen.

Gleichzeitig müssen die regulären Professoren vor dem Hintergrund der Kennziffernsteuerung eine Minderung von Gehalt und Status und somit einen Machtverlust in Kauf nehmen. Ergänzt wird dieser Prozess durch die Konkurrenz neuer privater Hochschulen, die – freilich unter den Bedingungen besonderer Förderung und einer privilegierten Stellung – den alteingesessenen Universitäten beweisen, dass alles besser geht, wenn man nur »will«. Dabei zählt allein der Erfolg, gleichviel ob alle Wettbewerber dieselben Startvoraussetzungen hatten oder nicht. Dasselbe gilt für besonders geförderte staatliche Bildungseinrichtungen, die als Vorzeigemodelle Druck ausüben und andere Institutionen zur Nachahmung zwingen, auch wenn diese nicht auf vergleichbare Ressourcen zurückgreifen können.

Ein weiterer Baustein der Institutionalisierung des neuen Bildungsmodells ist die Ablösung des Lehrer-Schüler- durch ein Anbieter-Kunden-Verhältnis. Während der Schüler von der anerkannten Autorität des Lehrers angeleitet wird und der Lehrer aus dieser Position heraus die Qualität der Lehrleistungen selbst am Maßstab seiner Profession misst, erwartet der Kunde eine Dienstleistung, über deren Qualität allein er bestimmt. Das ist in der Regel die bestmögliche Note für den geringstmöglichen Aufwand. Je flächendeckender Lehrevaluationen eingeführt wurden, umso besser sind deshalb die Noten geworden. Eine Studie über ein amerikanisches

Elite-College für weibliche Studierende berichtet deshalb von einer stetigen Steigerung der Zahl von Abschlüssen mit der Höchstnote A auf inzwischen 43 Prozent und der Besonderheit, dass ein C+ (3+) schon leicht eine Klage nach sich ziehen kann (Metz-Göckel 2004). In den USA hat man diese Erfahrung über Jahrzehnte gemacht. In Deutschland wurde die Lehrevaluation wesentlich später und auch nicht flächendeckend eingeführt (auch ein Nachahmungseffekt), allerdings brachte eine Untersuchung des Wissenschaftsrates ganz ähnliche Ergebnisse ans Licht: Die Studie weist einen stetigen Anstieg des durchschnittlichen Notenniveaus der Universitätsabsolventen nach. In einzelnen Fächern liegt der Durchschnitt schon bei sehr gut (1,3) (Wissenschaftsrat 2003).

Der Bologna-Prozess zeigt bereits heute, was im Rahmen von PISA auch an den Schulen passieren wird. Eine von der bayerischen Wirtschaft eingesetzte, von Bildungsforschern geprägte Kommission hat für die bayerischen Schulen das entsprechende Zukunftsbild klar gezeichnet (Vereinigung der bayerischen Wirtschaft 2007). Das entworfene Modell bringt gegenüber den weltkulturell dominant gewordenen Mustern nichts Neues, für das staatliche Schulsystem dürfte es jedoch revolutionäre Folgen haben. Auch die Schulen werden aus der »hierarchischen« bzw. »bürokratischen« Steuerung durch die Kultusministerien und Schulämter in eine auf einem »Bildungsmarkt« zu beweisende »Autonomie« entlassen. Dass sie auf diesem »Markt« keine faulen Nüsse anbieten, wird durch die Kontrolle der Akkreditierungsagenturen verhindert, Schulen und Lehrer müssen sich regelmäßigen Tests unterwerfen. Es versteht sich von selbst, dass die Lehrer dann nicht mehr Staatsbeamte auf Lebenszeit sein können, sondern eine zeitlich befristete »Lizenz« erhalten, die sie durch die Teilnahme an Fortbildungsmaßnahmen in regelmäßigen Abständen »erneuern« müssen. Die Bildungsforscher sichern ihren Kollegen mit diesem Modell flächendeckend Jobs in der permanenten Weiterbildung und Evaluation der Lehrer. Das NPM-Modell wird zu einem Beschäftigungsprogramm für Bildungsforscher selbst – das entsprechende Geld fehlt dann, um mehr Lehrer einzustellen.

Gegen das neue Regime der Evaluatoren wird sich die Kontrolle der Lehrer durch die Schulämter und Ministerien als ein Paradies des freien Unterrichts darstellen. Innerhalb der Bürokratie gab es einen Freiraum der Pädagogik, für den der einzelne Lehrer und das Lehrerkollegium die Verantwortung hatten. Nach dem anreizgesteuerten NPM-Modell schwindet die Bedeutung der Berufsethik als impliziter Kontrollinstanz über den pädagogischen Freiraum. An ihre Stelle tritt ein Apparat von Evaluatoren, der den Lehrern flächendeckend »wissenschaftlich geprüfte« Verhaltensmodelle verordnet. Die Kultusminister der Länder begeistern sich inzwischen für bundesweit einheitliche Bildungsstandards. Die Minister der CDU bzw. CSU fordern sogar das nationale Zentralabitur. Sie versprechen sich mit dieser Maßnahme mehr »Wettbewerb« zwischen den Ländern, größere »Chancengleichheit« für die Abiturienten und die Erleichterung der Mobilität von Eltern und Schülern über Ländergrenzen hinweg (Burtscheidt und Taffertshofer 2007; Burtscheidt 2007a). Die dunkle Seite dieses Programms ist die Abrichtung der Lehrer auf das Einpauken standardisierter Prüfungsaufgaben, gleichzeitig werden die Schüler zu konditionierten Lernmaschinen. Auf der Strecke bleibt die Bildung als kreativer Teil der Persönlichkeitsentwicklung. Der Mensch wird zum Punktejäger gemacht. Nicht authentisch zu sein, sondern ein vorgegebenes Programm abzuspulen, wird zum dominanten Persönlichkeitsmerkmal. Allerdings hat dieses Programm keinen nachweisbaren Nutzen für Schüler, Lehrer oder die Gesellschaft, da es nicht zur Erweiterung des verfügbaren Potenzials an Wissen beiträgt. Dieser Reformwalze könnte ohne weiteres entgegengehalten werden: Wer testet PISA? (Jahnke und Meyerhöfer 2006).

Die Einführung bundesweiter Bildungsstandards bis hin zur Institutionalisierung des Zentralabiturs wird zusätzlich vom Interesse der Eltern und Schüler getragen, im Vergleich der Bundesländer bei der Vergabe von Studienplätzen nicht dadurch benachteiligt zu werden, dass das Abitur im eigenen Bundesland unter strengeren Prüfungsbedingungen absolviert wurde als anderswo. Dabei ergänzen sich zwei Prozesse: einerseits der verschärfte, schon im Kindergarten einsetzende Kampf um bessere Positionen im globalisierten Wettbewerb, andererseits die Notwendigkeit, diesen Wettbewerb global und noch nicht einmal mehr nur bundesweit nach einheitlichen Maßstäben durchzuführen. Auf diese Weise wird die Vielfalt unterschiedlicher Kulturen auf dem Altar der globalen Vergleichbarkeit geopfert. An die Stelle von kulturell imprägniertem Wissen treten damit, wie oben ausführlich beschrieben, kulturfreie generelle Grundkompetenzen. Der lokal verwurzelte und von dort zum Universellen strebende Kulturmensch wird ersetzt durch den weltweit mit demselben Humankapital ausgestatteten Wissensarbeiter (Readings 1996).

Eine wesentliche Grundlage für die Übertragung von NPM auf die Steuerung von Schulen ist die inzwischen hegemoniale Stellung ökonomischer Denkansätze in den Gesellschaftswissenschaften (Fourcade 2006). Zu diesen zählt auch das Prinzipal-Agent-Modell, wie in der Einleitung dargelegt wurde. Dessen universelle Anwendung reduziert die Vielfalt sozialer Formen auf die vom Modell postulierte Beziehung, in deren Perspektive zum universalen Problem stilisiert wird, dass Agenten ihre »delegierte« Macht zum eigenen Vorteil und zum Schaden des Prinzipals missbrauchen könnten. NPM erweist sich dann insofern als eine »Problemlösung«, als Agenten miteinander um Belohnungen durch den Prinzipal konkurrieren. Dabei muss allerdings unterstellt werden, dass Letzterer überhaupt weiß, worin eine adäquate Leistung besteht. Während sich Ministerien und Schulämter noch zurückgehalten und sich auf eine rein formalrechtliche Kontrolle beschränkt haben, verlangt NPM, dass der Prinzipal auch inhaltlich spezifizieren kann, worauf es ankommt. Genau dieses Wissen reklamieren die Bildungsforscher für sich, die Evaluatoren setzen es dann um. Diese Verwissenschaftlichung von Governance beseitigt alte demokratische Kontrollen und die dazugehörige Bürokratie und ersetzt sie durch eine Expertenherrschaft, deren Legitimität sich aus dem Autoritätsanspruch der Wissenschaft speist (Drori et al. 2003).

Die Abkehr von der bürokratischen und professionellen Steuerung der pädagogischen Arbeit und ihre Ersetzung durch eine totale, Form *und* Inhalt erfassende Kontrolle durch wissenschaftliche Experten – ggf. im *peer-review*-Verfahren – schafft auf dem Wege einer *self-fulfilling prophecy* diejenige Realität, die sie auf Dauer als Legitimationsgrundlage benötigt. Sie ersetzt nämlich intrinsische durch extrinsische Motivation. Das heißt, sie macht die Lehrer zu denjenigen »rationalen Egoisten«, die man braucht, um das Prinzipal-Agent-Modell im Rahmen von NPM erfolgreich anwenden zu können und der bürokratisch-professionellen Steuerung die motivationalen Grundlagen zu entziehen. Die schon länger in Gang befindliche Profanisierung des Lehrerberufs zu einer gewöhnlichen Erwerbstätigkeit hat die sakrale Autorität des Lehrers tendenziell ohnehin schon zum Verschwinden gebracht. Die Umstellung vom Staatsbeamtenstatus auf das Modell der lizenzierten Tätigkeit ist nur die letzte Konsequenz aus diesem schleichenden Prozess. Das neue Modell hat deshalb die maßgeblichen Kräfte der gesellschaftlichen Entwicklung auf seiner Seite. Unter den Bedingungen einer auf Inklusion und Förderung ausgerichteten und mit den notwendigen Ressourcen ausgestatteten Schule in Skandinavien ist NPM eine stimmige Begleitung der schulischen Autonomie durch *peer-review*-Verfahren. Im hybridalen Kontext einer vom System her auf Selektion und reinen Unterricht fixierten deutschen Schule kann das Verfahren zu einer subtilen Form der totalen Überwachung werden, die von den Lehrern etwas verlangt, was sie nicht leisten können (vgl. Meyer und Höhns 2002).

Die konsequenteste Verwirklichung des ökonomischen Modelldenkens ist schließlich die Privatisierung der Schulen und die Ausstattung der Eltern mit Bildungsgutscheinen nach dem neoliberalen Modell Milton Friedmans (1995). Von der Entlassung der Schulen aus der staatlichen Kontrolle verspricht man sich auch eine elegante Bewältigung des Konfliktes über das dreigliedrige deutsche Schulsystem (Burtscheid 2007b). Es muss demnach gar keine politisch verbindliche Entscheidung getroffen werden, man kann das Problem dem Mechanismus von Angebot und Nachfrage überlassen. Auf einem solchen Bildungsmarkt sollen alle Eltern genau diejenigen Schulen bekommen, die sie haben wollen, die ihren »Interessen« und »Bedürfnissen« und den »Fähigkeiten« ihrer Kinder entsprechen. Der Staat wäre aus der Verantwortung für die Bildung seiner Staatsbürger weitgehend entlassen, der Einzelne könnte selbst entscheiden, welche Bildungsmaßnahmen er für seine eigenen »Karrierebedürfnisse« benötigt. Am besten stellt man aus marktradikaler Sicht die individuelle Bildungsbiographie auf das Modell des lebenslangen Lernens um, mit dem sich auf dem expandierenden Fortbildungsmarkt exorbitant steigende Renditen erzielen lassen. Wie in jeder Branche explodieren die Umsätze allerdings auch hier weniger wegen des spontanen Wachstums der Bedürfnisse, als vielmehr aufgrund der erfolgreichen Weckung solcher Bedürfnisse durch flächendeckende Werbung. Das Plädoyer für die freie Schulwahl hört sich also für alle Seiten überzeugend an: Die politischen Parteien ersparen sich den Konflikt über das richtige System, der Staat spart Geld und kann »Bürokratie abbauen«, die Eltern können aus einem »breiteren Angebot« wählen, die Schüler bekommen die Schule, die ihnen gefällt, und die Lehrer unterrichten Schüler, die zu ihnen passen. In einer Welt, in der die Wahlfreiheit zur Doxa geworden ist, erscheint die Transformation des Bildungssystems in einen Markt als die beste aller Problemlösungen, der niemand zu widersprechen vermag.

Die regelmäßige Evaluation durch *peer review* würde den Eltern die erforderlichen Informationen über die Qualität von Schulen liefern, die Eltern würden sich für das jeweils aus ihrer Sicht beste Angebot entscheiden. In diesem Modell wird Humankapital nach den Gesetzen von Angebot und Nachfrage produziert und konsumiert (Weber 2001). Es wird zu einer auf dem Bildungsmarkt gehandelten Ware. Einerseits wird Bildung auf diesem Wege der traditionellen Definitionsmacht der Bildungselite entzogen, auf der anderen Seite wird sie dadurch den Gesetzmäßigkeiten des Marktes, der Kapitalakkumulation und der kapitalistischen Verwertungslogik unterworfen.

Auf dem Bildungsmarkt können sich nur Angebote behaupten, die genügend Nachfrage erzeugen und gewinnbringend produziert werden können (Lohmann und Rilling 2001). Als Folge würden sich große Unterschiede im Leistungsangebot herausbilden, die in erster Linie aus der mehr oder weniger reichhaltigen Ausstattung, d. h. dem zahlenmäßigen Verhältnis zwischen Lehrern und Schülern, resultieren. Wer über das erforderliche Kapital verfügt, kann dann über den Bildungsgutschein hinaus auch bessere »Qualität« einkaufen. Letztlich käme eine noch größere Ungleichheit der Teilhabe an »Humankapitalbildung« zustande, als sie bei der nach Steueraufkommen der Gemeinde und privaten Sponsoren variierenden öffentlichen und privaten Finanzierung der Schulen in den USA ohnehin schon gegeben ist. Dort macht es einen viel größeren Unterschied aus, ob eine Schule in einer reicheren oder ärmeren Nachbarschaft beheimatet ist, als dies in Deutschland bislang der Fall war.

Wie fest das ökonomische Paradigma das Denken inzwischen in der Hand hat, ist daran zu erkennen, dass es die Programme nahezu aller Parteien diktiert. So versprechen sich auch die Grünen in Bayern eine »Qualitätsverbesserung« des Unterrichts, wenn die Schulen in die Autonomie entlassen werden und sich das Kultusministerium auf die Rolle zurückzieht, »verbindliche Bildungsstandards für die Schulen zu setzen und ihre Einhaltung in regelmäßigen Qualitätskontrollen zu überprüfen« (Burtscheid 2007b). Die Berichterstattung darüber sieht schon Adornos Idee einer »mündigen Schule« am Horizont aufscheinen. Dass damit der Weg für eine viel weiter als bisher gehende Beobachtung und schematisierte Kontrolle des Lehr- und Lernprozesses und für einen durch strukturelle Privilegien (wie attraktive Standorte oder die Möglichkeit, nur Schüler aus bestsituierten Elternhäusern aufzunehmen) entschiedenen Verdrängungskampf freigemacht wird, bleibt bei diesem Plädoyer für die autonome Schule unerkannt.

Wie ein solcher »Schul-Darwinismus« aussieht, lässt sich schon anhand der »Leistungsvergleiche« des bayerischen Kultusministeriums erahnen. Im zugehörigen »Ranking« besetzen humanistische Gymnasien mit kleinen Klassen und Schülern aus reichen gebildeten Elternhäusern durch die Bank die Spitzenplätze (Burtscheid 2008a). Die durch strukturelle Benachteiligung abgehängten Schulen dürfen sich noch Jahrzehnte »anstrengen«, ohne je eine Chance zu haben, in dieser Tabelle nach oben zu kommen. So formiert sich die gesellschaftliche Elite schon in der Schule. Dem Philologenverband ist das allerdings immer noch zu wenig »Eliteförderung«. Er möchte die »Hochbegabten« durch besondere Angebote an den Gymnasien fördern (Schultz 2008c). Ehrgeizige Menschen müssen schon bei der Partnerwahl und vor der Zeugung die richtige Entscheidung treffen, um sicherzugehen, dass ihre Sprösslinge einmal Zugang zu diesen Karriereleitern bekommen werden. Man muss bei dieser gezielten »Eliteförderung« allerdings in Kauf nehmen, dass sich auf diese Weise an der Spitze der Gesellschaft keine selbständig denkenden, authentischen Charaktere mehr finden werden, sondern nur noch Reproduktionen von vorgefertigten Schablonen. Die Sprache der Managementelite lässt bereits heute erkennen, welche Art von Führungskräften mit lebenslangen Trainingskursen erzeugt wird. Diese Rhetorik ist inzwischen zum Vorbild für alle Funktionsbereiche der Gesellschaft geworden, sodass sich das Sprechen, Denken und Handeln von Universitätspräsidenten, Universitätskanzlern, Caritas-Vorständen und Schuldirektoren nicht mehr von der allseits präsenten Managementphraseologie unterscheidet. Vokabeln wie »Exzellenz«, »Profilbildung«, »Kernkompetenzen«, »Quali-

tätsmanagement« und »Qualitätssicherung« sind allgegen-
wärtig. Dabei fühlen sich alle auf dem richtigen Weg, weil alle
dasselbe tun.

6. Die Transformation
der Sozialisationsstrukturen

Den Abschluss der flächendeckenden Umsetzung des neuen
Bildungsmodells bildet die rekursive Erzeugung der eigenen
Funktionsbedingungen durch die Sozialisation der involvier-
ten Akteure. Angehende Professoren und Lehrer erlernen
durch die zunehmend verwissenschaftlichte didaktische Un-
terweisung die standardisierten Modelle, die sie in ihrer alltäglichen Praxis anwenden. Die an diesen Vorgaben orientierte Evaluation sorgt dafür, dass sie immer wieder bestätigt
werden. Dass der Unterricht global nach genau demselben
Muster abläuft, wirkt zusätzlich selbstbestätigend. Im Rahmen von Benchmarking-Prozessen setzen sich dann auf lange
Sicht so genannte »Best Practices« durch. Delegationen von
Bildungsexperten reisen in der Welt umher, um erfolgreiche
Schulsysteme zu inspizieren und dann in der Heimat zu implementieren. Die Legitimation speist sich so letztendlich
ausschließlich aus dem globalen Erfolg (z. B. bei PISA) und
nicht mehr aus der lokalen Angemessenheit.

An die Stelle von klassischen Formen der Vermittlung von
»Bildung« und Fachwissen tritt eine technizistisch be-
herrschte Vermittlung von Grundkompetenzen und kleinen
Wissenspaketen, die auf kurzfristigen Prüfungs- und nicht
auf langfristigen Bildungserfolg ausgerichtet ist. Zu diesem
Zweck muss die Wissensvermittlung in kleine Einheiten zer-

87

legt, d. h. »modularisiert« und standardisiert und didaktisch durchorganisiert werden. Durch die Kurzschließung von Lernprozess und Prüfung in kleinen Kurseinheiten ergibt sich eine enorme Effizienzsteigerung in der kurzfristigen Wissensvermittlung. Was an langfristiger Bildung verloren geht, wird durch lebenslanges Lernen ersetzt (Stamm-Riemer 2004; vgl. Tuschling und Engemann 2006). Und solange der weltweite Bildungsmarkt von globalen (amerikanischen) Anbietern beherrscht wird (Slaughter und Leslie 1999; Lohmann und Rilling 2001; Bok 2003; Geiger 2004; Washburn 2005; Frank und Gabler 2006), werden überall auf der Welt ein und dieselben Kurseinheiten wie Hamburger von McDonald's verkauft (Ritzer 1993). Zu dieser McDonaldisierung der Bildung gehört auch, dass die breite Masse mit standardisierten Produkten versorgt wird. Von den standardisierten und bescheidenen Verhältnissen der Institutionen der Massenbildung werden sich Elitehochschulen durch die verschwenderische Exklusivität des dort praktizierten akademischen Lebensstils unterscheiden – z. B. durch eine extrem niedrige Dozenten-/Studenten-Quote (vgl. Burris 2004). Nur die Elitehochschulen können es sich noch leisten, Bildung als Kulturgut zu pflegen, weil sie unter ihrem schützenden Dach keiner Effizienz- und Effektivitätskontrolle unterworfen werden muss.

Mit dem legitimierenden Verweis auf den internationalen Wettbewerb wird schon im Kindergarten nach der zukünftigen Elite gesucht, werden Karrieren bereits in einer sehr frühen Lebensphase determiniert. Die »ausgelesene« Elite wird später durch konsekutive Förderprogramme an die Hand genommen und programmatisch an die Spitze geführt. Auf diese Weise züchtet man spätere Führungskräfte heran, denen von Kindesbeinen an das entsprechende »Elitebewusstsein«

eingeimpft wird. Die Heranbildung einer Elite durch systematisch organisierte Programme hat jedoch ihren Preis. Sie geschieht auf Kosten der frühzeitigen Schließung von Karrierewegen nach oben. Damit fehlt es aber auch in den Spitzenpositionen an eigenständigen Charakteren mit gesellschaftlicher Verankerung. Es mangelt dann den Führungskräften sowohl an Originalität und Kreativität als auch an tief in der Biographie verwurzelter Bindung an die Gesellschaft.

Nach unten fällt aus der breiten Masse die neue Unterschicht der Schulversager und Geringqualifizierten heraus. Die Gesellschaft wird somit in Zukunft durch eine wesentlich ausgeprägtere Stratifikation gekennzeichnet sein. Schulen und Hochschulen werden sich dieser gesellschaftlichen Differenzierung anpassen und Elite- und Masseninstitutionen sowie Spezialeinrichtungen zur kompensatorischen Erziehung der Aussortierten ausbilden. Die Idee, irgendwann einmal 50 Prozent einer Alterskohorte einer elitären Ausbildung unterziehen zu können, indem man sie ohne jegliche Änderung der Curricula auf die Gymnasien und Universitäten schickt, wird man endgültig als Illusion begraben müssen. Der Traum einer »nivellierten Mittelstandsgesellschaft«, in dem alle am gesellschaftlichen Wohlstand partizipieren, wird dann endgültig der Vergangenheit angehören.

Wegen der kumulativen Effekte der Statusreproduktion über Generationen hinweg wird sich die neue Gesellschaft durch ein geringes Maß der Mobilität zwischen den drei genannten Gruppierungen auszeichnen. Für die Schulen und Hochschulen entsteht wieder mehr Kongruenz zwischen Anspruch und Wirklichkeit. Die Eliteinstitutionen werden ihre Schüler und Studenten aus vorgelagerten Eliteeinrichtungen und »Elitefamilien« rekrutieren, die Standardinstitutionen der Mitte werden aus vorgelagerten Standardschulen und »-familien« diejenige Klientel an sich ziehen, die nichts anderes erwartet, als Kompetenz durch standardisierte Wissensvermittlung zu erwerben. Am unteren Ende finden sich diejenigen Institutionen, die darauf eingestellt sind, sich um die kompensatorische Betreuung der neuen Unterschicht zu kümmern. Das neue System schafft sich durch Sozialisation genau diejenige Klientel, die es für seine eigene Fortexistenz braucht.

Schlussbemerkungen

Als Ergebnis dieser Analyse von PISA, Bologna & Co. können wir festhalten: Beide Prozesse sind Teil und treibende Kräfte einer großen Transformation, durch die das Ideal der Bildung als Kulturgut und Fachwissen am Ende vollständig durch das Leitbild der Bildung als Kompetenz und Humankapital ersetzt worden sein wird. Als tiefere Ursache dieser Veränderung haben wir eine Verschiebung der symbolischen Macht weg von der nationalen Bildungselite und hin zu einer neuen, an der naturwissenschaftlichen Methodik geschulten, transnational organisierten Wissenselite identifiziert, die eine Koalition mit der transnationalen Wirtschaftselite eingegangen ist. Diese Verschiebung der symbolischen Macht ist durch die Entwicklung, engere Verflechtung und Stabilisierung transnationaler Akteursnetzwerke (Bildungsforscher), Institutionen (OECD, EU) und Paradigmen vorangetrieben worden. Auf diese Weise ist ein sich selbst verstärkender, seine eigenen Existenzgrundlagen erzeugender Prozess in Gang gesetzt worden, der die Legitimations- und Erwartungsstrukturen auf das neue Paradigma umstellt, während durch die Verfahren des New Public Management sichergestellt wird, dass die neuen Leitbilder auch in der Praxis der nationalen Bildungssysteme implementiert werden, sodass durch entsprechende Sozialisationsprozesse schließlich eine angepasste Klientel heranwächst. Ein wesentlicher Bestandteil dieser Transformation ist die Entstehung von Hybriden, die den alten Anforderungen nicht mehr und den neuen Anforderungen noch nicht genügen. Die tatsächlich zu beobachtende Entwicklung deutet darauf hin, dass diese Hybridbildung fortgesetzt wird.

Die Kontroverse um fortbestehende Divergenz auf nationalen Entwicklungspfaden oder zunehmende Konvergenz unter der Herrschaft von globalen Rationalitätsmodellen findet so eine Antwort: Mit der Transnationalisierung von prägenden Akteursnetzwerken, Institutionen und Leitideen/Paradigmen sind die Weichen auf Konvergenz im Rahmen der zunehmenden Verwissenschaftlichung von Governance gestellt. Im Kontext der Weltkultur verlieren die nationalen Entwicklungspfade ihre ursprüngliche Legitimität *und* Effektivität. Ihr »gestörtes« Verhältnis zur Realität lässt Anspruch und Wirklichkeit immer weiter auseinanderklaffen. Die Institutionen können zwar prinzipiell noch Jahrzehnte in einem hybridalen Schwebezustand verharren, sie sind aber »entweiht«, wodurch der Boden für einen tiefgreifenderen Wandel im Sinne der PISA- und Bologna-Konformität bereitet ist.

II. McKinsey, BCG & CO.:
Wissenschaft unter dem Regime des akademischen Kapitalismus

Die akademische Welt befindet sich in einem grundlegenden Wandel, der durch das Ineinandergreifen von Prozessen der Transnationalisierung und der Ökonomisierung geprägt ist. Es bildet sich eine Art akademischer Kapitalismus heraus, in dem Universitäten zu Unternehmen werden, die sich darauf spezialisieren, ihren Namen als symbolisches Kapital zu vermarkten. Dadurch rückt die zirkuläre Akkumulation von monetärem und symbolischem Kapital ins Zentrum des Geschehens. Universitätspräsidenten werden zu Vorstandsvorsitzenden, die als Prinzipale ihre Professoren zu Agenten machen müssen, um sie mittels Kennziffernsteuerung zur Steigerung der Gewinne beitragen zu lassen. Die Universitätspräsidenten agieren dabei zugleich selbst als Agenten einer von ökonomischen Denkmodellen geprägten Weltkultur, die von den allseits und jederzeit bereitstehenden Unternehmensberatungen McKinsey, Boston Consulting Group (BCG) & Co. verkörpert wird.

1. Warum die deutsche Universität den Anschluss an die internationale Entwicklung verloren hat

Nach einer langen Zeit der latenten Krise wird das deutsche Bildungssystem in der Gegenwart kräftig durcheinandergewirbelt. Die Protagonisten der Reform sehen dessen im

19. Jahrhundert begründete Weltgeltung im globalen Wettbewerb der Bildungssysteme längst verloren. Ihre Gegner befürchten, dass auch die letzten Reste seiner ursprünglichen Größe auf dem Altar von Pisa und Bologna geopfert werden. In den einander entgegengesetzten Positionen steckt ein Stück Wahrheit. Dass amerikanische Studenten und Professoren nach Deutschland gereist sind, um sich von Wissenschaft und Forschung an den deutschen Universitäten inspirieren zu lassen, ist schon gut 100 Jahre her. Im 20. Jahrhundert sind die USA, weil sie von Deutschland gelernt haben, zur wissenschaftlichen Hegemonialmacht aufgestiegen, die den ehrgeizigsten akademischen Nachwuchs der ganzen Welt anzieht und aus diesem ständigen Nachschub an jungen Forscherinnen und Forschern eine Erneuerungskraft zieht, die ihresgleichen sucht. Deshalb sind die Augen der Reformer längst auf das Modell USA gerichtet, um zu erkennen, was dort besser gemacht wird als in Deutschland.

Was begründet aber den Erfolg der USA? Oder sind die Verhältnisse dort gar nicht besser, und die hegemoniale Stellung der USA liegt allein an der Größe und Dichte des amerikanischen und der immer noch geringen Dichte des europäischen Publikationsmarktes, an der Hegemonie der englischen Sprache, an der Rekrutierung des wissenschaftlichen Nachwuchses und der Spitzenforscher aus der ganzen Welt, maßgeblich erleichtert durch den schieren Reichtum von Harvard, Yale & Co.? Das Zusammenspiel dieser Faktoren erklärt sicherlich zu einem erheblichen Teil, warum Deutschland, aber auch ganz Europa in der Gegenwart nicht dasselbe Niveau an wissenschaftlichen Erfolgen erreichen wie die USA. Gingen 1951 bis 1960 noch 18 Nobelpreise nach Frankreich, Deutschland und Großbritannien und 17 in die USA, waren es in den Jahren 1991 bis 2004 nur 18 für die drei europäischen Länder, aber 43 für die Vereinigten Staaten.

Die deutsche Universität als sozial und kognitiv geschlossene Anstalt

Die Hegemonie der USA in den Wissenschaften ist eine nicht zu bestreitende Tatsache. Man macht es sich aber zu leicht, wenn man allein die genannten Machtfaktoren zur Erklärung heranzieht. Es gibt tiefergehende strukturelle Differenzen zwischen der jeweiligen Organisation von Bildung und Wissenschaft, die dafür als Ursachen zu identifizieren sind. Auf Deutschland bezogen sind diese strukturellen Wettbewerbsnachteile in der Idee der Universität zu erkennen, wie sie ausgehend von Vorformen wie in Göttingen schon im letzten Drittel des 18. Jahrhunderts, dann aber zugespitzt in Wilhelm von Humboldts Organisationsplan für die 1810 gegründete Berliner Universität niedergelegt wurde.

Die Gründer der Berliner Universität und der ihrem Muster folgenden weiteren deutschen Hochschulen waren Philosophen, Historiker, Literatur- und Sprachforscher, die ihre aus dem Humanismus gespeiste Idee der Bildung durch Wissenschaft, des forschenden Lernens und des lehrenden Forschens in Einsamkeit und Freiheit zum sakralen Kern der neuen Universität gemacht haben (Schelsky 1971). Dieses heiligste Innere sollte von der Korporation der Professorenschaft in der akademischen Selbstverwaltung autonomer Universitäten gegen alle Nützlichkeitserwartungen aus der Gesellschaft kompromisslos bewahrt werden. Die dafür erforderlichen materiellen Voraussetzungen der Finanzierung und rechtlichen Voraussetzungen der Autonomie der Universität sollte der Staat gewährleisten. Im Austausch haben die Universitäten neben ihrem eigenen wissenschaftlichen Nachwuchs die zukünftigen Staatsdiener in Schulen und Behörden als Fundament des »Kulturstaates« ausgebildet. Nur auf der sozialen Grundlage dieses Bündnisses der bildungsbürgerlichen Elite mit dem Staat des »aufgeklärten« Absolutismus konnte in seiner Reinheit gedeihen, was die nur in Deutschland entstandene Geisteswissenschaft ausmacht und von den *arts and humanities* im angelsächsischen Sprachraum, aber auch von den *lettres* in Frankreich unterscheidet.

Die Welt des sich über die Universitätsbildung selbst reproduzierenden, staatlich alimentierten Bildungsbürgertums existierte in dieser Geschlossenheit nur in Deutschland, während insbesondere in England zwischen dem Bildungsbürgertum und dem gewerblichen Bürgertum ein viel regerer sozialer Austausch bestand. Das hat sich bis in die jüngste Vergangenheit darin gezeigt, dass in England ein Studium der Geschichte, der Sprache und der Literatur ganz natürlich auf die Übernahme von Führungspositionen in der Wirtschaft vorbereitet hat. Voraussetzung dafür war ein Verständnis dieser Disziplinen als Pflege der kulturellen Traditionen, deren Aneignung den Habitus des Gentleman prägt. *History*, *arts* und *humanities* sind demgemäß keine kanonisierten und methodologisch disziplinierten Geisteswissenschaften, sondern offene Disziplinen, denen es keine Schwierigkeiten bereitet, sich sowohl für Impulse aus anderen Fächern als auch für die praktischen Erwartungen der Ausbildung für Führungspositionen nicht nur in der staatlichen Verwaltung, sondern auch in der Wirtschaft zu öffnen. Davon unterscheiden sich die deutschen Geisteswissenschaften grundsätzlich. Sie haben auf das Fundament der sozialen Schließung des Bildungsbürgertums die kognitive Schließung durch den

Methodenkanon der Hermeneutik gesetzt. Zur Verteidigung dieser im Vergleich einmaligen Stellung diente ihnen die staatlich garantierte Autonomie der Universität und die akademische Selbstverwaltung der professoralen Korporation.

Die mit der massiven Industrialisierung im letzten Drittel des 19. Jahrhunderts stark wachsende Nachfrage nach praktisch nützlicher Ausbildung konnte aufgrund der autonomen Stellung und der akademischen Selbstverwaltung weit mehr als in anderen Ländern abgewehrt und neu gegründeten Schulen und Hochschulen übertragen werden. Das Gymnasium wurde durch das Realgymnasium vor praktischen Anforderungen geschützt, die Universitäten durch die Technischen Hochschulen. Nicht verhindert werden konnte jedoch die Expansion der Naturwissenschaften an den Universitäten. Sie florierten auf ihre Weise unter den Bedingungen des forschenden Lernens und des lehrenden Forschens in den Labors herausragender Forscher und Lehrer, die Nachwuchs aus aller Welt anzogen. Was aber zusätzlich die Bewahrung des inneren disziplinären Kerns über einen langen Zeitraum hinweg ermöglicht hat, war die Organisation der Lehre durch Lehrstühle und der Forschung in Instituten, die von Lehrstuhlinhabern als Direktoren geleitet wurden. Die Zahl der Lehrstühle richtete sich nach der Zahl der Kerngebiete einer Disziplin. Weil die Lehrstuhlinhaber ihr ganzes Kerngebiet in Lehre und Forschung zu beherrschen hatten, benötigten sie Mitarbeiter, um diese Aufgaben überhaupt erfüllen zu können. Im Rahmen dieser Personalstruktur war es nur möglich, die Kerngebiete mit ordentlichen Professoren, d. h. Lehrstuhlinhabern zu besetzen. Neue Forschungsgebiete entstehen aber stets in den Randzonen der Disziplinen. Die Bestellung dieser Gebiete wurde in der Regel Außerordinarien und Privatdozenten mit weniger korporativen Rechten übertragen.

Diese strukturelle Konstellation hat es ermöglicht, den inneren disziplinären Kern lange Zeit in seiner Reinheit zu bewahren und vor Störungen durch Forschung an den Schnittstellen von aneinander angrenzenden Disziplinen und durch praktische Anforderungen zu schützen. Sie hat diese Wirkung nicht nur in den Geisteswissenschaften, sondern auch in den Naturwissenschaften gehabt, wo das Lehrstuhlprinzip im Verein mit der korporativen Selbstverwaltung der Professoren die Erschließung neuer Forschungsfelder und den Aufbau angewandter Forschung erschwerte. Die geschlossene Universität hat die Entwicklung neuer Felder zunehmend an die Institute der Kaiser-Wilhelm-Gesellschaft, bzw. in deren Nachfolge an die Institute der Max-Planck-Gesellschaft, abgetreten und die angewandte Forschung der Industrie sowie den Instituten der Fraunhofer-Gesellschaft, der Helmholtz-Gemeinschaft und der Leibnitz-Gemeinschaft überlassen (Ben-David 1971: 108-138). Der modernen deutschen Universität wohnte also von den Gründerjahren Ende des 18., Anfang des 19. Jahrhunderts an ein außergewöhnlich hohes Maß der sozialen und kognitiven Schließung inne, das maßgeblich durch ihre Autonomie und ihre korporative Selbstverwaltung gestützt wurde. Dass sie sich im Verlaufe des 20. Jahrhunderts und endgültig in den siebziger Jahren sozial für immer größere Massen an Studierenden öffnen musste, hat in ihrem Inneren eine Spannung zwischen der Bewahrung ihres sakralen disziplinären Kerns und ihrer Öffnung für neue Ausbildungsbedürfnisse weit über den lange Zeit dominanten Staatsdienst hinaus erzeugt, die bis heute noch nicht aufgelöst werden konnte. Der Kampf um die Umsetzung des Bologna-Prozesses ist ein aktuelles Symptom dieses historisch tief verwurzelten Spannungsverhältnisses.

Disziplinäre Stabilität auf Kosten
von Differenzierung,
Interdisziplinarität und Erneuerung

Neben die massiv gestiegenen praktischen Anforderungen der Ausbildung für Tätigkeiten in der privaten Wirtschaft sind auch stark gewachsene disziplinäre Störungen in den Grenzbereichen zwischen den Disziplinen getreten. Unter den viel offeneren Bedingungen im angelsächsischen Kontext haben sich in diesen Bereichen neue Forschungsgebiete entwickelt, wobei Deutschland den Anschluss verloren hat, weil dafür die strukturellen Bedingungen der Expansion über den Kernbereich der Disziplinen hinaus und deren dauerhafter Absicherung durch Professorenstellen fehlen. Die Oligarchie der Lehrstühle und Institute und die korporative Selbstverwaltung haben es ermöglicht, länger als in Großbritannien und den USA die Kerngebiete vor interdisziplinärer Befleckung zu schützen und rein zu halten. Gleichzeitig bildeten sie die soziale Grundlage für vergleichsweise geringe Fähigkeiten der Expansion, der daraus folgenden Erneuerung und der Schaffung neuer Forschungsfelder, neuer Disziplinen und auch neuer Studiengänge im Schnittfeld mehrerer Disziplinen. Erneuerungen haben da und dort Inspirationen aus Deutschland erhalten, konnten hier aber mangels struktureller Unterstützung nicht fest institutionalisiert werden und expandieren.

Was insbesondere in den USA breit ausgebaut wurde, existiert hierzulande bis heute nur in höchst prekärer Weise an den Rändern der Disziplinen, die Chancen, wirklich aufzublühen, sind gering. Beispiele für auf diese Weise neu entstandene Disziplinen sind Psycholinguistik, Neurolinguistik, Behavioral Economics, Neuroeconomics, Historical Sociology, Adminstrative Science. Beispiele für breite und fest etablierte Forschungsfelder sind Gender Studies, Studies in Law, Studies in Religion, Studies on Ethnicity, Educational Research, Migration Studies, Cultural Studies, Development Studies und European Studies. Nichts davon findet sich in Deutschland auf breiter Front institutionalisiert. Die wesentliche strukturelle Ursache dafür besteht darin, dass die deutsche Universität wie ein Bollwerk den Kern ihrer Disziplinen bewahrt hat, spiegelbildlich dazu aber die soziale und kognitive Öffnung bis heute nur als einen Widerspruch erlebt, den sie nicht aufzuheben vermag.

Disziplinäre Differenzierung, Interdisziplinarität und Erneuerung in den USA

Betrachten wir zum Vergleich die amerikanische Universität, dann sind es vier wesentliche strukturelle Unterschiede, die ihr die weit größere Kraft zur Expansion in Forschung und Lehre und zur ständigen Erneuerung verliehen haben. Es waren 1.) der komplette Verzicht auf hierarchische Strukturen, 2.) die Organisation der Lehre in großen Departments von selbständig lehrenden jüngeren und älteren Professoren ohne feste Mitarbeiter, 3.) die Organisation der Forschung in flexibel zusammengesetzten Forschungsteams und in interdisziplinären Zentren und 4.) die Garantie der Freiheit von Forschung und Lehre als Recht der einzelnen Professoren, aber nicht als Recht ihrer korporativen Selbstverwaltung bis in die Spitze der Universitätsleitung hinein (Ben-David 1971: 139-168). Letzteres heißt, dass sich die Professoren nicht in permanenten Territorialkämpfen verschleißen, sondern sich auf ihre Forschungs- und Lehrtätigkeit konzentrieren können, während die Leitungsaufgaben den professionellen Händen des Universitätsmanagements überlassen bleiben.

Diese strukturellen Bedingungen haben es ermöglicht, dass neue Disziplinen und neue Forschungsfelder nicht in den Kinderschuhen steckengeblieben sind, sondern sich gleichrangig zu den Kerngebieten zu voller Blüte entfalten konnten. Ebenso war es möglich, auf der Grundlage dieser disziplinären Ausdifferenzierung und interdisziplinären Forschung eine Vielzahl von Bachelor-Studiengängen im Schnittfeld verschiedener Disziplinen zu entwickeln und zu einem attraktiven Angebot zu machen. Die Bachelor-Studenten entscheiden sich deshalb nicht für Sociology, Psychology, Political Science oder Economics, sondern für Communication Studies, Media Studies oder International Studies. Die klassischen Disziplinen werden in den USA erst im Ph. D.-Studiengang mit einem Master als Zwischenstufe oder vorzeitigem Austritt gewählt, und dies an einem Department, an dem 40 Professoren jede nur denkbare Spezialität anbieten, aber keiner den heroischen Anspruch eines deutschen Ordinarius auf Vertretung eines ganzen Kerngebietes seines Faches erhebt. Im Vergleich mögen sie deshalb oft als eng spezialisiert erscheinen. Den ohnehin nicht mehr zu erreichenden Überblick über das große Ganze brauchen sie allerdings auch nicht zu haben, weil dieser durch das Ensemble von 40 Professoren – freilich ohne jede Konzertierung und vollkommen fragmentiert – gewährleistet wird.

Reformen: Auf dem Weg zu disziplinärer Differenzierung, Interdisziplinarität und Erneuerung?

Die deutschen Universitäten werden jetzt durch die gezielte Förderung interdisziplinärer Forschungskooperation, durch den Bologna-Prozess und die Exzellenzinitiative auf einen neuen Pfad der kognitiven sowie der sozialen Öffnung und der horizontalen sowie vertikalen Differenzierung gesetzt. Gleichzeitig wird das Bollwerk der korporativen Selbstverwaltung der Professoren zunehmend geschliffen und durch ein Hochschulmanagement mit einem Hochschulrat als Aufsichtsorgan ersetzt. Letzteres ist sicherlich ein Eingriff in die Herrschaftsstrukturen der Universität, der ihnen weit mehr Fähigkeit zum Wandel und zur Anpassung an neue Herausforderungen verleihen wird, als dies bisher möglich war. Allerdings wird die flächendeckende Kontrolle der Professoren durch Zielvereinbarungen und Kennziffern nach den Prinzipien des NPM stupide Punktejäger an die Stelle kreativer, ihrer inneren Berufung und Begeisterung für die Sache folgenden Forscher und Lehrer setzen und damit den Erkenntnisfortschritt erheblich bremsen.

Weitgehend unangetastet geblieben ist jedoch die oligarchische Struktur der Organisation von Lehre und Forschung. Das bedeutet, dass in den interdisziplinären Projekten nur Mitarbeiter ohne akademische Karriereaussichten verheizt werden, ohne dass daraus auf breiter Front neue Forschungsfelder und Disziplinen entstünden. Damit fehlt auch der Lehre ein Unterbau der disziplinären Ausdifferenzierung und multidisziplinären Zusammensetzung neuer Studiengänge. Dieses Manko wird noch dadurch verstärkt, dass ein wachsender Teil der Lehre in den Randgebieten von den Ordinarien auf Mitarbeiter, Lehrkräfte und Lehrprofessoren abgewälzt wird. Diese Strategie verhindert die feste wissenschaftliche Fundierung der neuen, im Schnittpunkt mehrerer Disziplinen angesiedelten Studiengänge. Die Exzellenzinitiative hat die Heerschar von Mitarbeitern ohne Karriereaussichten, um annähernd 4000 erhöht. Das heißt, dass die investierten zwei Milliarden Euro weitgehend von den oligarchischen Strukturen aufgesogen werden, ohne dass sich daraus dauerhaft etwas Neues entwickeln könnte.

Man wird auf eine weitere Reforminitiative warten müssen, bis das Erneuerungspotenzial der deutschen Universität erkennbar gesteigert sein wird, die soziale und kognitive Öffnung nicht nur im Widerstreit mit dem sakralen Kern steht, sondern dieser Widerstreit produktiv in neue Forschungsfelder umgesetzt wird und damit das Alte nicht zu Grabe getragen werden muss, sondern in einem neuen Umfeld in erneuerter Form fortbestehen kann. Das ist letztlich auch die allein erfolgversprechende Überlebensstrategie der Geisteswissenschaften alter Tradition. Bologna könnte ihnen sogar eine neue Chance eröffnen. Sobald man akzeptiert haben wird, dass die 12-jährige Schulzeit – ob im Gymnasium oder in der nach Bedarf differenzierten Gemeinschaftsschule verbracht – keine direkte Befähigung zum wissenschaftlichen Studium vermittelt, können sie als Kernkompetenz einer Art von Liberal Arts College zu neuer Blüte gelangen. Ein solches College wäre auf einen Bachelor-Studiengang nach dem humanistischen Bildungsideal spezialisiert und würde junge Menschen sowohl direkt für den wachsenden Arbeitsmarkt der Kulturwirtschaft als auch für ein anschließendes Graduiertenstudium (M. A., Ph. D.) in den Geisteswissenschaften qualifizieren. Diese Chance besteht in der Tat, weil die Geisteswissenschaften dann nicht mehr als Verlegenheitslösung orientierungsloser Abiturienten herhalten müssten, sondern bewusst von einer kleinen Schar von Studierenden gewählt würden, die sich ihnen voll und ganz verschrieben. Dann stünde Bologna nicht für den endgültigen Abschied von Humboldt, sondern für Humboldts bescheidene Wiederauferstehung in einer kleinen Nische eines differenzierten Bildungssystems im 21. Jahrhundert.

In dem Bestreben, Anschluss an die USA zu finden, gerät die deutsche Universität allerdings in einen Sog, der ihre alten Stärken verschwinden lässt, ohne dass die Gewähr für den Aufschwung zu neuer Größe gegeben wäre. Das für mangelnde Wandlungsfähigkeit verantwortliche Regime des professoralen Korporatismus wird durch die Umstellung auf die unternehmerische Universität geschliffen. Gleichwohl bleibt die alte oligarchische Organisation von Forschung und Lehre erhalten. Die im föderalen Pluralismus enthaltene Kombination von Vielfalt und Wettbewerb wird von Tendenzen zur Oligopol- und Monopolbildung überlagert. Die Umstellung auf NPM bringt eine neue Form der Zentralverwaltungswirtschaft mit sich. So deutet sich an, dass die deutschen Universitäten zwar einem kräftigen Wandel unterzogen werden, dieser aber nicht die Leistungssteigerung hervorbringen wird, auf die man allseits hofft. Dieser Wandlungsprozess unterwirft die Wissenschaft zunehmend den Gesetzmäßigkeiten eines akademischen Kapitalismus, in dem die Verwertung des Wissens zur Kapitalakkumulation gegenüber dem offenen Prozess der Erkenntnissuche die Oberhand gewinnt und auf die Schließung der Wissensevolution hinwirkt.

2. Universitäten als Unternehmen

Dass sich Universitäten immer mehr auch als privatwirt-schaftliche Unternehmen engagieren und versuchen, das Wissen, das sie akkumulieren und generieren, in ökonomisches Kapital umzuwandeln, hat zunehmende Aufmerksamkeit der Forschung auf sich gezogen (Clark 1998). Diese Entwicklung lässt sich in beiden Kernbereichen der klassischen Universität beobachten: Lehre und Forschung. Weit vorangeschritten sind in dieser Hinsicht insbesondere die privaten Spitzenuniversitäten in den USA, auf die hier zunächst eingegangen werden soll.

Diese Veränderung im strategischen Verhalten von Universitäten wird in erster Linie darauf zurückgeführt, dass ihre staatliche Unterstützung immer weiter gekürzt wird und sich die akademischen Einrichtungen demzufolge nach anderen Finanzierungsmöglichkeiten umsehen müssen (Berg 2005; Bok 2003; Washburn 2005). Besonderen Fokus auf diesen Aspekt legen dabei Slaughter und Leslie (1997), die den gesamten Prozess der Ökonomisierung aus der Perspektive der Ressourcenabhängigkeit betrachten. Gegen diese Erklärung kann man aus einer neoinstitutionalistischen Perspektive einwenden, dass es wohl keine Epoche gab, in der Hochschulen nicht über knappe Finanzmittel geklagt haben. Dass diese Klage erst in der jüngeren Vergangenheit zu einer richtigen Quelle des unternehmerischen Selbstverständnisses der Universität wurde, muss deshalb andere Ursachen haben. Als ein naheliegender Grund bietet sich an, dass seit der neoliberalen Revolution der achtziger Jahre das ökonomische Denken in eine hegemoniale Stellung gelangt ist und nahezu alle Lebensbereiche erfasst und nach seinen eigenen Gesetzen umgestaltet hat (Campbell und Pedersen 2001; Fourcade 2006).

Einen neoinstitutionalistischen Ansatz zur Erklärung der skizzierten Veränderungen wählen auch Frank und Gabler (2006). Sie führen überzeugend aus, dass es nicht in erster Linie wirtschaftliche oder politische Entwicklungen waren, die diesen Wandel vorangetrieben haben, sondern Transformationen auf globaler institutioneller Ebene: die »Rationalisierung und Säkularisierung der global institutionalisierten Kosmologie«, das entstehende Selbstbewusstsein des Menschen als eigenmächtig Handelndem, die Abkehr von etablierten hierarchischen Strukturen und die Verbreitung der Ideen der Netzwerkgesellschaft. In ihrer Langzeitperspektive gehen sie allerdings auf die jüngste Entwicklung der zunehmenden Ökonomisierung der Universitäten nicht ein. Um dieser zu allgemein gehaltenen institutionalistischen Erklärung einen aktuelleren Realitätsgehalt zu geben, müsste man die globale Verbreitung des Diskurses über die »Wissensökonomie« bzw. »Wissensgesellschaft« in den Vordergrund stellen, in dessen Rahmen sich die Rolle der Universitäten in der Gesellschaft fundamental ändert (Delanty 2001).

In der Perspektive dieses Diskurses hängt unser zukünftiger Wohlstand vom immer schnelleren Wachstum des Wissens und dessen immer rascherer Umsetzung in Technologie und ökonomisch verwertbare Produkte ab. Das ist zwar immer schon so gewesen, es ist aber im Rahmen des aktuellen Diskurses als Quelle ökonomischen Wachstums und der Ertragssteigerung von Unternehmen ins Zentrum der öffentlichen Aufmerksamkeit und wirtschaftlicher Interessen geraten. In diesem Rahmen stehen private Universitäten gegenüber ihren Stakeholdern in der Verantwortung, die Rendite ihrer Abschlüsse für ihre Absolventen zu steigern, indem sie sich durch die Akkumulation von symbolischem und materiellem Kapital von ihren Konkurrenten absetzen. Dazu gehören weltweite Präsenz, die erfolgreiche Vermarktung exklusiver Bildungstitel, materielle und symbolische Erträge aus der Aufmerksamkeit für ihre Forscher sowie ihre Forschungsergebnisse und Patente. Die Privatuniversitäten setzen mit ihrer weltweiten Sichtbarkeit – unterstützt durch das Shanghai-Ranking – die Maßstäbe, die von den öffentlichen Universitäten erreicht werden müssen, wenn sie überhaupt noch wahrgenommen werden wollen.

Ökonomisierung der Lehre

In der Lehre setzen Universitäten immer stärker auf Fortbildungsangebote für Berufstätige (Bok 2003). Es entstehen sogar reine Weiterbildungseinrichtungen (Berg 2005), während gleichzeitig der Wettbewerb um die Studenten in den grundständigen Studiengängen immer schärfer wird (Berg 2005; Geiger 2004). Dies führt dazu, dass die Hochschulen versuchen, sich wechselseitig in ihrem Angebot für die Studierenden zu übertrumpfen. Der Ressourcenaufwand wird deshalb immer größer (Bok 2003). Durch die erhöhten Kosten sind im Laufe der Zeit die Studiengebühren enorm gestiegen, was jedoch durch umfangreiche Unterstützungsleistungen für bedürftige Studenten kompensiert wurde (Geiger 2004). Die soziale Selektivität des Bildungssystems hat trotzdem zugenommen, weil die Stipendien nicht in ausreichendem Maße für gleiche Chancen sorgen. Die ganz neue Initiative der reichsten amerikanischen Universitäten, noch großzügiger als bisher Studiengebühren zu erlassen bzw. durch Stipendien zu kompensieren, ist auf zunehmende Klagen aus ihren eigenen Reihen zurückzuführen. Auch Eltern aus der Mittelschicht können die exorbitant hohen, bis zu 45 000 US-Dollar pro Studienjahr reichenden Gebühren für ein vierjähriges Bachelor-Studium nicht mehr bezahlen. Mit einem Vermögen von (vor der Finanzkrise) 18, 23 bzw. 36 Milliarden US-Dollar fällt es Stanford, Yale und Harvard allerdings leicht, großzügig Stipendien zu vergeben, um sich die klügsten Köpfe zu sichern. Ihre staatlichen Mitkonkurrenten, wie etwa die Universität von Kalifornien in Berkeley, die sich das kaum leisten können, drängen sie mit solchen Geschenken weiter an den Rand. Den Kindern aus den unteren Schichten bringt die neue Großzügigkeit kaum einen Gewinn, weil ihnen ihre Herkunft nicht das notwendige kulturelle und soziale Kapital verschafft, um überhaupt Zugang zu den reichen Universitäten zu finden (Schultz 2008a).

Die kapitalkräftigsten amerikanischen Universitäten gründen inzwischen weltweit Niederlassungen, um ihre Reputation (symbolisches Kapital) rund um den Globus mittels Studiengebühren in die Akkumulation von monetärem Kapital umzusetzen (Lewin 2008). Sie beschäftigen überwiegend Lehrkräfte aus den jeweiligen Heimatländern. Auf der einen Seite helfen sie dadurch, den Bildungsstandard von Entwicklungs- und Schwellenländern auf westliches Niveau zu heben, auf der anderen Seite tragen sie zur globalen Dominanz amerikanischer Standards und zur Verdrängung anderer, auch anderer westlicher Bildungskulturen bei. Gleichzeitig sichern sie sich dadurch den Zugang zu bislang unerschlossenen Ressourcen. Die konkurrierenden Länder sehen sich dadurch zu gleichgerichteten Maßnahmen gezwungen. So will die Bundesregierung Forschungszentren an strategisch wichtigen Plätzen in Entwicklungs- und Schwellenländern einrichten, um sich ebenso Zugang zu Nachwuchsforschern zu verschaffen. Dem *brain drain* aus Deutschland in die USA soll entgegengewirkt werden, indem man einen *brain drain* aus den Entwicklungs- und Schwellenländern nach Deutschland erzeugt, was wiederum die Entwicklungschancen dieser Länder behindert.

Ökonomisierung der Forschung

Weitaus mehr Augenmerk wird jedoch auf die zunehmende kommerzielle Verwendung der Forschung gelegt (Weingart 2001: 171-231). Dabei lassen sich vier verschiedene Typen der Kommerzialisierung akademischer Forschung unterscheiden: 1.) Die Patentierung und Lizenzvergabe durch die Fachbereiche selbst oder durch universitätsweite Transfer-Büros; 2.) die Ausgründung von Start-up-Unternehmen, in denen die Wissenschaftler ihre Entwicklungen selbst vermarkten; 3.) Unternehmen als Auftraggeber akademischer Forschung; und 4.) die Schaffung staatlich geförderter Einrichtungen, in denen Unternehmen und Universitäten zusammenarbeiten.

Jeder dieser Wege wurde in den letzten Jahren in deutlich gestiegenem Ausmaß beschritten. Die Gründe dafür liegen mehr oder weniger auf der Hand: Neben der sinkenden Unterstützung durch den Staat (Slaughter und Leslie 1997; Slaughter und Rhoades 2004; McSherry 2001; Berg 2005; Bok 2003; Washburn 2005; Geiger 2004) werden hier oftmals auch rechtliche und institutionelle Veränderungen angeführt, die diese Entwicklung erst möglich gemacht haben. Insbesondere ist hier der Erlass des Bayh-Dole-Acts im Jahr 1980 zu nennen (Washburn 2005; Geiger 2004), der es Universitäten in den USA erlaubte, Eigentumsrechte an Ergebnissen staatlich finanzierter Forschung geltend zu machen. So wurde es ihnen ermöglicht, eigenständig Patente anzumelden und Lizenzen zu vergeben. Dass das Ergreifen dieser neuen Möglichkeiten die Folge bewusster Entscheidungen der Universitätsführungen war, betont insbesondere Washburn (2005).

Ein weiterer zentraler Faktor, der die Ökonomisierung der Forschung vorangetrieben hat, ist das politische Ziel, Hochschulen zu Motoren der regionalen wirtschaftlichen Entwicklung zu machen (Geiger 2004; Washburn 2005). Das allseits bekannte Vorbild ist hier das Silicon Valley. Nach der Ansicht von Geiger (2004) bietet die Biotechnologie in dieser Hinsicht ein ähnliches Potenzial wie damals die Informations- und Kommunikationstechnik. Washburn (2005) hebt jedoch hervor, dass für eine solche Entwicklung auch die übrige regionale Infrastruktur das Wachstum kleiner Unternehmen fördern muss.

Was die Konsequenzen angeht, sehen alle Autoren sowohl wünschenswerte als auch negative Entwicklungen. Einhellig wird konstatiert, dass die kommerzielle Nutzung der Forschungsergebnisse für die Universitäten eine Möglichkeit darstellt, die sinkenden staatlichen Zahlungen zu kompensieren. Washburn (2005) weist jedoch darauf hin, dass diese Potenziale nur von wenigen Universitäten tatsächlich realisiert werden können, an den meisten Hochschulen würden die Einnahmen durch die hohen Verwaltungs- und Vermarktungskosten egalisiert. Dies führt schließlich dazu, dass einige wenige Universitäten von der Entwicklung profitieren und andere finanzielle Nachteile hinnehmen müssen. Ein weiterer positiver Aspekt der Ökonomisierung der Forschung wird in der Schaffung von Anreizstrukturen gesehen, die effizientes Handeln und einen überlegten und sparsamen Ressourcenverbrauch fördern (Bok 2003). Zudem steigere eine intensive Zusammenarbeit mit externen Einrichtungen und Unternehmen das Image und damit auch die Legitimität (Slaughter und Leslie 1997). Auf die Grundlagenforschung könne sich die kommerzielle Forschung in den angewandten Fächern positiv auswirken. So ließen sich durchaus *spillover*-Effekte beobachten, bei denen angewandte Forschung neue theoretische Fragen aufwirft oder alternative Lösungsansätze anbietet (Slaughter und Leslie 1997).

Um für Geldgeber attraktiv zu sein, werden »Wissenschaftsstars« eingekauft, die helfen, die Reputation der Einrichtung zu steigern. Das Verhältnis von Grundlagenforschung zu angewandter Forschung stellte jedoch in den letzten Jahren gleichzeitig eines der größten Probleme dar. So führt der starke Fokus auf die kommerzielle Verwertung der Ergebnisse immer mehr dazu, dass angewandte Fächer gegenüber »theoretischen« oder grundlegenden bevorzugt werden (Slaughter und Leslie 1997). Es entsteht auch ein Wettbewerb zwischen den Fachbereichen innerhalb einer Universität, was zu weiteren Konflikten führen kann (Slaughter und Leslie 1997). Nach Washburn (2005) leidet auch das akademische Personal unter dieser Entwicklung, da beispielsweise die Zahl der klassischen *tenure-track*-Stellen reduziert wird. Auf diese Weise werde das klassische Selbstverständnis der Universität als »Ort des Wissens« immer weiter untergraben und geschwächt.

Ein weiteres zentrales Problem bei der Kommerzialisierung der Wissenschaft ist die Gefahr von Interessenskonflikten zwischen wissenschaftlichem Ethos und Anspruch sowie den Interessen der Auftraggeber oder potenziellen Kunden. Hier könnte für Forscher der Anreiz entstehen, Untersuchungen zu manipulieren, um so nützlichere Ergebnisse zu erzielen (Bok 2003; Washburn 2005). Washburn zufolge sind die Bereiche Biotechnologie und Pharmaforschung in dieser Hinsicht besonders gefährdet.

Ein letzter Problempunkt sind Geheimhaltungsvereinbarungen. Die Vermarktbarkeit von Wissen hängt oftmals davon ab, dass dieses nicht allen bekannt ist. Daher können Universitäten ihre Forschungsergebnisse regelmäßig nicht veröffentlichen, wenn sie vermarktet werden sollen. Dieses Vorgehen steht jedoch im Widerspruch zu dem wissenschaftsethischen Prinzip der allgemeinen Zugänglichkeit des Wissens (Bok 2003). Andere Autoren können nicht auf diesem geheim gehaltenen Wissen aufbauen, Studenten können es in ihren Prüfungen und Arbeiten nicht verwenden, und selbst die vorgeschriebene Publikation bestimmter studentischer Arbeiten kann problematisch werden (Washburn 2005). Auch das Eigentum an erstellten Datensätzen kann rechtliche Konflikte hervorrufen (Washburn 2005). Das akademische Leben wird auf diese Weise jedenfalls deutlichen Einschränkungen unterworfen.

Zusammenfassend lässt sich festhalten: Die meisten Autoren sind der Meinung, dass die zunehmende Ökonomisierung der Universitäten Vor- und Nachteile aufweist. Geiger (2004: 265-266) fasst dies prägnant zusammen:

»[T]he marketplace has, on balance, brought universities greater resources, better students, a far larger capacity for advancing knowledge, and a more productive role in the U.S. economy. At the same time, it has diminished the sovereignty of universities over their own activities, weakened their mission of serving the public, and created through growing commercial entanglement at least the potential for undermining their privileged role as disinterested arbitors of knowledge. [...] The gains have been for the most part material, quantified, and valuable; the losses intangible, unmeasured, and at some level invaluable. The consequences of the university's immersion in the marketplace are thus incommensurate.«

Wie in der folgenden Analyse gezeigt werden soll, bringt die Transformation von Universitäten in Unternehmen einen gravierenden Wandel der akademischen Welt mit sich, der weit über das hinausgeht, was in der amerikanischen Forschungsliteratur bisher erfasst worden ist. Das gilt insbesondere dann, wenn als Vergleichshintergrund nicht die ohnehin schon immer von unternehmerischem Denken geprägten Verhältnisse an den amerikanischen Privatuniversitäten gewählt wird, sondern diejenigen der deutschen Universitäten und ihres historisch verwurzelten Selbstverständnisses.

3. Das Prinzipal-Agent-Modell der Hochschul-Governance

Wer sich heute in verantwortlicher Position nicht mehr weiterzuhelfen weiß, holt eine Unternehmensberatung ins Haus. Längst sind es nicht mehr allein private Firmen, die sich beraten lassen, um sich auf dem Markt besser behaupten zu können. Für Kirche, Caritas, Behörden, Schulen und Hochschulen ist es genauso selbstverständlich geworden, auf externe Hilfe zurückzugreifen, um interne Probleme zu erkennen und, sobald sie erkannt sind, zu lösen (Bohler und Kellner 2004; Rügemer 2004; Faust 2005). Sich die Trennung von eingeschliffenen Praktiken, Abteilungen oder Mitarbeitern von außen empfehlen zu lassen, ist zu einem beliebten, Legitimität stiftenden Führungsinstrument geworden. Die Führung hat solche Entscheidungen nicht mehr allein zu verantworten, vielmehr beugt sie sich einem äußeren Zwang der Legitimation. Das heißt, dass die Legitimation der Führung einer Organisation nicht mehr von innen, sondern von außen kommt. Der Souverän sind nicht die Mitglieder der Organisation, weder ihre Versammlung noch der Vorstand noch der Aufsichtsrat, sondern eine Autorität, die niemand direkt zur Rechenschaft ziehen kann. Deren Legitimität speist sich stattdessen aus ihrer Rolle der Repräsentation eines Managementwissens, das mit globalem Geltungsanspruch auftritt. Wissen, das von der *Harvard Business Review* verbreitet, von General Electric, Microsoft, Toyota, Siemens oder BMW genutzt und von McKinsey, BCG, Roland Berger & Co. in der Beratung eingesetzt wird, ist universell gültig und deshalb jeder irgendwo in der Welt eingeübten partikularen Praxis vorzuziehen. Die Legitimität der von McKinsey & Co. kommenden Empfehlungen zur Umgestaltung von Organisationen verdankt sich der Konsekration, d. h. der Heiligung durch die Autorität der Wissenschaft und das Vorbild von Marktführern. McKinsey & Co. repräsentieren eine verbindliche Weltkultur, die Organisationen in sich verkörpern müssen, um als legitime, ernstzunehmende Akteure gelten zu können (Meyer 2005), wie wir in der Einleitung festgestellt haben. Die Litanei von »Wettbewerb«, »Transparenz« und »Qualitätsmanagement« wird inzwischen vom Sparkassendirektor bis zum Schulrektor und zum Universitätspräsidenten mit einer solchen Selbstverständlichkeit heruntergebetet, dass sich niemand mehr eine andere Welt vorstellen kann. Ganz gleich, was in dieser Welt alles passiert, ob gut oder schlecht, es ist die Welt, die zu unserem Schicksal geworden ist, ob wir sie wollen oder nicht.

In der von McKinsey & Co. beherrschten Welt der Organisationen sind die Führungskräfte immer auf der sicheren Seite, wenn sie dem von außen kommenden Rat Folge leisten und ihrer eigenen praktischen Erfahrung abschwören. Das heißt allerdings keineswegs, dass dann alles zum Besten bestellt wäre. Die Probleme nehmen eher zu, als dass sie weniger würden. Das liegt allein schon daran, dass mit dem Blick von außen der Waffenstillstand des Status quo beendet worden ist und nun Probleme und Konflikte gesehen werden, die vorher unter dem Teppich einer eingeschliffenen Praxis verborgen blieben. Nun ist jedoch ein Fass geöffnet, das sich nicht mehr schließen lässt. Natürlich hat jede Praxis auch ihre Schattenseite, doch vor der Öffnung des Fasses war das kein Thema. Jetzt ist plötzlich das Bewusstsein dafür geschärft, dass alles auch ganz anders gemacht werden könnte. Was immer in dieser Situation neu eingeführt wird, wird nicht einfach so hingenommen, weil es eben die gelebte Praxis ist, sondern nur unter Vorbehalt und bis zu dem Zeitpunkt, zu dem die unvermeidlich auftretenden unerwünschten Nebenfolgen erkennbar werden und deshalb opponiert wird. Organisationen laufen unter dieser Bedingung der totalen Enttraditionalisierung Gefahr, im Chaos der zunehmend beschleunigten Reform der Reform zu versinken. Dass dies tatsächlich jedoch nur in Maßen geschieht, ist zwei entgegenwirkenden Kräften zu verdanken: einerseits der Beharrungskraft der traditionellen Praxis und deren Unterstützung durch ihre Entkopplung von der neu gebildeten formalen Oberflächenstruktur, andererseits der vom instrumentellen Wert zu unterscheidenden konstruktiven Umgestaltung der sozialen Realität durch die angewandten theoretischen Modelle.

Wie in der Einleitung dargelegt, ist der Beharrungsmechanismus in der Soziologie von John Meyer und Brian Rowan

(1977) herausgearbeitet worden. Diesem Beharrungsmechanismus möchte ich hier einen Konstruktionsmechanismus ergänzend zur Seite stellen. Er nimmt eine andere Seite der neuen Oberflächenstruktur in den Blick, nämlich die Seite der Realitätskonstruktion. Die Folgen dieser Blickveränderung sind gravierend. Während der Beharrungsmechanismus das Chaos dadurch in Grenzen hält, dass sich wenig wirklich verändert, führt der Konstruktionsmechanismus dazu, dass eine neue Oberflächenstruktur selbst die Veränderungen erzeugt, die ihr Fortbestehen sichern, und zwar durch den Effekt der sich selbst erfüllenden Prophezeiung. Das zeigt sich in der von McKinsey & Co. gestalteten Welt der unternehmerischen Universität genauso wie in der PISA-Bildungswelt der Schulen, die wir schon untersucht haben. Das durch einen Beratungsakt in die Praxis umgesetzte Managementwissen hat nicht nur einen instrumentellen, sondern auch einen konstruktiven Wert. Es erzeugt genau jene Realität, die es benötigt, um erfolgreich angewandt werden zu können. Ich möchte das an zwei Beispielen deutlich machen: an der Implementation von New Public Management (Lane 2000) als Verkörperung des Prinzipal-Agent-Modells der nobelpreisgekrönten Neuen Institutionenökonomik in der Universität und an der Umgestaltung von Universitäten in Unternehmen. In der Einleitung wurden die Grundzüge von Neuer Institutionenökonomik und NPM vorgestellt, hier steht ihre Ausbreitung im akademischen Feld im Vordergrund. Dabei zeigt sich in besonderem Maße, dass das Managementwissen abstrakte Modelle zur Anwendung bringt, deren wissenschaftliche Gültigkeit auf der Ausklammerung einer Vielzahl von Faktoren und Handlungszielen beruht, die gleichwohl in der Realität nicht ausgeklammert werden können. Es bewegt sich in einem engen ökonomischen Denkhorizont, der die

Vielfalt sozialer Formen auf Märkte, Hierarchien und notfalls Mixturen wie Netzwerke reduziert. Die Besonderheiten eines Schüler-Lehrer- oder Professionellen-Klienten-Verhältnisses können in diesen Kategorien überhaupt nicht gedacht werden. Sie werden durch die instrumentelle Anwendung der ökonomischen Modelle ausradiert.

Weil Störfaktoren in großer Zahl wirksam sind und weil in der gegebenen Praxis eine Vielzahl von Zielen relevant ist, die von den Modellen gar nicht erfasst und gegebenenfalls auch nicht unter einen Hut gebracht werden können, erzeugt die Anwendung der Modelle in aller Regel nicht die erwünschten, aber jede Menge an unerwünschten »perversen« Effekten. Vom Glanz nobelpreisgekrönter abstrakter Modelle bleibt in der Wirklichkeit nichts übrig. Sie erweisen sich in diesem Kontext als Ausdruck eines eigenartig unterentwickelten Denkens, das der Vielfalt sozialer Formen mit einfachen Denkschablonen Herr zu werden versucht (Münch 1982/1988).

Nach dem Prinzipal-Agent-Modell wird die Hochschulleitung als Prinzipal, der Professor als Agent betrachtet (Jensen und Meckling 1976; Fama und Jensen 1983). Die Leistungssteigerung der Hochschule ist das Ziel. Da die Hochschulleitung damit überfordert ist, setzt sie als Prinzipal eine größere Zahl von Agenten, also Professoren, ein. Jetzt kommt es darauf an, die Leistung der Agenten zu steigern. Dazu gibt man ihnen zunächst möglichst viel Autonomie. Nach dem Modell besteht dann aber die Gefahr des »*shirking*«, d. h., dass sich der Professor auf Kosten der Organisation ein schönes Leben macht. Daher muss der Prinzipal sein Augenmerk auf die Kontrolle des Agenten lenken. Er wird ihn nach Leistung bezahlen und ausstatten wollen. Damit stellt sich das Problem, wie die Leistung gemessen und nach welcher Maßzahl Leistungsunterschiede in Entlohnungsdifferenzen übersetzt werden sollen.

Man wird also Leistungen in Kennziffern zergliedern und ihnen Geldsummen der Ausstattung und der Entlohnung zuordnen. Dieses Verfahren bezeichnet man, wie im Kontext von PISA und Bologna-Prozess bereits ausgeführt, als Leistungsorientierte Mittelverteilung oder kurz LOM. Spätestens hier macht sich bemerkbar, dass nur ein geringer Teil der von Professoren erbrachten Leistungen in Kennzahlen eingefangen werden kann, dass die Gewichtung der verschiedenen Parameter einheitlich zu handhaben nicht der Realität ganz unterschiedlicher Gewichtung entspricht und dass von der Verknüpfung der Leistungsindikatoren mit Geldsummen eine Vielzahl von unerwünschten Anreizeffekten ausgeht. Man kann deshalb mit guten Gründen sagen, dass LOM nicht das Ziel erreicht, das verwirklicht werden soll: die Steigerung der Leistungen von Professoren in der an sich erwünschten Vielfalt. Vieles, was vorher geleistet wurde, fällt jetzt unter den Tisch, dafür wird anderes getan, was in der produzierten Menge gar nicht gebraucht wird. Z. B. beschäftigt sich der Nachfolger eines Logistik-Professors nicht mehr mit der Vermittlung von nützlichen Diplomarbeiten in die Praxis, sondern mit der Produktion von Aufsätzen für so genannte »Peer Reviewed Journals«, die für die Praxis ohne jeglichen Wert sind. Er bekommt dafür allerdings mehr LOM-Punkte. Oder er wirbt Drittmittel zur Beschäftigung von Mitarbeitern ein, für die es in der Universität schon aufgrund der Personalstruktur keine Karriereaussichten gibt (DFG 2006a: 18). Er wird also dafür belohnt, dass er Mitarbeiter ausbeutet und davon abhält, dort Karriere zu machen, wo es eine langfristige Perspektive für sie gibt. Das sind die perversen Effekte der Umsetzung eines in der Theorie eleganten

Modells in eine von wesentlich vielfältigeren Anforderungen geprägte Praxis.

Es handelt sich hier allgemein um eine neue Variante der Zentralverwaltungswirtschaft, die Winfried Menninghaus (2006) bereits als »Tonnenideologie« gegeißelt hat. Es werden Glühbirnen in einer Menge produziert, die nicht gebraucht wird. Dafür herrscht in vielen anderen Bereichen Mangel. Mit Michel Foucault kann man in NPM auch eine neue Form der rationalisierten Gouvernementalität erkennen, in der wachsende Autonomiespielräume mit totalisierter Überwachung einhergehen (Foucault 1977, 2007; Bröckling et al. 2000, 2004; Bröckling 2007). Trotz seiner problematischen Seite befindet sich NPM in den Hochschulen jedoch auf einem offensichtlich nicht zu bremsenden Siegeszug.

Woran liegt es aber, dass ein Steuerungsinstrument trotz seiner gravierenden Mängel und unerwünschten Nebenfolgen so flächendeckend eingesetzt wird? Das kann nur durch Mechanismen gelingen, deren Wirkung darin besteht, dass die Augen vor den unerwünschten Effekten verschlossen werden. Andernfalls würden die Hochschulen – wie eingangs aufgezeigt – im Chaos versinken. Die entscheidende Wende in dieser Hinsicht ergibt sich dadurch, dass NPM neue Begriffe einführt, mit deren Hilfe die Realität erfasst, interpretiert und erklärt wird. Es geschieht durch die Eroberung der Definitionshoheit. Der Professor ist dann nicht mehr Forscher und Lehrer, dessen Denken und Handeln von einer professionellen Ethik nach bestem Wissen und Gewissen und durch die totale Hingabe an seinen Beruf geleitet wird, der seinen Beruf in direkter Verantwortung gegenüber Studierenden und Kollegen sowie gegenüber der Scientific Community als Ganzer ausübt, sondern eben nur noch ein Agent, über den ein Prinzipal (die Hochschulleitung) zu wachen hat.

Neu an dieser Begrifflichkeit ist das direkte Leistungsverhältnis zwischen Hochschulleitung und Professor, das es vorher so überhaupt nicht gab und über dessen Verfassungskonformität sich die Juristen den Kopf zerbrechen. Man kann in diesem Akt einen Verstoß gegen das Grundrecht der Freiheit von Forschung und Lehre sehen. Da sich allerdings die Jurisprudenz der Hegemonie des neuen Denkens nicht entziehen kann, liegt es nahe, dass sie dem Prinzipal-Agent-Verhältnis zwischen Hochschulleitung und Professor ihren Segen erteilt, so geschehen durch das Bayerische Oberste Verwaltungsgericht im Frühjahr 2008 anlässlich einer Klage der Juristischen Fakultäten an den bayerischen Universitäten.

Sobald die neue Begrifflichkeit endgültig eine hegemoniale Stellung eingenommen hat, wird der Professoren-Agent genau der rationale Egoist bzw. Opportunist sein, den das Modell benötigt, um in Gestalt von NPM angewandt werden zu können. Er wird dann genau die Kennziffern erfüllen, die ihm hohe LOM-Werte garantieren. Völlig neu in dieser Hochschulwelt ist nicht nur die Rolle des Professoren-Agenten, sondern auch die Rolle der Hochschulleitung als Prinzipal. Sie bekommt eine Bedeutung und Macht, die sie in der alten Universität nie hatte. Universitätsrektoren bzw. -präsidenten müssen sich jetzt als Vorsitzende eines Vorstands verstehen, der wiederum von zwei übergeordneten Prinzipalen, dem Hochschulrat und dem Wissenschaftsminister, kontrolliert wird. Der Hochschulrat übt die strategische Kontrolle aus, der Minister die formal-rechtliche. Der Hochschulrat und der Minister sind selbst Agenten der »Gesellschaft« als dem höchststehenden Prinzipal in dieser Kette der Machtdelegation. In einem traditionellen Demokratiemodell hätte man an dieser Stelle gesagt, dass der Minister dem Parlament verantwortlich ist und das Parlament letztlich vom Volk als höchstem Prinzipal gewählt und kontrolliert wird. Wir betreiben hier allerdings keine formale Institutionenkunde, sondern Soziologie, wollen also wissen, wodurch das ministerielle Handeln oder auch eine strategische Vorgabe des Hochschulrats – z. B. bei der Einführung von NPM und LOM – Legitimität gewinnt. Das geschieht sicherlich nicht dadurch, dass das Volk sich solche Verfahren wünscht, sondern dadurch, dass sich das ministerielle Handeln wie auch die strategische Entscheidung des Hochschulrats vor dem Gericht des global herrschenden Managementwissens zu rechtfertigen hat. Wer als Minister oder Hochschulrat anerkannt sein möchte, muss alles tun, was seinem Handeln das Siegel der »Rationalität« verleiht (Meyer und Jepperson 2000). D. h., er holt sich Rat. Und für diesen Rat können ihm in der globalen Welt der Wissenschaft nicht irgendwelche hinterwäldlerischen Parteien, Verbände und Parlamente vor Ort dienen. Er braucht dafür Ratgeber, die in der ganzen Welt zuhause sind und ihm sagen können, wie man Universitäten am besten »steuert«. Für diese Rolle hat sich die Branche der Unternehmensberatung unübersehbar und unumgehbar in Position gebracht. Sie verbreitet global ein und dasselbe Managementwissen. Dieses wird fundamental von der ökonomischen Perspektive auf die Welt bestimmt. Dass es sich dabei um eine höchst selektive und einseitige Sicht handelt, die den größten Teil der sozialen Realität ausblendet, spielt keine Rolle.

Ist ein solches Paradigma einmal in eine hegemoniale Position gelangt, dann ist es gar nicht mehr möglich, die Welt anders als in seinen Begriffen wahrzunehmen. Diese hegemoniale Stellung hat das ökonomische Paradigma in der Tat erreicht (Fourcade 2006). Als eine nobelpreiswürdige Wissenschaft hat die Ökonomie den Status einer wahrheitsverbürgenden höchsten Instanz (Drori et al. 2003). Gelungen ist ihr das durch die rigorose klösterliche Zucht des modell-theoretischen Denkens, dessen Strenge darauf angewiesen ist, dass die soziale Wirklichkeit draußen vor den Toren bleibt. Die Folge dieser Hegemonie ist die flächendeckende Umstrukturierung der sozialen Wirklichkeit nach ökonomischen Modellen (Campbell und Pedersen 2001).

In der alten akademischen Welt war die Fachdisziplin die höchste Instanz, der die Professoren in Gestalt ihrer *peers* direkt verantwortlich waren und die sie durch einen sehr lange dauernden Sozialisationsprozess inkorporiert und in ihrem Habitus repräsentiert haben. In der neuen McKinsey-Welt der Universitäten hat der alte Professoren-Habitus ausgedient. Er ist hier nur noch ein verschlissener Frack besonders renitenter Zeitgenossen, die sich partout nicht zum Agenten ihres Prinzipals machen lassen wollen. Weil die ganze alte Welt der Wissenschaft im Habitus des Professors verkörpert war, galt die direkte Steuerung durch die Hochschulleitung als illegitimer Akt und unvermeidlich dilettantisches Eingreifen in das Hoheitsgebiet der Wissenschaft. Schließlich konnte die Leitung der Universität nicht wissen, was in Forschung und Lehre wie zu tun war.

Woher kommt also die plötzliche Erleuchtung, die das neue Universitätsmanagement in die Lage versetzt, direkte Kontrolle über die Professoren auszuüben? Es sind zwei Faktoren, die hier zusammenwirken. Auf der einen Seite ist es dessen eigene Degradierung zum Agenten, auf der anderen Seite sind es die Instrumente der Informationstechnologie, die diesen fundamentalen gesellschaftlichen Wandel erst möglich machen. Diese neuen Technologien lassen das von Foucault (1977) entworfene Panoptikum in Gestalt von LOM zu einer allgegenwärtigen Wirklichkeit werden (vgl. Rose 1999). Die Hochschulleitung kann von der zentralen Position jede Bewegung ihrer Agenten beobachten. Sie selbst unterliegt wiederum der Beobachtung anderer Prinzipale/Agenten. Das Ganze entwickelt sich zu einer Welt des 360°-Feedbacks.

Diese Position des Beobachtetwerdens macht es möglich, dass Rektoren/Präsidenten zu Vorstandsvorsitzenden eines Unternehmens werden, die stets wissen, was zu tun ist. Ihr Wissen ist nicht ihr persönlicher Besitz, es wird ihnen zum einen durch die Beobachtung ihrer Agenten, zum anderen von McKinsey & Co. zugespielt. Sie machen dann das, was überall auf der Welt in gleicher Weise getan wird: Allianzen schmieden, Wettbewerbsvorteile erzielen, sich profilieren, von nicht ertragreichen Fachbereichen trennen und Monopolrenten sichern. Wer diese Art von wissenschaftlich autorisierter Hochschulsteuerung als Zerstörung der alten akademischen Welt und als Drangsalieren von Professoren brandmarkt, stellt sich als notorischer Nörgler, Blockierer von Reformen und als Gralshüter alter Privilegien ins Abseits.

Die Umwandlung von Universitäten in Unternehmen und der flächendeckende Einsatz von NPM sind Teil eines breiten, maßgeblich von McKinsey, BCG & Co. vorangetriebenen gesellschaftlichen Wandels hin zur Audit-Gesellschaft (Power 1997, 2008). An die Stelle der »Einsamkeit und Freiheit« der Forscher und Lehrer nach dem Ideal der Humboldt-Universität mit nur loser Kopplung von Universität und Gesellschaft unter der Obhut des Staates und an die Stelle von Vertrauen in die Profession der Gelehrten treten Misstrauen als grundlegendes Steuerungsprinzip, Transparenz, umfassende Rechenschaftspflicht und externe Kontrolle. Die neue unternehmerische Universität soll sich von der alten akademischen durch zielgerichtetes Handeln, Anpassung an die Umwelt, Effizienz und Reformfähigkeit unterscheiden. Ihr Leitbild ist das der »lernenden Organisation«. Forschung und Lehre werden in diesem neuen Typus der Universität weit mehr als zuvor »organisiert« und in das Korsett standardisierter Modelle des Forschens und Lehrens gezwängt, die weit weniger Spielraum für Kreativität, Offenheit und Vielfalt gewähren. Forschung und Lehre werden entprofessionalisiert und einer neuen, auf Zweckprogramme ausgerichteten, in Zielvereinbarungen festgeschriebenen Bürokratisierung unterworfen. Die Herstellung von »Vergleichbarkeit, Gleichbehandlung und Gerechtigkeit« verlangt ein Höchstmaß der Standardisierung. Aus dem verschärften Wettbewerb ergibt sich eine wachsende horizontale Differenzierung von Hochschulen nach Profil und ihre zunehmende vertikale Differenzierung nach Rang, die zur fortlaufenden Reproduktion und Akzentuierung tendieren (vgl. Kehm und Lanzendorf 2000; Kehm 2007).

4. Die Rhetorik der Funktionalität als Instrument der Legitimation von Verdrängungsprozessen

Als Rechtfertigung für die Reform von Funktionsbereichen der Gesellschaft werden in aller Regel Argumente der funktionalen Notwendigkeit ins Feld geführt, wie wir in der Einleitung notiert haben. Im Folgenden sollen die Schwächen dieser Rechtfertigungsstrategien an einigen Beispielen aufgezeigt werden. Ihr erster Schwachpunkt besteht darin, dass oft undefiniert bleibt, was die relevante Bezugseinheit und was der relevante Bezugspunkt dieser Argumentation ist. Erst recht stehen selten empirische Beweise für die behaupteten funktionalen Notwendigkeiten zur Verfügung, und nur selten findet eine eingehende Diskussion über Alternativen statt. Noch weniger weiß man über die nicht intendierten Folgen der Übertragung von Reformelementen aus einem anderen kulturellen und institutionellen Kontext oder der Anwendung abstrakter theoretischer Modelle in der Praxis Bescheid. Wir können das an vier Konzepten der gegenwärtigen Reformpolitik zur Forschungsgovernance beobachten: 1.) an der Institutionalisierung von zentral, in Deutschland durch den Wissenschaftsrat durchgeführten Evaluationen, Rankings und Ratings von Forschungseinheiten und -einrichtungen, 2.) am vom Wissenschaftsrat forcierten Paradigma der zugespitzten horizontalen und vertikalen Differenzierung des Hochschulsystems nach Profilen und Rang, 3.) an der Umwandlung von Universitäten in Unternehmen und 4.) an der engen Kopplung von Wissenschaft und Wirtschaft in universitär-industriellen Forschungszentren. Zunächst ist zu fragen: Was ist die Bezugseinheit und was ist der Bezugspunkt für diese Maßnahmen? Mindestens die folgenden Einheiten und Punkte sind zu unterscheiden:

1.) die Wissenschaft und der Erkenntnisfortschritt,
2.) die Wirtschaft und die Entwicklung von Produkten,
3.) die Wissenschaft eines Landes und ihr Anteil an der gesamten Produktion des wissenschaftlichen Wissens,
4.) die Wirtschaft eines Landes und ihr Anteil an der gesamten Entwicklung von Produkten,
5.) einzelne Universitäten und ihr Anteil an der Produktion des wissenschaftlichen Wissens im Lande bzw. in der Welt,
6.) einzelne Wirtschaftsunternehmen und ihr Anteil an der Entwicklung von Produkten im Lande bzw. in der Welt.

Was funktional für 5.) oder 6.) ist, muss nicht zwangsläufig funktional für 3.) oder 4.) bzw. 1.) oder 2.) sein und umgekehrt. Beginnen wir mit der behaupteten Funktionalität von Evaluationen, Rankings und Ratings. Der zunehmende Einsatz solcher Verfahren wird in der Regel mit der dadurch hergestellten Transparenz begründet, auf die eine effektive und effiziente Verteilung von Forschungsressourcen angewiesen sei. Hier muss man zunächst fragen: Funktional notwendig für welchen Bezugspunkt welcher Bezugseinheit? Für den Erkenntnisfortschritt der Wissenschaft? Für die Wettbewerbsfähigkeit der Wissenschaft eines Landes? Für die Positionierung einer einzelnen Universität im akademischen Feld? Für die effiziente und effektive Verteilung von Forschungsressourcen durch die Regierung? Für das Wachstum der daran kräftig verdienenden Software-Firmen? Für das der davon ebenfalls profitierenden Akkreditierungsindustrie? In der Regel wird eine Kongruenz all dieser Funktionalitäten unterstellt und es wird nicht systematisch erörtert, welche funktionalen Äquivalente es gäbe. Ganz ausgeblendet bleiben meist die damit einhergehenden unerwünschten Effekte, die sogar die intendierte Funktionserfüllung verhindern können. Dazu gehört insbesondere, dass die beobachteten Akteure von den entsprechenden Verfahren strategisch Gebrauch machen.

Eine unvoreingenommene Überprüfung des Funktionalitätsarguments muss zunächst feststellen, dass sich die Wissenschaft über Jahrhunderte ganz ohne Überwachung durch institutionalisierte Evaluationen, Rankings und Ratings in einem kaum noch zu übertreffenden Tempo entwickelt hat. Ob der systematische Einsatz solcher Methoden die Geschwindigkeit erhöht, kann mit Fug und Recht bezweifelt werden. Es gibt sogar Gründe zur Annahme, dass das Gegenteil der Fall ist, weil die zwangsläufig daraus hervorgehende Tendenz zur verfestigten und sich selbst reproduzierenden Stratifikation in der Wissenschaft zur Monopolisierung von monetärem und symbolischem Kapital an der Spitze führt und somit der Pool an Vielfalt und Kreativität für die Evolution des Wissens schrumpft (Münch 2008). Maßgeblich bestimmt wird das Tempo der Wissensevolution durch die schiere Zahl der aktiven Forscher. Und diese wird durch Konzentrationsprozesse verringert, da die große Masse von Wissenschaftlern außerhalb der dominanten Standorte aus dem Forschungsgeschehen ausgegrenzt wird.

Evaluationsverfahren schließen außerdem systematisch bestimmte Forschungsleistungen aus dem Prozess der Wissensevolution aus. Jede Evaluation muss die Komplexität von Forschungstätigkeiten auf ein begreifbares Maß reduzieren, sodass insbesondere aus ihrer Durchführung durch eine zentrale Instanz – wie z. B. durch den Wissenschaftsrat – zwangsläufig eine Engführung der Wissensevolution folgt. Die hoch bewerteten Kriterien – etwa eingeworbene Drittmittel oder begutachtete Fachzeitschriftenaufsätze – bekommen einen Stellenwert, der alles andere in den Schatten stellt und tendenziell zum Verschwinden bringt. Weil es sich dabei schon um evaluierte Antrags- bzw. Forschungsleistungen handelt, wird durch die noch darüber gestülpte Sekundärevaluation der unvermeidlich normalisierende Effekt dieser Maßnahmen weiter verstärkt. Dazu kommt noch, dass die Gesetzmäßigkeiten der Aufmerksamkeitsökonomie den Wissenschaftsbetrieb auf dem Rücken solcher Verfahren zunehmend beherrschen (Franck 1998). Das bedeutet, dass die Sichtbarkeit im internationalen Feld zum Selbstzweck wird und mit einem immer aufwendigeren Marketing betrieben werden muss, was eine deutliche Verlagerung der sachlichen und zeitlichen Ressourcen von der Forschung in das Marketing zur Folge hat.

Den Regierungen bleibt gar nichts anderes übrig, als den durch Evaluationen, Rankings und Ratings vorangetriebenen zirkulären Prozess der Akkumulation von monetärem und symbolischem Kapital durch Universitäten bzw. Fachbereiche noch zusätzlich zu unterstützen und dadurch selbst Monopolbildung zu betreiben, obwohl es für die Evolution des Wissens und die wissenschaftliche Wettbewerbsfähigkeit des Landes effektiver wäre, solchen Prozessen durch eine gezielte Wettbewerbspolitik Einhalt zu gebieten. Eine Regierung, die den Großen eines Faches etwas wegnimmt, um es den Kleinen zwecks Verbesserung ihrer Wettbewerbsfähigkeit zu geben, müsste sich schließlich den Vorwurf gefallen lassen, die Starken zu schwächen und die Schwachen unnötigerweise zu subventionieren. Eine solche Politik ließe sich unter dem Regime des Wettbewerbsstaates schwer verkaufen.

Man könnte zwar meinen, dass die Wissenschaft an und für sich Evaluationen, Rankings und Ratings zu ihrer eigenen Orientierung benötigt. Denkt man jedoch an die Wissenschaftler selbst, ist das sicherlich in dieser Form nicht der Fall. Jeder Forscher kennt sich in seinem Gebiet besser aus als jeder Evaluator oder jede Evaluationsagentur. Für ihn sind solche Informationen eher ein Hindernis, weil sie die Informationsbildung im Feld selbst von außen überlagern. Inwiefern kann man dann überhaupt eine Funktionalität der beschriebenen Verfahren nachweisen? Am ehesten lässt sich das für die kapitalkräftigsten Universitäten und Fachbereiche sagen, die aus den entsprechenden Ergebnissen weiteres Kapital schlagen und Konkurrenten noch mehr als zuvor ins Abseits drängen können. Und es verdienen die Softwareindustrie sowie die Akkreditierungsagenturen am flächendeckenden Einsatz dieses Steuerungsinstruments. Evaluationsverfahren scheinen sich allein schon durch ihre zunehmende Verbreitung und die dadurch geschaffenen Arbeitsplätze zu legitimieren. Als Teil der neoliberalen Regierungskunst (Foucault 2006) erscheinen sie außerdem per se als legitimiert. Weil ihre unerwünschten Effekte schleichend wirksam werden und nicht unmittelbar zu beobachten sind, kann die Evaluation umso leichter auf der Welle von modischen Schlagworten wie »Transparenz« und »Wettbewerb« mitschwimmen: Sie ist insofern Teil der Illusio des akademischen Feldes, nach der Forschungsmittel und Reputation nach bewiesener Leistung verteilt werden. Dabei bleiben diejenigen Prozesse ausgeblendet, durch die gerade die Offenheit und Chancengleichheit in der Definition von Leistung, in ihrer Reduktion auf wenige Kennziffern sowie in der Allokation von Forschungsressourcen und Reputation eingeschränkt wird (vgl. Frey 2006). Von einer Wettbewerbspolitik in der Forschung, gar einer international koordinierten, sind wir momentan allerdings weit entfernt, und daran wird sich auch in absehbarer Zeit nichts ändern. Es gibt demnach gute Gründe, an der funktionalen Notwendigkeit von zentral organisierten Evaluationen, Rankings und Ratings zu zweifeln. Ihre massive Ausbreitung ist deshalb weniger ihrem Beitrag zum besseren Funktionieren der Gesellschaft zu verdanken als dem Legitimitätsdruck, den global zur Herrschaft gelangte Rationalitätsmodelle auf Regierungen ausüben, sowie der wachsenden Schar von Interessenten, die davon profitieren.

Auch das vom Wissenschaftsrat forcierte Paradigma der horizontalen Differenzierung von Universitäten nach Profil und ihrer vertikalen Differenzierung nach Rang unterstellt eine abstrakte Funktionalität, die konkret ganz anders ausfallen kann als intendiert. Es wird behauptet, dass zunehmende Komplexität, verschärfter internationaler Wettbewerb und die Knappheit der Finanzen zu einer forcierten horizontalen und vertikalen Differenzierung der Hochschullandschaft zwingen. Ohne entgegenwirkende Kräfte einer gezielten Wettbewerbspolitik entgleitet dieser Differenzierungsprozess den Initiatoren und führt zur Monopolisierung der Forschung durch dominante Institutionen. Die Folge solcher Konzentrationsprozesse ist die Schließung der Wissensevolution. Doch genau das ist der Fall, wenn einzelne »Eliteuniversitäten« Ressourcen in einem Umfang monopolisieren, der an diesen Institutionen mit sinkendem Grenznutzen verbunden ist (vgl. Jansen et al. 2007), während die restlichen Hochschulen nicht über die erforderliche kritische Masse verfügen, um in der Konkurrenz um Aufmerksamkeit und Spitzenforscher mithalten zu können. Angesichts der hegemonialen Stellung der reichsten amerikanischen Universitäten kann mit guten Gründen behauptet werden, dass in der globalen Verteilung der Forschungsressourcen auf Universitäten der optimale Punkt, jenseits dessen die Monopolisierung von Ressourcen mit sinkendem Grenznutzen bezahlt werden muss, längst überschritten ist, die amerikanische Hegemonie demgemäß eine Schließung der Wissensevolution zur Folge hat. Sie beinhaltet ja auch die hegemoniale Stellung bestimmter Paradigmen der Forschung. Die Profiteure der horizontalen und vertikalen Differenzierung von Universitäten sind deshalb die siegreichen Universitäten in diesem Monopoly-Spiel, aber nicht die Wissenschaft insgesamt. Das wird umso mehr der Fall sein, je weniger es gelingt, eine effektive, international koordinierte Wettbewerbspolitik zu institutionalisieren. Die entscheidende Frage ist jetzt, ob es der Wissenschaft insgesamt oder auch nur in einem einzelnen Land hilft, wenn man dafür sorgt, dass eine begrenzte Anzahl von Universitäten (wie jüngst hierzulande geschehen) immer reicher und mit dem symbolträchtigen Etikett »Elite« versehen werden, wenn damit notwendigerweise eine Vielzahl weiterer Universitäten – darunter viele vergleichbar potente – auf den Status der Zweitrangigkeit degradiert und damit materiell und symbolisch in ihrer Wettbewerbsfähigkeit geschwächt werden. Über das zusätzlich eingestellte Personal hinaus nimmt die Zahl der im Science Citation Index (SCI) registrierten wissenschaftlichen Veröffentlichungen nicht zu. Sie verteilen sich innerhalb des Landes nur ungleicher. Wegen der Tendenz zur Überinvestition an wenigen Universitäten und zur Ausstattung unterhalb der kritischen Masse vieler anderer, nimmt diese Zahl, bezogen auf den Personaleinsatz, sogar eher ab. Die »reicheren« Universitäten im Lande sind aber bei weitem nicht reich genug, um Harvard, Yale & Co. Spitzenforscher abwerben zu können. Außerdem ist das wegen der Hegemonie der englischen Wissenschaftssprache in einem deutschsprachigen Land ohnehin in den seltensten Fällen möglich (wenn man einmal von seltenen privaten Konstellationen absieht, wie der Möglichkeit, dass ein Spitzenforscher zufällig mit einer deutschen Frau verheiratet ist). Das gelingt auch der Max-Planck-Gesellschaft mit ihrer im internationalen Vergleich überaus üppigen Ausstattung der Direktoren mit Personal und Sachmitteln nur in Ausnahmefällen. Wer also wirklich im globalen Wettbewerb um Aufmerksamkeit und Spitzenforscher mithalten können will, muss es so machen wie die MPG und den Standort des entsprechenden Universitätsunternehmens gleich ganz in die USA verlagern oder dort zumindest eine Dependance unterhalten. Davon hätte das Heimatland dann allerdings kaum einen Nutzen.

Nehmen wir einmal an, den neun in den vergangenen beiden Jahren in Deutschland gekürten »Eliteuniversitäten« gelänge es, anderen Hochschulen (auch im Ausland) eine Reihe von Spitzenforschern abzuwerben. Die Folge wäre, dass diese Universitäten einige Publikationen mehr im SCI unterbringen würden als zuvor, dafür aber die Konkurrenten einige weniger. Außerdem würde sich an der Zahl der von Harvard, Yale & Co. im SCI registrierten Artikel nichts ändern. Ihre Vormachtstellung wäre nicht gebrochen. Allenfalls würden einige deutsche Universitäten im Shanghai-Ranking (STJU 2004) um ein paar Plätze nach oben steigen, während andere aufgrund ihres personellen Aderlasses abrutschen würden. Wahrscheinlich würden sich wegen der beschriebenen Tendenz zur Überinvestition an wenigen Plätzen und zur Unterausstattung vieler anderer in der Summe sogar mehr Ab- als Aufstiege ergeben. Es ist ganz ähnlich wie im Fußball: Auch hier ist nur noch eine Handvoll Spitzenklubs regelmäßig im internationalen Geschäft vertreten (und zwar fast ohne Spieler aus dem eigenen Nachwuchs), während die Qualität des deutschen Fußballs in der Breite eher abgenommen hat. In der Wissenschaft wäre eine solche Entwicklung insofern fatal, als ihr Erneuerungspotenzial und ihre Impulse für wirtschaftliche Innovationen schrumpfen würden. Dem mittels forcierter internationaler Einkaufspolitik erreichten symbolischen Erfolg weniger Institutionen im Shanghai-Ranking müsste die wissenschaftliche Potenz vieler anderer Hochschulen und deren Ausstrahlung auf die regionale Wirtschaft geopfert werden. Und wenn tatsächlich zwei oder drei deutsche Universitäten in die Lage versetzt würden, im globalen Kampf um Aufmerksamkeit und Spitzenforscher mit Harvard, Yale & Co. mithalten zu können, würden diese ins globale Oligopol der Wissenschaft nur dann eintreten können, wenn man ihnen hierzulande eine weitgehende Monopolstellung in der Verfügung über Ressourcen und der Kooperation mit der Industrie verschaffen würde. Das wäre zwar funktional für die Gewinner, aber nicht für die Wissenschaft insgesamt, weil dann die im SCI registrierten Veröffentlichungen auf noch weniger Hochschulen konzentriert wären als zuvor.

So gesehen kann als Erklärung für das Bestreben, drei »Champions« in die oberen Ränge des Shanghai-Rankings zu hieven, nur das Interesse der davon profitierenden Universitäten in Frage kommen, nicht das Interesse des Landes und nicht das Interesse der Wissenschaft.

Die Mitglieder dieser »Eliteuniversitäten« würden auf dem internationalen Parkett gegenüber den »Weltmarktführern« nicht länger unter Minderwertigkeitskomplexen leiden. Auch die Manager, die an diesen elitären Institutionen studiert haben, dürften sich dann mit ihren Kollegen in Frankreich, Großbritannien und den USA auf Augenhöhe fühlen und könnten mit dem gleichen Stolz ihre Alma Mater auf die Visitenkarte setzen. Da der globale Wettbewerb ein Kampf um Aufmerksamkeit ist und durch symbolisches Kapital entschieden wird, ist das in der Tat von großer Bedeutung.

Doch ist die Umwandlung von Universitäten in Unternehmen funktional? Auch sie ist in erster Linie für jene Hochschulen von Vorteil, die aus dem dadurch forcierten Wettbewerb um Spitzenforscher als Sieger hervorgehen. Das bedeutet dann allerdings wiederum, dass viele vorher noch konkurrenzfähige Standorte ihre besten Wissenschaftler an die kapitalkräftigeren Universitäten verlieren. Es erfolgt eine zunehmende Konzentration des Forschungspersonals auf wenige Standorte. In Großbritannien hat das in regelmäßigen Abständen durchgeführte Research Assessment Exercise (RAE) genau diesen Effekt gehabt (Leištė, de Boer und Enders 2006). Auch diese Maßnahme ist also für das Land wie die Wissenschaft dysfunktional.

Mit der ungleicheren Verteilung der Forschungsmittel und des Personals auf die Universitäten vermehrt sich ja die Zahl der Spitzenforscher insgesamt nicht. Schon deshalb ist von dieser Umverteilungsmaßnahme keine Steigerung der Gesamtleistung zu erwarten – im Gegenteil. Die für teures Geld aus dem Ausland rekrutierten akademischen Stars würden nämlich aller Wahrscheinlichkeit nach in einem wettbewerbsintensiveren System mit vielen etwa gleich starken Fachbereichen die Leistungsfähigkeit der deutschen Wissenschaft eher steigern, als wenn man sie exklusiv auf ganz wenige Standorte konzentriert. Mit 30 bis 40 gut ausgestatteten Fachbereichen in den größeren Disziplinen wäre man außerdem im Verhältnis zur Bevölkerungszahl viel näher an den Realitäten in den USA als mit nur fünf bis zehn.

Nach dem »Forschungsrating Chemie« des Wissenschaftsrates (2007) haben in Deutschland nicht weniger als 34 von 57 universitären und 14 von 20 außeruniversitären Forschungseinrichtungen mindestens eine sehr gute oder exzellente, international sichtbare Forschungseinheit in ihren Reihen. Auch in der Soziologie gilt das für nicht weniger als 60 Prozent der Einrichtungen (Wissenschaftsrat 2008). Nach einigen Jahren der Konzentration werden sich die sehr guten bis exzellenten Forschungseinheiten möglicherweise auf nur noch zehn Standorte konzentrieren. Die Zahl der im Sciene Citation Index (SCI) oder im Social Science Citation Index (SSCI) registrierten Veröffentlichungen würde sich um keine einzige erhöhen, wahrscheinlich wären es sogar weniger. Sie wären nur ungleicher verteilt. Dafür würde an vielen Standorten mit dem Forschungspotenzial auch das wirtschaftliche Innovationspotenzial schrumpfen. Das Land, die Wissenschaft und die Wirtschaft hätten keinen Nutzen davon, nur die zehn Gewinner dieses Verdrängungswettbewerbs.

Inwiefern ist schließlich die engere Kopplung von Wissenschaft und Wirtschaft funktional? Eine solche Zusammenarbeit bringt vor allem den unmittelbar daran beteiligten Unternehmen Vorteile, da sie Mittel für eigene Forschungslabors einsparen können und dabei auch noch von der staatlich finanzierten Forschung profitieren. Das ist für sie ein entscheidender Wettbewerbsvorteil. Diese engere Kopplung von Wissenschaft und Wirtschaft verringert allerdings den Spielraum der reinen Grundlagenforschung und damit die Wahrscheinlichkeit innovativer Entdeckungen. Die Wissensevolution erfährt im Vergleich zu einer eher losen Kopplung eine Verengung ihres Korridors. Das überträgt sich auch auf die Entwicklung neuer Produkte. Insofern kann man auch in diesem Punkt feststellen, dass von entsprechenden Maßnahmen nur besonders erfolgreiche Universitäten und Unternehmen profitieren, jedoch nicht das jeweilige Land, nicht die Wirtschaft und erst recht nicht die Wissenschaft insgesamt.

Die Funktionalitätsrhetorik wird von einer Rhetorik des Leistungswettbewerbs unterstützt. Mit den bekannten Schlagworten (Wettbewerb, Transparenz, Prämierung der »Best of the Best« usw.) verdeckt diese »Begleitrhetorik« die nackte Realität des Verdrängungsprozesses (Münch 2008). Dabei gerät die Tatsache, dass dieser Wettbewerb unter ungleichen Ausgangsbedingungen stattfindet, den kapitalkräftigeren Standorten noch mehr Kapital zuführt und jede Leistungsmessung auf einer unvermeidlich einseitigen Reduktion der Komplexität beruht, aus dem Blick.

Diese Leistungsrhetorik hält die Illusio aufrecht, dass alles nach legitimen Spielregeln abläuft. Deshalb spielen alle – Sieger und Besiegte – das Spiel weiter mit (Bourdieu 1998: 140-141).

Alles, was die soziologische Konflikttheorie (Tumin 1953; Huaco 1960) gegen die funktionalistische Theorie der sozialen Schichtung (Davis und Moore 1945) an schlagender Kritik vorgetragen hat, besitzt hier seine Geltung. In der funktionalistischen Perspektive benötigt jede Gesellschaft eine Hierarchie von Positionen, um die Funktionen zu erfüllen, die ihren Fortbestand gewährleisten. Diese Positionen sind mehr oder weniger wichtig bzw. sie werden – konstruktivistisch gewendet – mehr oder weniger einhellig für mehr oder weniger wichtig gehalten. Außerdem ist das Personal für solche Positionen mehr oder weniger knapp. Je wichtiger die Positionen und je knapper das Personal, desto besser müssen die entsprechenden Kandidaten entlohnt werden. Mit solchen Argumenten würde ein Funktionalist auch erklären, warum in jüngster Zeit in Deutschland die Managergehälter explodiert sind. Auf die horizontale und vertikale Differenzierung von Universitäten übertragen, besagt die funktionalistische Schichtungstheorie, dass es in der Gesellschaft eben einen Bedarf an verschiedenen disziplinären Leistungen gibt, auf die sich einzelne Universitäten spezialisieren, dass diese Leistungen mehr oder weniger wichtig sind usw. Und je größer die Knappheit an Universitäten, und je wichtiger die Leistungen sind, umso höhere Belohnungen in Gestalt von Forschungsgeldern und Personalausstattung werden fällig.

Die konflikttheoretische Kritik sieht in dieser Theorie vor allem eine ideologische Legitimation der sozialen Ungleichheit, eine Erklärung also, durch die die wahren Ursachen der Ungleichheit verschleiert werden. Allerdings muss sorgfältig zwischen der abstrakten funktionalen Notwendigkeit von

Differenzierung und Ungleichheit und ihrer konkreten Verwirklichung unterschieden werden. Die Kritik richtet sich hauptsächlich gegen die unzulässige Gleichsetzung der beiden Phänomene. In der konflikttheoretischen Perspektive ist die konkret verwirklichte soziale Ungleichheit ein Ergebnis der Reproduktion der bereits bestehenden ungleichen Ausstattung mit Ressourcen. Demnach nutzen bestimmte Universitäten ihre Startvorteile, um weitere Privilegien und Mittel zu akkumulieren. Aus dieser Machtposition heraus können sie außerdem die Spielregeln maßgeblich bestimmen und definieren, welche Leistungen wichtig sind und wie sie gemessen werden sollen. Die ungleiche Verteilung von Ressourcen und Personal ist demnach in ihrer konkreten Gestalt nicht einfach durch die *generelle* Notwendigkeit der ungleichen Entlohnung zu erklären. Prinzipiell müsste erst einmal bewiesen werden, dass eine bestimmte Verteilung von Mitteln auch unter den Bedingungen der Chancengleichheit zustande gekommen wäre. Da die beschriebene Tendenz zur zirkulären Reproduktion von Ungleichheit immer von sich aus wirksam ist, wäre es die Aufgabe der Regierung, hier durch eine geschickte Wettbewerbspolitik gegenzusteuern. Durch eine gezielte Eliteförderung wird die soziale Ungleichheit dagegen zusätzlich verstärkt. Eine solche Strategie ist in einer offenen Gesellschaft, die den Wert der Chancengleichheit hochhält, grundsätzlich illegitim.

Hinter jeder funktional erscheinenden Verteilung von Forschungsmitteln und Reputation ist eine *Distinktionslogik* wirksam. Die Akteure nutzen ihre Ressourcen materiell und symbolisch als Wettbewerbsvorteil, um Konkurrenten von den prestigeträchtigen Rängen fernzuhalten. Sie üben gleichzeitig Definitionsmacht in der Bestimmung der Kriterien aus, nach denen Reputation und Forschungsmittel zugeteilt werden. Die Distinguierten sind gegenüber den Nicht-Distinguierten bei der Definition und Zuweisung von Prestige und symbolischem Kapital im Vorteil (Bourdieu 1982). Ein Wandel der Kriterien und der Verteilung von Distinktion ist zwar nicht ausgeschlossen, muss sich aber immer gegen die Trägheit von Institutionen und gegen das Festhalten der Privilegierten durchsetzen. Dabei kann der Zugang zu den distinguierten Rängen mehr oder weniger offen bzw. geschlossen sein, und zwar nach dem Grad der Monopolisierung der Definitions- und Verteilungsmacht durch die zuständigen Institutionen (Schulen, Universitäten, Parteien, Unternehmen) und die Inhaber der entscheidenden Positionen.

Mit der Schließung und Zentralisierung des Zugangs zu distinguierten Positionen – etwa durch die Einrichtung von Eliteschulen und -hochschulen – wächst die Homogenität ihrer Inhaber und damit ihre Identifikation als Elite. Umso mehr bildet sich eine durch ihren Lebensstil herausgehobene Distinktions- und Machtelite heraus, während größere Offenheit und Dezentralisierung zur Herausbildung von sachbezogenen, weniger elitären Funktions- und Leistungsträgern tendiert. Den Idealtypus für eine geschlossene, zentral rekrutierte und homogene Elite bietet Frankreich (zum Teil auch Großbritannien, weniger die USA), den Idealtypus der Heterogenität bzw. Pluralität von sachbezogenen Funktions- und Leistungsträgern Deutschland. Im Vergleich der beiden Länder ist nicht erkennbar, dass Frankreich aus diesem Unterschied in der Besetzung von Spitzenpositionen im internationalen Wettbewerb irgendeinen Vorteil gezogen hätte – im Gegenteil.

Ein Wandel im Bereich der Definition und Verteilung von Distinktion vollzieht sich nur dann, wenn die vorhandenen Institutionen in eine grundsätzliche Legitimationskrise ge-

raten, und zwar aufgrund der Zuschreibung von Funktionsdefiziten und der Öffnung des Feldes für neue Akteure. Bei
der Transnationalisierung des entsprechenden Feldes haben
wir es genau mit einem solchen Fall der Öffnung und der Ini-
tiierung von institutionellem Wandel zu tun. Deutschland
nähert sich gegenwärtig jedoch dem aus Frankreich und
Großbritannien bekannten Modell an, nicht aus Notwendigkeit allerdings, sondern um sich den Strukturen der Konkurrenz anzupassen und im internationalen Wettbewerb an Prestige und Aufmerksamkeit zu gewinnen. Wir haben es hier mit
einer Form des legitimitätsstiftenden Kopierens zu tun.

5. Der Kampf um Positionen im akademischen Feld

Nur aus der Perspektive der Vergangenheit erscheint es frag-
würdig, Universitäten als Unternehmen zu begreifen. Aus
dieser Sicht sieht man aber auch, welche nicht intendierten
Folgen dieser revolutionäre Akt hat. Er unterwirft nämlich
die Wissenschaft den Gesetzen des Machtkampfes von Unternehmen, die bestrebt sein müssen, sich durch Schließungs-
prozesse dauerhaft Wettbewerbsvorteile und damit Monopolrenten zu verschaffen. Dazu gehören die Einwerbung
von Drittmitteln, die Platzierung von Professoren in wichtigen Kommissionen und Herausgebergremien, die Publikation von Forschungsergebnissen in Journalen mit hohem
»Impact« (d. h. hohem Zitationsaufkommen), die Aufmerksamkeit für Publikationen, die Beherbergung von Gastwis-
senschaftlern und die Verleihung von Preisen. Vor allem gilt
es, symbolträchtige »Allianzen« mit international bekannten

Universitäten zu schließen. Am erfolgreichsten betreibt in Deutschland die TU München diese Strategie (*Süddeutsche Zeitung* 2008b). Entsprechende Kooperationsverträge steigern an sich schon das verfügbare symbolische Kapital, auch dann, wenn dahinter nicht mehr steckt als der übliche Austausch zwischen Wissenschaftlern, der auch ohne solche Verträge stattfindet. Die Bekanntgabe solcher Kooperationen ist in der von Public Relations beherrschten akademischen Welt einträglicher als die Veröffentlichung einer neuen Monographie, für die in diesem System der permanenten Imagepflege kaum noch Zeit vorhanden ist. Tatsächlich fragte Thomas Steinfeld am 9. August 2007 in der *Süddeutschen Zeitung*: »Wo entstehen die großen Bücher?« Er glaubt, dass die Universität nicht länger der Ort sei, an dem die dafür erforderliche Kultur existiert (Steinfeld 2007b).

Im August 2007 vermeldete die LMU München, man habe einen Kooperationsvertrag mit der University of California in Berkeley abgeschlossen, der mit den neuen »Exzellenzgeldern« finanziert werde, um für die anfallenden Reise- und Aufenthaltskosten aufkommen zu können. Der Münchner Rektor Bernd Huber kommentierte damals, diese »Schlüsselkooperation« werde dazu beitragen, die Position der LMU als »herausragende deutsche Forschungsuniversität international weiter auszubauen« (*Süddeutsche Zeitung* 2007a). Prinzipiell kann natürlich jeder deutsche Forscher aufgrund seiner Leistungen mit Wissenschaftlern aus Berkeley kooperieren. Er benötigt dafür keinen Vertrag, dieser erscheint ihm eher als ein überflüssiges Papier. Der Vertrag hilft nur denjenigen Wissenschaftlern, die aus eigener Kraft nicht in eine solch privilegierte Position gelangen würden. Die Nutzung von Exzellenzgeldern für eine institutionelle Kooperation entzieht also den Spitzenforschern außerhalb dieser Eliteinstitution Finanzmittel. Doch selbst für die Mitglieder der neuen »Leuchtturm-Universitäten« sind diese Kooperationsverträge oft eher hinderlich, da sie dadurch zur kollektiven Pflege von Beziehungen verpflichtet werden, obwohl die für sie eigentlich wichtigen Partner an ganz anderen Institutionen lehren und forschen, d. h. nicht unbedingt in Berkeley, sondern in Los Angeles, Ann Arbor, Utrecht oder Oslo. Man kann daran erkennen, dass die Forschung an der unternehmerischen Universität immer weniger von den Wissenschaftlern selbst und dafür von der Institution zwecks Steigerung ihres Prestiges bestimmt wird.

Für die Wissenschaft hat diese Umwandlung von Universitäten in Unternehmen und der damit einhergehende Effekt der verbreiteten Sicherung von Monopolrenten zur Folge, dass die Offenheit und das Tempo der Wissensevolution eingeschränkt werden, Paradigmen vor Konkurrenz und Kritik geschützt werden und für längere Dauer in eine hegemoniale Stellung gelangen können. Die Hegemonie der ökonomischen Weltsicht ist selbst ein Beispiel dafür. Das Paradigma der Unternehmensuniversität verstärkt Schließungstendenzen (Mackert 2004), die sich kontraproduktiv auf die Evolution des Wissens auswirken.

Unternehmen sind auf die Produktion von Individualgütern eingestellt, aus deren Verkauf sie Erträge erzielen wollen. Im Unterschied zu Unternehmen produzieren Universitäten jedoch keine Individual-, sondern Kollektivgüter, solange das von Robert K. Merton (1942/1973) beschriebene Paradigma der Wissenschaft noch Gültigkeit hat (Weingart 2001: 68-86). Demnach greifen Universitäten nicht wie Unternehmen exklusiv auf bestimmte Ressourcen zurück. Sie haben weder auf der Input- noch der Outputseite exklusive Verfügungsrechte. Vielmehr nutzen sie allgemein zugängliches

Wissen, um daraus auf dem Weg der kreativen Forschung neues Wissen zu generieren, das dann wiederum durch Publikation der globalen Scientific Community zugänglich gemacht wird. Die Universität eines Forschers kann damit keine Erträge erwirtschaften, doch das ist kein Problem, da es für die Evolution neuen Wissens völlig irrelevant ist, an welchem Ort es produziert wird.

Das Paradigma der Unternehmensuniversität ignoriert diesen an sich unorganisierten Charakter der Wissensproduktion und überschätzt die Bedeutung einzelner Hochschulen innerhalb des Erkenntnisprozesses. Weil z. B. Harvard die größte Zahl von Nobelpreisträgern aufweist und mit einem Vermögen von 35,9 Milliarden US-Dollar die reichste Universität der Welt ist (Stand 2007), geht man davon aus, dass an dieser Institution besonders günstige Bedingungen für die wissenschaftliche Kreativität herrschen (*Süddeutsche Zeitung* 2007b). Unter der Hegemonie des ökonomischen Denkens betreiben deshalb die Unternehmerpräsidenten der Universitäten weltweit ein »Benchmarking« im »Fundraising«, d. h. der Einwerbung von Drittmitteln. Diese Gelder gelten heute per se schon als Zeichen des akademischen Erfolgs. Tatsächlich ist es aber so, dass die Erkenntnisse, die in Harvard produziert werden, genauso an jedem anderen, einigermaßen gut ausgestatteten Standort hervorgebracht werden könnten. In vielen Disziplinen ist noch nicht einmal eine besondere Ausstattung erforderlich, weil es allein um die kreative Nutzung des zugänglichen Wissens geht. Was Harvard mehr Nobelpreisträger als anderen Universitäten beschert, sind nicht bessere Arbeitsbedingungen, sondern umfangreichere Finanzmittel, mit denen nobelpreisverdächtige Forscher eingekauft werden können, die sonst an einem anderen Ort forschen würden. Der Wissenschaft wäre insofern keine einzige innovative Idee verloren gegangen. Entscheidend sind die Forscher, die Arbeitsbedingungen lassen sich jenseits der kritischen Masse nicht mehr verbessern. Das strategische Anwerben renommierter Experten ist jedoch kein Dienst an der Wissenschaft, sondern eine Strategie zur Akkumulation von Reputation, die eine Universität in die Lage versetzt, noch mehr monetäres Forschungskapital einzuwerben usw. Allerdings spricht alles dafür, dass sich die Vielfalt an theoretischen Ansätzen und Forschungsprojekten erhöhen würde, wenn man die 35,9 Milliarden Dollar der Harvard University auf zehn Hochschulen verteilen würde.

Wenn Harvard somit keinen institutionellen Vorteil für den Erkenntnisprozess eines Forschers bietet, dann aber doch einen symbolischen. Die von der Institution akkumulierte Reputation mehrerer Forschergenerationen wirkt als symbolisches Kapital, das den Ergebnissen eines Harvard-Professors besondere Aufmerksamkeit verleiht. Es öffnet Türen zu Herausgeberschaften und weckt Interesse in der Scientific Community. Dadurch erhöht sich die Wahrscheinlichkeit, dass Forschungsergebnisse sichtbar publiziert und breit rezipiert werden.

Bei diesem symbolischen Kapital handelt es sich allerdings um eine Monopolrente, die nur der Institution und dem Forscher einen Nutzen bringt, der Wissenschaft aber keinen Mehrwert an Erkenntnis. Im Gegenteil: Der Wettbewerb im System insgesamt wird verringert.

Allerdings ist zu beobachten, dass die Durchsetzung der unternehmerischen Universität den bisherigen Kollektivgutcharakter (Merton 1942/1973) wissenschaftlicher Erkenntnisse untergräbt (Weingart 2001: 171-231). Das geschieht im Zuge der Aufhebung der Differenzierung von Grundlagenforschung und angewandter Forschung. Zur Rechtfertigung dieser Transformation wird behauptet, dass heutzutage Grundlagenfragen unmittelbar in der angewandten Forschung bearbeitet würden. Dass es sich allerdings um andere, praktisch verwertbare Grundlagenfragen handelt, wird verschwiegen. Im Zuge der Kapitalisierung der Wissensproduktion nimmt die angewandte Forschung einen immer größeren Anteil der universitären Aktivitäten ein. Damit wächst das Interesse an Renditen aus der Wissensproduktion in Gestalt von Patenten. Deshalb hat sich an den amerikanischen Universitäten die Praxis ausgebreitet, zuerst Patente zu sichern, bevor das ihnen zu Grunde liegende Wissen der wissenschaftlichen Gemeinschaft zur Verfügung gestellt wird. Dadurch ergibt sich eine Zielverschiebung. Der Forschungsprozess wird primär auf die Akkumulation von monetärem Kapital ausgerichtet und nicht länger auf die Entwicklung von neuem Wissen. Der Fortschritt der Erkenntnis wird zu einem Abfallprodukt der Kapitalakkumulation. Das impliziert letztlich eine zunehmende Engführung der Wissensevolution auf Ziele, die durch das Kapitalverwertungsinteresse diktiert werden. Dadurch wird die Diversität des Wissens und damit das Innovationspotenzial erheblich eingeschränkt. Für die Durchsetzung des akademischen Kapitalismus als global herrschendem Paradigma muss also ein hoher Preis entrichtet werden (Gibbons und Wittrock 1985; Slaughter und Rhoades 2004: 69-107).

Man könnte an dieser Stelle noch ein weiteres Argument für Eliteuniversitäten in Deutschland ins Feld führen: Wenn in der Weltgesellschaft unter dem Regime der Ökonomie Hochschulen zu Unternehmen gemacht werden und nicht länger die einzelnen Professoren, sondern Unternehmensuniversitäten die Zurechnungseinheiten von symbolischem Kapital sind, dann muss auch in Deutschland dieses Spiel mitgespielt werden, um der Konzentration von symbolischem Kapital und der dadurch geförderten Anerkennung von Forschungsergebnissen entgegenwirken zu können. Doch ist es wirklich sinnvoll, in Deutschland symbolisches Kapital auf neun Universitäten zu konzentrieren, um Harvard & Co. im rein symbolischen Kampf um Anerkennung Paroli bieten zu können? Müssen dafür Monopolrenten an wenigen Standorten gesichert werden? Man könnte diese Frage mit dem Argument bejahen, dass auf diesem Wege wenigstens eine globale Oligopolstruktur geschaffen wird, in der Europa noch vertreten ist und gegen die Hegemonialstellung der USA gegebenenfalls eigene Ansätze weltweit verbreiten kann. Diese Antwort ist in den Begriffen des neuen Paradigmas richtig, das den Professor zum Agenten und die Hochschulleitung zum Prinzipal eines Unternehmens macht, das sich im weltweiten Wettbewerb behaupten muss. Ob diese Strategie jedoch zum Erfolg führen wird, darf bezweifelt werden – und hier sind wir wieder bei der Analogie zum Fußball: Selbst verhältnismäßig reiche deutsche Universitäten können beim Wettbieten um aktuelle und potenzielle Stars der Wissenschaft nicht mit Harvard & Co. mithalten, zumal wenn man die Sprachbarriere als zusätzlichen Standortnachteil berücksichtigt. Der Abstand ist also noch viel größer als der zwischen – sagen wir – Eintracht Frankfurt und Real Madrid. Da helfen auch die üblichen englischen Marketing-Floskeln und Insignien der »Corporate Identity« nicht weiter.

Die amerikanischen Spitzenuniversitäten können es sich leisten, auf dem Weltmarkt 500 *high potentials* einzukaufen, um einen Nobelpreisträger hervorzubringen. Doch dafür reichen die 105 Millionen Euro an Exzellenzgeldern nicht aus, die hierzulande über fünf Jahre für ein universitäres Zukunftskonzept ausgeschüttet wurden. Außerdem braucht man einen sehr langen Atem. Bis einer der 500 vielversprechenden *high potentials* in Stockholm seine Medaille entgegennehmen darf, können 30 und noch mehr Jahre vergehen.

Dabei muss man in Erinnerung behalten, dass das Vermögen von Harvard & Co. keineswegs bessere Arbeitsbedingungen schafft und auch der größte Teil der dort tätigen Wissenschaftler nicht über das im internationalen Vergleich durchschnittliche Produktivitätsniveau hinausgelangt. Der einzige Vorteil besteht darin, sich mehr Flops leisten zu können, um einen absoluten Spitzenwissenschaftler hervorzubringen, mit dem sich die Institution schmücken kann.

Wenn also die Strategie der Schaffung von Eliteinstitutionen in Deutschland gar nicht von Erfolg gekrönt sein kann, dann wäre es wesentlich sinnvoller, das vorhandene Forschungskapital zielgenau an einzelne, besonders produktive Spitzenforscher zu vergeben, die bekanntlich sehr breit über viele Standorte verstreut sind. Sie könnten die Fördermittel verwenden, um ihre internationale Vernetzung zu stärken und sich so den Wettbewerbsvorteil zu verschaffen, Koautorenschaften mit internationalen Autorenteams zu pflegen. Solche Teams sind in der Regel überhaupt nicht lokal begrenzt, sondern beziehen Autoren ein, die weit über das Land, den Kontinent oder gar den Globus verstreut sind. Die gezielte Förderung solcher Netzwerke wäre angesichts knapper Finanzmittel wesentlich ertragreicher als die Unterstützung einer ganzen Institution, in der das hinzugewonnene Geld immer auch zur Beute einer Vielzahl von Mitläufern wird, die nicht wirklich in der Lage sind, einen vergleichbaren Gegenwert in Gestalt von internationalen Publikationserfolgen zu erwirtschaften.

Tatsächlich war es bei den Anträgen der Exzellenzinitiative unübersehbar, dass von den in der Regel 25 einbezogenen

Forschern (Forscherinnen waren zum Erstaunen der Experten aus dem Ausland kaum vertreten) selten mehr als zehn wirklich zur internationalen Spitze gehörten (Münch 2007: 61-66).

So muss man feststellen, dass mit der Strategie der Kür von Eliteuniversitäten in Deutschland noch nicht einmal dem Ziel, symbolisches Kapital als Gegengewicht zur Konkurrenz von Harvard & Co aufzubauen, gedient ist, sich vielmehr die zielgenaue Förderung einzelner Spitzenforscher als wesentlich effektiver herausstellt. Auch auf diesem Weg entstehen zwar Monopolrenten, sie kommen aber zumindest den aktiven Trägern des Forschungsprozesses zugute, die sie auch tatsächlich in Forschungsleistungen umsetzen können. Zu diesem Schluss kann allerdings nur eine Analyse gelangen, die sich nicht der neuen Doxa im Feld fügt, sondern das Feld aus einer traditionellen Perspektive in den Blick nimmt, in der die einzelnen Wissenschaftler und nicht Universitäten die maßgeblichen Zurechnungseinheiten von wissenschaftlichen Erfolgen sind, die Forscher noch als selbstverantwortliche Gestalter des Erkenntnisprozesses gelten und nicht zu Agenten eines Prinzipals mutiert sind. Doch diesem alten akademischen Modell haben McKinsey & Co. längst die Existenzgrundlage entzogen: seine eigene Sprache in Begrifflichkeiten der alten Gelehrtenwelt.

6. Akademischer Kapitalismus:
Die zirkuläre Akkumulation von monetärem und
symbolischem Kapital durch Universitäten

Die Akkumulation von Kapital durch unternehmerische Universitäten bestimmt die Logik der neuen McKinsey-Welt der Wissenschaft. Dementsprechend werden z. B. an der Harvard University die Finanzmanager mit Gehältern in Millionenhöhe und damit weit über dem Durchschnitt der Professorengehälter belohnt, was unter Letzteren schon zu Unmut geführt hat (*Süddeutsche Zeitung* 2007b). Im Gefolge von McKinsey & Co. ist ein akademischer Kapitalismus entstanden, der vollkommen anders funktioniert als die traditionelle Akademia. Dessen Fundament ist die neue Sprache, die aus Professoren Agenten, aus Rektoren Prinzipale/Agenten und aus Universitäten Unternehmen macht, den Senat als höchstes Organ der akademischen Selbstverwaltung zur Belanglosigkeit verdammt und an dessen Stelle den Hochschulrat als neuen Prinzipal setzt, der die Universitätsleitung kontrolliert.

Sobald Universitäten zu Unternehmen gemacht werden, ändert sich ihre Rolle von Grund auf. Sie sind nicht mehr einfach ein Ort, an dem sich das von Gelehrten getragene akademische Leben abspielt, sondern ein Agent, der sich in der Konkurrenz mit anderen Unternehmen sieht und sich auf einem Markt positionieren muss, auf dem Universitätsnamen wie Marken gehandelt werden. Um diese Rolle spielen zu können, ist eine Universität gezwungen Kapital zu akkumulieren, um weiteres Kapital akkumulieren zu können. Genau das ist dann ihr einziger Sinn und Zweck. Ihr Präsident muss deshalb von großen Sponsoren träumen, »Fundraising« betreiben, Alumnis zur Stiftung von Professuren gewinnen und den Studierenden möglichst hohe Studiengebühren abnehmen. Und er muss internationale Allianzen schmieden, um seiner Institution Positionsvorteile zu verschaffen.

Was versetzt unternehmerische Universitäten in die Lage, hohe Summen an monetärem Kapital einzuwerben? Sie benötigen dafür ein begehrtes Gut, für das die Sponsoren ihr Geld hergeben. Ein materielles Gut steht dafür nicht zur Verfügung. Es ist allein der symbolische Wert eines Universitätsnamens, der sich dafür eignet.

Diese gezielte Inszenierung des eigenen Renommees beginnt bei den Studierenden, die einmal auf ihre Visitenkarte hinter ihren Titel die Universität setzen werden, die ihn verliehen hat. Sie geht weiter mit dem Alumnus, der eine Professur stiftet und stolz darauf ist, dass sie seinen Namen trägt. Die heißt dann beispielsweise »Peter Schmitz Professor of Sociology«, benannt nach dem Stifter, nicht nach dem konkreten Professor selbst. Und sie endet mit der Großspende eines Unternehmens zur Gründung eines ganzen Forschungszentrums, das sich dann »XY Center for the Study of Corruption in Business« nennen darf.

Das Unternehmen Universität überträgt das symbolische Kapital seines Namens durch einen vertraglichen Akt auf Geldgeber und kann auf diese Weise monetäres Kapital akkumulieren. Der College-Student zahlt dafür, dass er auf seine Visitenkarte »B. A. Harvard University« schreiben darf. Er wendet dafür etwa die dreifache Summe auf als ihn die Aufschrift »B. A. Penn State University, College Park« kosten würde, z. B. 45 000 statt 15 000 US-Dollar für ein akademisches Jahr eines vierjährigen Bachelor-Studiums. Mit Sicherheit erwirbt er jedoch an der Harvard University nicht dreimal mehr Wissen als an der Penn State. Es ist sogar bekannt, dass sich die Ivy-League-Universitäten nicht besonders intensiv um ihre Undergraduates (d. h. Bachelor-Studenten) kümmern. Allein das symbolische Kapital bewegt die Studierenden, so viel zu bezahlen (Lenhardt 2005).

Es handelt sich um genau dieselbe Logik, nach der sich auf dem Automarkt sogenannte »Premium Marken« von den übrigen unterscheiden. Die Kunden zahlen für ein Produkt, das den materiellen Zweck nicht besser erfüllt als ein deutlich preiswerteres, einen viel höheren Preis, weil es erfolgreich zu einem Symbol für Exklusivität stilisiert wurde. Im Hochschulbereich wird eine vergleichbare Exklusivität erreicht, indem man nur wenigen Personen Zugang zur »Marke« gewährt und an den entsprechenden Universitäten ein Lebensstil gepflegt wird, den sich nur wenige leisten können (Burris 2004; Weber 1922/1976: 534-539; Bourdieu 1982, 1992, 2004). Eine Ivy-League-Universität muss daher teuer sein und akademischen Luxus ausstrahlen: Dazu gehören weitläufige Parkanlagen, großzügige Gebäude, beeindruckende Bibliotheken, riesige Forschungszentren – und natürlich Nobelpreisträger. Den Ruf der Exklusivität fördert auch ein Ehrfurcht einflößendes Aufnahmeverfahren, bei dem nicht allein die Begabung entscheidet, sondern auch der richtige Habitus, weshalb sich oft Bewerber aus Ivy-League-Familien durchsetzen. Wie die historischen Untersuchungen von Jerome Karabel zeigen, haben die Alumni der prestigeträchtigen Eliteuniversitäten in den zwanziger Jahren des vergangenen Jahrhunderts dafür gesorgt, dass die Prüfungsleistungen nicht weiter als alleiniges Aufnahmekriterium verwendet wurden, da ihnen zu viele Juden in ihre Universitäten strömten und so ihre eigenen Sprösslinge nicht mehr richtig zum Zug kamen. Durch die Berücksichtigung von Persönlichkeitseigenschaften als zusätzlichem Kriterium konnten sie dem eigenen Nachwuchs trotz möglicherweise schwächerer Prüfungsleistungen Zutritt zu *ihrer* Universität verschaffen (Karabel 2005).

Das mit einem Harvard-Abschluss erworbene symbolische Kapital hat zunächst einmal als Prestigefaktor per se einen intrinsischen Wert. Der Harvard-Absolvent darf sich einer besseren Gesellschaft zugehörig fühlen. Bei der hohen Investition in seinen Abschluss hat er mit seinen Eltern in der Regel auch daran gedacht, dass sich dieses symbolische Kapital später in Gestalt einer beruflichen Karriere und eines höheren Verdiensts in monetäres Kapital umsetzen lässt. Zumindest werden sie die Entscheidung für das teure Studium umso eher mit dieser Kalkulation vor sich selbst rechtfertigen, je mehr finanziellen Verzicht sie dafür leisten müssen. Von den Tatsachen werden sie in dieser Kalkulation jedoch nicht bestätigt. Studien haben nachgewiesen, dass Ivy-League-Absolventen nicht überproportional häufig in Spitzenpositionen vertreten sind und auch keine höheren Einkommen erzielen als Absolventen preiswerterer Universitäten. Das zeigt, dass der US-Arbeitsmarkt wesentlich offener ist als beispielsweise der französische (Lenhardt 2005). Es bleiben allerdings trotz solcher Untersuchungen genug Studierende übrig, denen der Prestigewert völlig ausreicht oder die dennoch fest davon überzeugt sind, dass sich die Investition für sie auch monetär auszahlen wird. Auf jeden Fall werden sie Besitzer eines exklusiven Klubgutes.

Auch die glücklichen Bewerber, die ein Harvard-Stipendium bekommen, mussten zuvor jede Menge ökonomisches Kapital investieren, um sich überhaupt mit Erfolg bewerben zu können. Auch das kulturelle und soziale Kapital des Elternhauses hilft ihnen, wenn es im persönlichen Bewerbungsgespräch darum geht, eine gute Figur zu machen. Genau dafür bringen die Kinder der Alumni besonders gute Voraussetzungen mit. Dass Harvard & Co. inzwischen auf Drängen ihrer Alumni auch an Kinder aus der Mittelschicht (d. h. mit einem Jahreseinkommen von weniger als 100 000 US-Dollar) Stipendien vergeben und bei einem Jahreseinkommen von unter 40 000 US-Dollar die Studiengebühren ganz durch ein Stipendium finanzieren wollen (Schultz 2008b), ändert nichts an dem grundlegenden Erfordernis solch hoher Investitionen.

Was bewegt aber Alumni und andere Sponsoren, Harvard Geld zu schenken und nicht der Penn State? Während die Studierenden wenigstens ihren Bachelor als reale Gegenleistung bekommen, gibt es bei diesem Tauschgeschäft überhaupt keine materielle Gegenleistung für die monetäre Investition. Sie besteht demnach auch hier allein im symbolischen Wert, der auf den Schenkenden zurückfällt. Nur in Ausnahmefällen gibt es dafür einen Ehrendoktor, da allzu viele davon den Wert der Marke entwerten würden.

Nur in einem indirekten Sinn wirft das mit einem Sponsoringakt erworbene symbolische Kapital auch materiellen Gewinn ab. Macht der Sponsor seine Philanthropie geschickt publik, gewinnt er an Prestige. Das verleiht ihm einen herausgehobenen, besonders vertrauenswürdigen Status als eine Person, die offensichtlich um die Gesellschaft bemüht ist. Und so sichert er sich wiederum nachhaltig seine Geschäftsfähigkeit.

Das ist das Modell, nach dem überall Gewerbetreibende Ehrenämter in ihren Gemeinden übernehmen. Allerdings geht es hier um kein rein ökonomisches Tauschgeschäft, vielmehr um einen Geschenkaustausch nach der archaischen Regel der Reziprozität (Mauss 1968). Weil es in einer Gemeinde Norm ist, dass die potenten Bürger aktiv am Gemeindeleben mitwirken, folgt der ehrenamtliche Schatzmeister des Gesangsvereins weniger dem ökonomischen Motiv, sich damit Kunden zu sichern, sondern einer verbindlichen Erwartung. Ob ihm die Tätigkeit einen Cent Einnahmen beschert, weiß er nicht, er befürchtet jedoch, dass man ihn in der Gemeinde nicht schätzen wird, wenn er sich einem entsprechenden Ansinnen entzieht. Natürlich ist dieses Ansehen auch die Basis für seine Reputation als honoriger Geschäftsmann, es ist jedoch eine indirekte Folgeerscheinung davon, dass es der Gemeinde erfolgreich gelingt, die ehrenamtliche Tätigkeit zur verbindlichen Norm zu machen.

Dieser Konstruktion von verbindlichen Normen gilt das Erklärungsinteresse der Soziologie (Durkheim 1961). Sie muss erklären, warum es einer Gemeinde gelingt, eine Kultur des Ehrenamts zu pflegen, anderen jedoch nicht. Das gilt in unserem Fall für die Kultur des umfangreichen Sponsoring an US-Universitäten. Weil es unter den Alumni üblich ist, die Alma Mater mit Geschenken zu unterstützen, weil sie bei regelmäßigen Treffen ein Gemeinschaftsgefühl pflegen und weil sie von ihrer Universität regelmäßig darauf angesprochen werden, fühlen sie sich zu einem solchen Akt verpflichtet, soweit sie dazu in der Lage sind. Das heißt, sie sind Mitglieder einer Gemeinschaft, in der die Reziprozitätsnorm stark ausgeprägt ist. Sie haben von ihrer Universität einen akademischen Grad mit hohem Symbolwert erhalten und sind daher verpflichtet, dieses Geschenk in irgendeiner Form zu erwidern: sei es durch die Anschaffung einer Buchreihe oder gleich die Errichtung eines ganzen Bibliotheksgebäudes. Der Verpflichtungsgrad nimmt ab, je weiter sich ihr Tätigkeitskreis von der Alumni-Gemeinschaft entfernt. Sponsoring gehört aber auch dort zu den üblichen Aufgaben eines einigermaßen gut situierten Bürgers. Das heißt, dass auch der weitere Kreis die Norm der Reziprozität stützt. Auch ist die im engeren Sinn wirtschaftliche Verwertbarkeit nur eine mögliche Folge, aber nicht das unmittelbare Motiv der Sponsorentätigkeit. Im weiteren Sinn lässt sich das auch auf Sponsoren (Unternehmen etwa) übertragen, die nicht Mitglied einer solchen Alumni-Gemeinschaft sind.

Eine lebendige Sponsorenkultur wird es nur dort geben, wo Sponsorentum als gesellschaftliche Norm institutionalisiert ist, der sich niemand entziehen kann. Wirtschaftliche Erfolge können also immer nur als Effekte von Sponsorentätigkeit, aber nicht als *soziale* Ursache auftreten (Durkheim 1961). Wo es keine lebendige Sponsorenkultur gibt, wird niemand auf die Idee kommen, eine Spende könne wirtschaftlichen Erfolg bescheren. Ökonomischer Gewinn ist deshalb nicht die soziale Ursache dafür, dass Ivy-League-Universitäten besonders viele Stifter zu Geschenken motivieren können. Es ist vielmehr so, dass es ihnen gelungen ist, über den Kreis ihrer Alumni hinaus an der in den USA unter den gut situierten Bürgern als verbindliche Norm gepflegten Philanthropie zu partizipieren. Dass sie mehr Sponsorengelder auftreiben können als andere, liegt an ihrem symbolischen Wert, der ein Geschenk an Harvard wertvoller macht als eines an die Penn State. Das Geschenk selbst erhält seinen symbolischen Wert durch das symbolische Kapital der Universität, und der Sponsor beweist sich als wertvolles Mitglied der Zivilgesellschaft. Damit stehen ihm viele Türen offen, mehr aber auch nicht. Im Regelfall ist also davon auszugehen, dass allein der symbolische Wert und die damit verbundene Ehre, einer besonders prestigereichen Institution ein Geschenk machen zu dürfen, die entsprechenden Personen oder Unternehmen zu diesem Akt veranlassen.

In dieser attraktiven Position sind allerdings nur Hochschulen, die über lange Zeiträume sehr viel in ihre Exklusivität investiert haben. Das setzt wiederum ein hohes monetäres Startkapital voraus. Dennoch ist es der Stanford University in Kalifornien gelungen, in etwa 100 Jahren zu Harvard aufzuschließen. Entscheidend ist dafür der beschriebene zirkuläre Akkumulationsprozess von monetärem und symbolischem Kapital.

Monetäres Kapital muss in exklusive akademische Luxusgüter investiert werden, um den Wert des symbolischen Kapitals der Institution zu steigern. Dieses aufgewertete symbolische Kapital kann wieder genutzt werden, um die Schenkung von höheren Geldsummen zu erreichen usw. Der Schenkende erwirbt außerdem einen umso höheren Anteil an diesem symbolischen Kapital, je höher seine Gabe ausfällt. Eine Spende für die Neuanschaffung einer Reihe von Büchern für die Bibliothek hat noch einen recht geringen symbolischen Wert, die Spende für die Einrichtung einer ganzen Abteilung der Bibliothek, die den Namen des Spenders trägt, einen deutlich höheren. Noch höher ist der symbolische Wert eines Bibliotheksgebäudes, über dessen Eingangsportal der Name des Schenkenden prangt.

Um hohe Spendensummen eintreiben zu können, muss der Name der Universität einen in der Gesellschaft hochgeschätzten symbolischen Wert haben. Er muss ein höchst seltenes und außerordentlich kostbares Gut sein. Dazu gehört neben den genannten, Exklusivität garantierenden Faktoren des nur wenigen offen stehenden Zugangs und der Demonstration von akademischem Luxus auch die rituelle Verehrung des Namens in der Öffentlichkeit. Über Harvard wird in der Öffentlichkeit immer ehrfurchtsvoll gesprochen.

Eine Festrede des Harvard-Präsidenten hat einen hohen Nachrichtenwert. Der Bericht über die Bilanzen demonstriert nicht nur Reichtum, sondern die absolute Hingabe der Institution an die Förderung von Bildung und Wissenschaft. Die weltweite Einzigartigkeit der Hochschule wird in öffentlichen Ritualen regelmäßig zelebriert. Eine Festversammlung ist ein Gottesdienst, in dem Bildung und Wissenschaft verherrlicht werden und die Institution sich als diejenige Kirche präsentiert, die dieses Ritual am vorbildlichsten vollzieht.

Es müssen aber auch die materiellen Voraussetzungen erfüllt sein, damit eine Universität im großen Stil Fundraising betreiben kann. Es muss eine genügende Zahl reicher Personen und Unternehmen geben, die über überflüssiges Geld verfügen, sodass eine großzügige Spende einen größeren allgemeinen Nutzen bringt als die Anlage in Wertpapieren. Der subjektiv empfundene Nutzen einer Wertpapieranlage von fünf Millionen Dollar ist für einen Milliardär sicherlich geringer als eine Spende von fünf Millionen für eine Philosophie-Professur an der Harvard University. Hinzu kommt das finanzielle Motiv, dass man solche Schenkungen von der Steuer absetzen kann. Dieser Anreiz ist in den USA viel größer als in Deutschland. Während in den Vereinigten Staaten Spenden bis zu 100 Prozent des steuerpflichtigen Einkommens abgesetzt werden können, liegt die Grenze in Deutschland bislang bei nur zehn Prozent. Die Erhöhung dieser Schwelle auf 20 Prozent ist ein bescheidener Einstieg in eine neue »Spendenkultur«. Um Kapital in so großem Umfang wie in den USA verfügbar zu haben, muss sich der Staat im Niveau der Einkommensbesteuerung sehr zurückhalten und es seinen wohlhabenden Bürgern überlassen, für welche philanthropischen Zwecke sie ihr überflüssiges Kapital ausgeben wollen. Die Folge dieser zivilgesellschaftlichen Pflege der Philanthropie ist darin zu sehen, dass es der Harvard University mühelos gelingt, 35,9 Milliarden Dollar an Vermögen zu akkumulieren, während in der unmittelbaren Nachbarschaft die Obdachlosen mit nicht mehr als einer Suppenküche versorgt werden, die von der Heilsarmee, natürlich auch mit privaten Spenden, unterhalten wird. Der symbolische Wert einer Gabe für die Heilsarmee ist allerdings um Lichtjahre von demjenigen einer Harvard-Spende entfernt. Das ist der einfache Grund, warum in den USA die Wohlfahrtspflege recht schlecht ausgestattet ist und die Spitzenuniversitäten so reich sind, dass sie sich darauf spezialisieren können, Bildung als Luxusgut und »Premium-Marke« zu handeln.

Wer in Deutschland die Universitäten zu mehr »Fundraising« und »Alumni-Pflege« auffordert und die Bürger dazu einlädt, nicht nur für Tsunami-Opfer, sondern auch für Universitäten zu spenden (Steinberg 2007), sollte bei der Gelegenheit gleich darauf aufmerksam machen, dass diese Kampagne nur dann durchschlagenden Erfolg haben kann, wenn die Gesellschaft dem Staat die Verantwortung für das »Gemeinwohl« entzieht und sie den Bürgern überträgt. Wie eine solche Gesellschaft aussieht, kann man in den USA beobachten. Dort gibt es exklusive Spitzenuniversitäten, die in der Lage sind, Bildung als Luxusgut zu betreiben und ihren Namen gewinnbringend als symbolischen Wert zu vermarkten. In ihrer Nachbarschaft findet man aber auch gewinnbringend privat betriebene Gefängnisse, in denen in einem weltweit einmaligen Umfang diejenigen Mitbürger sitzen, die nicht auf legalem Wege zum allseits angestrebten Erfolg gekommen sind.

Eine Hochschule, die sich im weltweiten Konkurrenzkampf auf die zirkuläre Akkumulation von monetärem und symbolischem Kapital spezialisieren muss, kann mit dem alten Modell akademischer Selbstverwaltung nicht reüssieren.

In der Welt von McKinsey & Co. ist das undenkbar. Ihr würde schlichtweg von den neuen Prinzipalen die Legitimität versagt. Schon um sich vor den besagten Prinzipalen zu rechtfertigen, muss sie sich zumindest formal die Struktur eines Unternehmens zulegen. Wo das nicht freiwillig oder unter dem normativen Druck der Berater geschieht, hilft das Hochschulgesetz durch die Stärkung der Exekutive, die Einrichtung von Hochschulräten und die Entmachtung von Fakultätsräten und Senat kräftig nach.

In dieser akademischen Welt gibt es für die klassischen Rollen keinen Platz mehr. Die Masse der Professoren hat nicht länger einen eigenen Namen. Sie publizieren am Fließband Artikel in Koautorenschaft mit zehn Kollegen und nennen sich Harvard-Professor, Yale-Professor oder eben nur Penn-State-Professor. Unter dem Regime des Starkults sind nur noch die globalen Topwissenschaftler als Individuen sichtbar. Forschung und Lehre sind in dieser Welt kein Selbstzweck mehr. Vielmehr werden sie ausgebeutet, um den zirkulären Prozess der Akkumulation von monetärem und symbolischem Kapital in Gang zu halten. Zwischen einem Konzern wie BMW, der TU (TUM) oder der Ludwig-Maximilians-Universität (LMU) in München gibt es in der Logik des Handelns keinen Unterschied mehr, sie verkaufen ein exklusives Image zu einem sehr hohen Preis. Dass BMW bei den Exzellenzgewinnern LMU und TUM als Sponsor einsteigt, liegt auf der Hand. Dasselbe gilt für die Besetzung von Hochschulräten als neuen Aufsichtsorganen, die an Stelle des Staates die unternehmerische Universität mit der Gesellschaft, insbesondere der Wirtschaft, verbinden. Statt der Verpflichtung auf das Gemeinwohl, vermittelt der Hochschulrat direkt zwischen der Universität und den artikulierten Interessen der Gesellschaft.

Dass im System des akademischen Kapitalismus insbesondere Wirtschaftsmanager in den Hochschulräten sitzen, ist ganz selbstverständlich, da sie sowohl den Zugang zu monetärem Kapital erleichtern als auch das symbolische Kapital prestigereicher Unternehmen mitbringen. Für Universitäten, die viel Drittmittel aus der Industrie einwerben, ist das wichtiger als für solche, die weniger stark darauf angewiesen sind. Deshalb findet man bei ihnen auch etwas mehr Manager im Hochschulrat. Im Kampf um Geld und Prestige sind sie jedoch für die Hochschulräte aller Universitäten von großer Bedeutung, zumal im Kontext der gewachsenen symbolischen Macht der Wirtschaftselite im globalen Wettbewerb (vgl. Nienhüser, Jacob und Wegener 2007; Bogumil, Heinze, Grohs und Gerber 2007). Angesichts der weltweiten Konkurrenz um Aufmerksamkeit werden sich Hochschulen bald danach unterscheiden, wie prestigereich sie ihren Hochschulrat besetzt haben, und Unternehmen danach, in wie prestigereichen Universitäten sie vertreten sind. An eine »ausgewogene« Repräsentation der gesellschaftlichen Gruppen ist so nicht länger zu denken.

Für beide Seiten sind solche Formen der Zusammenarbeit ein lukratives Geschäft, das auf der gegenseitigen Bekräftigung von Exklusivität beruht. Mit Ökonomie im herkömmlichen Sinn der besten Leistung für den besten Preis hat das nichts mehr zu tun.

Wie dieses Geschäftsmodell auf dem internationalen Bildungsmarkt funktioniert, lässt sich anschaulich an den weltweit ca. 10 000 MBA-Studiengängen studieren. Es handelt sich um eine Bildungsware, bei der man nicht erkennen kann, wo deren Mehrwert gegenüber einem herkömmlichen BWL-Diplom einer x-beliebigen deutschen Universität liegt, das die Studenten bis vor Kurzem noch kostenlos erwerben konnten. Trotzdem sind immer mehr junge Menschen bereit, für einen solchen, meist einjährigen Crash-Kurs horrende Summen aufzuwenden. Das Motiv für ein solches Studium ist in aller Regel nicht die Erweiterung des Wissens, sondern der Erwerb eines Titels, von dem man sich verbesserte Karrierechancen erhofft. Weil sich die vielen Absolventen dieser Studiengänge nicht durch ihre Qualifikation unterscheiden, wird das Prestige der Institution, an der dieser Titel erworben wurde, zum entscheidenden Auswahlfaktor. Das heißt wiederum, dass die Anbieter dieser Studiengänge alles aufbieten müssen, um sich von der Masse der Konkurrenten abzusetzen. Das fängt schon damit an, dass in der Berichterstattung über diese Kurse gar nicht thematisiert wird, was man wo lernen kann. Das Augenmerk gilt vielmehr der ästhetischen Eigenwilligkeit des Internet-Auftritts (Gloger 2007). Das »Corporate Design« soll die »Corporate Identity« möglichst prägnant transportieren. Die deutschen Business-Schools können dabei von ihren US-Vorbildern lernen, dass man dafür in erster Linie Fotos mit fröhlichen Gesichtern junger Menschen benötigt, die begeistert erzählen, wie großartig das MBA-Studium war und wie enorm sich ihre Persönlichkeit während dieser Zeit entwickelt hat. Eine Universität wie Stanford, die mit drei Nobelpreisträgern unter 100 Professoren werben und den stolzen Preis von 43 380 Dollar (zu dem noch 26 000 bis 39 000 Dollar Lebenshaltungskosten kommen) pro Studienjahr verlangen kann, hat hier natürlich einen entscheidenden Vorteil (Lutz 2007). Ob der MBA-Student die berühmten Nobelpreisträger in diesem Jahr zu Gesicht bekommt, ist eine andere Frage. Das ist die neue Hochglanzbroschüren-Welt eines Bildungssystems, das sich in Zukunft mit hohen Renditen weltweit um die Qualifikation junger Menschen kümmern wird (Löwer 2007; Schwertfeger 2007).

Unterstützt wird dieser Prozess der Stratifikation durch das zunehmende Benchmarking, das durch Hochschul-Rankings nachhaltig forciert wird, obwohl deren methodische Qualität äußerst gering ist. Sie konstruieren durch die Reduktion der Bildungsvielfalt auf wenige Erfolgskriterien eine Statushierarchie, die vorher real so nicht existierte. Wer auf den vorderen Plätzen dieser Tabellen landet, kann bestimmen, was als Bildung zählt. Die Rankings verfestigen sich mit jeder Wiederholung und teilen die akademische Welt zwangsläufig in ein Oben und Unten ein, die sich allein nach dem Prestigewert der entsprechenden Bildungseinrichtungen unterscheiden. Der symbolische Wert eines Titels triumphiert über den sachlichen Wert der Bildung. Dieser Prozess der Statusreproduktion wird maßgeblich auf dem Wege einer *self-fulfilling prophecy* vorangetrieben. Espeland und Sauder (2007) haben das sehr eingehend für die Stratifikation amerikanischer Law Schools durch die jährlich erscheinende Rangliste des Nachrichtenmagazins *US News & World Report* nachgewiesen.

Global hat das Shanghai-Ranking der 500 sichtbarsten Universitäten der Welt – trotz vernichtender methodischer Kritik (van Raan 2005) – die Rolle einer Benchmarking-Plattform übernommen (SJTU 2004). Wohlgemerkt: Es geht explizit nicht um Qualität, sondern um Sichtbarkeit. Und weil die LMU als »sichtbarste« (zumal weitaus größte) deutsche Hochschule in dieser Liste nur auf Platz 53 rangiert, ist die Kommission Wissenschaftsland Bayern 2020 kurzzeitig auf die Idee gekommen, die beiden Münchener Universitäten zusammenzulegen, um dadurch einen erheblichen Sprung nach oben zu machen. Diese Idee zog viel Kritik auf sich, weshalb man am Ende davon Abstand genommen hat. Trotzdem zeigt die Episode, in welchem Maße die Ökonomie der Aufmerksamkeit inzwischen die Wissenschaft kolonialisiert hat (Habermas 1981, Bd. 2: 522). Wie groß die Definitionsmacht dieses methodisch fragwürdigen Rankings heute ist, sieht man auch daran, dass es eine Diskussion darüber ausgelöst hat, ob die historisch bewährte Auslagerung eines großen Teils der Forschung in Deutschland in außeruniversitäre Einrichtungen wirklich sinnvoll sei. Denn weil die Max-Planck-Gesellschaft keine Universität ist, taucht sie in dieser Tabelle nicht auf. Deshalb wird ihre Legitimität nun in Frage gestellt, obwohl sie über Jahrzehnte als Aushängeschild der deutschen Wissenschaft galt (Blobel et al. 2008). So wirken die Gesetzmäßigkeiten der Mediengesellschaft heute in die Wissenschaft hinein (Weingart 2001: 232-283; 2005: 148-205).

Man kann die Kür von »Eliteuniversitäten« auch als den Versuch werten, Marken zu kreieren, die sich in Zukunft gewinnbringend auf dem Bildungs- und Forschungsmarkt positionieren lassen. Dabei ist es sicherlich hilfreich, wenn eine Hochschule bereits den Ruf einer »Traditionsuniversität« hat, und zwar auch dann, wenn von dieser Tradition nicht mehr viel zu sehen ist. Schließlich kann man sie mit einer kräftigen Finanzspritze, der Rekrutierung einiger Stars und viel Marketing wieder aufleben lassen. Und das geht mit der 1386 gegründeten Universität Heidelberg wesentlich leichter als mit einer der vielen Neugründungen der siebziger Jahre mit ihren Gebäuden aus inzwischen zerbröselndem Beton.

Wohin diese Strategie führt, kann man, und damit sind wir einmal mehr bei der Analogie zum Fußball, sehr gut an der englischen Premier League beobachten. Traditionsklubs wie Manchester United, der FC Liverpool, Arsenal und Chelsea London wurden längst von reichen Investoren aus Russland und den Vereinigten Staaten gekauft. Die vier Vereine setzen zusammen fast eine Milliarde Euro pro Saison um und damit fast so viel wie alle 18 Vereine der deutschen Bundesliga zusammen. Ihre Einnahmen stammen zum großen Teil aus Fernsehrechten und dem weltweiten Merchandising von Trikots und anderen Waren. Um ihre Position als Global Players auszubauen, gehen diese Klubs regelmäßig auf Auslandsreisen, vorzugsweise in Schwellenländer mit stark wachsenden Märkten. Inzwischen denkt man sogar ernsthaft darüber nach, einige Pflichtspiele der Premier League im Ausland auszutragen. Der UEFA-Präsident Michel Platini hat sich schon darüber mokiert, die englischen Klubs hätten keine englischen Präsidenten mehr, keine englischen Trainer und keine englischen Spieler und sie würden wohl bald nicht mehr in England spielen. In der Folge dieser Entwicklung beherrschen diese vier Vereine die englische Liga mittlerweile unangefochten, auch in der europäischen Champions League konnten sie sich eine Vormachtstellung sichern. In der Saison 2006/2007 stellten sie drei von vier Halbfinalisten, in der Saison 2007/2008 vier von acht Viertelfinalisten und beide Endspielteilnehmer. Die restlichen Klubs der Premier League spielen heute dagegen lediglich eine marginale Rolle im zweitrangigen UEFA-Cup, die englische Nationalmannschaft ist in der Bedeutungslosigkeit versunken (Honigstein 2008). Der englische Fußball musste also untergehen, damit ausländische Investoren vier international dominante Marken etablieren konnten, mit denen sich lukrative Geschäfte machen lassen.

Eine Traditionsuniversität wird im internationalen Bildungs- und Forschungsgeschäft genau diesen Weg gehen müssen, wenn sie im globalen akademischen Monopoly eine dominante Rolle spielen will. Die ohnehin schon geringen Karrierechancen des wissenschaftlichen Nachwuchses im oligarchisch strukturierten deutschen Wissenschaftsbetrieb

werden sich noch weiter verringern und sich der Wahrscheinlichkeit annähern, mit der ein Spieler aus dem A-Jugendkader
eines Bundesligisten einmal in der ersten Mannschaft auflau-
fen wird. Dass in Bezug auf die Exzellenzinitiative kaum von
der Forschungsförderung in Deutschland gesprochen wird,
stattdessen aber von der Schaffung »international sichtbarer«
Universitäten, bringt unmissverständlich zum Ausdruck, wo-
rum es geht und worauf die Entwicklung hinausläuft. Im globalen Kampf um Aufmerksamkeit wird auch die Forschung
von den Strategien des erfolgreichen Marketings beherrscht.

7. Die Kulturwissenschaften im Sog des akademischen Kapitalismus

In der Mediengesellschaft existiert nur das, was durch media-
le Inszenierung auf sich aufmerksam machen kann. Diesem
Zweck sollte das 2007 ausgerufene »Jahr der Geisteswissenschaften« dienen. Mit einer groß angelegten Public-Re-
lations-Aktion wollte man daran erinnern, dass die Geisteswissenschaften auch in einer von Naturwissenschaft,
Technik und Ökonomie beherrschten Welt ihre Daseinsbe-
rechtigung haben. Dass eine solche Kampagne überhaupt
für notwendig gehalten wurde, ist allerdings schon ein Beweis dafür, in welchem Maße diese Fächer ihre historisch gewachsene, selbstverständliche Legitimität verloren haben. In
der Welt des globalen »Benchmarking« müssen alle gesellschaftlichen Institutionen und Praktiken beweisen, dass sie
die Wettbewerbsfähigkeit eines Landes zu steigern helfen. Somit wurden also auch die Geisteswissenschaften in den Sog
des akademischen Kapitalismus gerissen.

Zur Verteidigung der Geisteswissenschaften wird allerdings traditionell darauf verwiesen, dass ihr Zweck sich nicht in den Kategorien der Wettbewerbsfähigkeit und der Rendite erschöpfe. Sie hätten einen Wert an sich und müssten anhand der ihnen eigenen Maßstäbe beurteilt werden. Dabei haben ihre Fürsprecher diejenigen Werte und Kriterien im Sinn, die die Geisteswissenschaften in Deutschland wie in keinem anderen Land der Welt zu Disziplinen mit einer eigenen Wahrheit und Methodik gemacht haben. Während in Großbritannien und Frankreich Sprache, Literatur und Geschichte als *lettres*, *arts*, *histoire* oder *history* über den engen Bereich des Lehrerberufs hinaus vorrangig als Traditionspflege und Teil der Elitenbildung verstanden werden, sind sie hierzulande im 19. Jahrhundert zum Gegenstand einer veritablen Wissenschaft gemacht worden, die nur dadurch ihrem hohen Anspruch genügen konnte, dass sie als reine Lehre von allen praktischen Anforderungen freigehalten wurde. Die Universität und ihre Ausrichtung auf Wilhelm von Humboldts Leitlinien der Einsamkeit und Freiheit, der Einheit von Forschung und Lehre, der Gemeinschaft von Lehrenden und Lernenden und der Bildung durch Wissenschaft war genau der richtige Ort dafür (Schelsky 1971).

Das alte Regime: soziale und kognitive Schließung

Grundlage der Geisteswissenschaften war ein weitgehend geschlossenes Bildungsbürgertum von Lehrern, protestantischen Pfarrern und Professoren sowie die umfangreiche staatliche Förderung von Schulen, Universitäten, Theatern, Opernhäusern, Orchestern und Museen. Der Kulturstaat sollte nicht weniger als die Wirklichkeit der sittlichen Idee im Sinne Hegels repräsentieren. Auf dieser sozialen Grundlage konnten die Philologien als Verkörperung von Geisteswissenschaft und als spezifisch deutsches Produkt des 19. Jahrhunderts gedeihen und in Wilhelm Diltheys (1883/1968) *Aufbau der geschichtlichen Welt in den Geisteswissenschaften* ihre epistemologische Begründung finden. Sie verdankten ihre einzigartige Stellung demnach einer homologen kognitiven und sozialen Schließung.

Tendenzen der Öffnung begleiteten die Entwicklung der Geisteswissenschaften allerdings von Anfang an. Die Abwehr praktischer, von instrumenteller Nützlichkeit geprägter Interessen durchzieht bis heute die Geschichte dieser Disziplinen in Deutschland. Allerdings wurden diese Abwehrkämpfe meist notwendig, weil die Geisteswissenschaften selbst expandierten, nicht weil sie schrumpften oder gar verdrängt wurden. Das gilt bis heute und wird bei den üblichen Klagen über den schweren Stand dieser Disziplinen in einer von Naturwissenschaft, Technik und Wirtschaft beherrschten Welt vollkommen übersehen. Eine erste Welle vermeintlicher Abwehrkämpfe geht einher mit der massiven Industrialisierung des Landes zwischen 1870 und 1914 (Ringer 1969). Es ist zugleich eine Zeit der Expansion der Sekundarschul- und Hochschulbildung. Zu den der klassischen Bildung verpflichteten Gymnasien gesellen sich die Realgymnasien, zu den Universitäten die Technischen Hochschulen. Das bedeutet jedoch keineswegs, dass die Zahl der Schüler an den klassischen Gymnasien und der Studenten an den Universitäten zurückgeht. Sie werden lediglich durch Bildungsstätten ergänzt, die ihren Auftrag anders verstehen, nämlich als Vermittlung technischer, praktisch verwertbarer und ökonomisch nützlicher Fähigkeiten. Mit dem Monopol zur Ausbildung der Lehrer für das klassische Gymnasium haben die

Universitäten nach wie vor eine sichere soziale Basis, um die Geisteswissenschaften vor »fremden«, praktischen Anforderungen schützen zu können. Das zeigt sich allein schon an der Dominanz der Fachwissenschaften über die eher stiefmütterlich behandelte pädagogische und didaktische Ausbildung in den Lehramtsstudiengängen.

Die Krise: Soziale Öffnung und kognitive Schließung

Einen wirklichen Einbruch hat die soziale Grundlage der homologen kognitiven und sozialen Schließung erst mit der massiven Bildungsexpansion der siebziger Jahre des 20. Jahrhunderts erlebt. Die Vielzahl von Universitätsneugründungen hat den Geisteswissenschaften einen historisch beispiellosen Ausbau beschert. Mit den Studierendenzahlen sind die Professoren- und Mittelbaustellen innerhalb eines Jahrzehnts um ein Vielfaches gewachsen. Nach dieser ersten Expansion Anfang der siebziger Jahre ist die Zahl der Studierenden in den Sprach- und Kulturwissenschaften nach der Kategorisierung des Statistischen Bundesamtes von 1974 bis 2005 von 76 061 auf 420 554 gestiegen, in den Ingenieurwissenschaften dagegen »nur« von 136 847 auf 326 491 (Statistisches Bundesamt 1976: 107, 2007: 144). Das etatmäßige Personal ist in diesem Zeitraum allerdings nur von 17 842 auf 19 899 gewachsen, die Betreuungsrelation hat sich also dramatisch verschlechtert, was zwangsläufig zur Auflösung der Gemeinschaft von Lehrenden und Studierenden führen musste (Statistisches Bundesamt 1976: 111, 2007: 149). Die Folge dieser Expansion war, dass die vielen neuen Studierenden nicht mehr ganz überwiegend in den Lehramtsstudiengängen untergebracht werden konnten. Schnell hat sich gezeigt, dass

167

so viele Lehrerstellen überhaupt nicht verfügbar waren. Stattdessen strömten die neuen Studierenden massenhaft in die Magisterstudiengänge. Binnen weniger Jahre hat sich die Verteilung der Studierenden auf Lehramts- und Magisterstudiengänge, die anfänglich bei 80 zu 20 Prozent lag, umgekehrt. Damit ist die soziale Schließung der Geisteswissenschaften beseitigt worden, doch diese Öffnung stand fortan im Widerspruch zur kognitiven Abgeschlossenheit. Soweit dieser Widerspruch nicht durch eine kognitive Öffnung aufgehoben werden konnte, musste er mit hohen Abbrecherquoten und hoher Einstiegsarbeitslosigkeit der Absolventen bezahlt werden.

In der Folge nahm der Druck zu, auch in den Geisteswissenschaften praktisch verwertbare Fertigkeiten zu vermitteln. Einige Pionieruniversitäten haben dementsprechend – immer unter dem Vorwurf des Verrates an der jeweiligen Disziplin – neue Magister- oder Diplomstudiengänge wie Literaturübersetzen, Literaturvermittlung, Deutsch als Fremdsprache, Journalistik, Interkulturelle Kommunikation, Kreatives Schreiben oder Kulturmanagement eingeführt. Die Kulturwirtschaft wurde als expandierende Branche entdeckt; Japan-, China-, Ostasien- und Islamstudien haben die klassischen philologischen Fächer der Japanologie, Sinologie, Indologie und Islamistik abgelöst. Damit verbunden war eine Abwendung von der geisteswissenschaftlichen Philologie und eine Hinwendung zur Landeskunde und zur Vermittlung kultureller Kommunikationsfertigkeiten, schließlich werden vom Islamexperten in der Nachrichtensendung keine Exegesen religiöser Texte, sondern handfeste Informationen über politische Vorgänge und Hintergründe erwartet.

Die neuen, kaum noch an Geisteswissenschaften im ursprünglichen Sinn erinnernden BA- und MA-Studiengänge ohne disziplinäre Identität stellen jedoch keineswegs eine Art Kolonisation von Gebieten dar, in denen es solche Praxis-anforderungen und Verwertungszwänge vorher nicht gab. Sie bringen lediglich eine Entwicklung zu ihrem logischen Ende, die mit der massiven Expansion seit den siebziger Jahren begann. Die geschlossene soziale Welt des Bildungsbürgertums wird nun endgültig von der offenen sozialen Welt der betriebswirtschaftlich geschulten Dienstleister abgelöst. Die neuen Kulturarbeiter sehen sich längst nicht mehr wie die Gymnasiallehrer und der Philologenverband zu Gralshütern des klassischen Kulturgutes Bildung berufen. Vielmehr machen sie ihren »Job« als Webdesigner, Persönlichkeitstrainer, Kultur-, City- oder PR-Manager.

Krisenbewältigung durch kognitive Öffnung

Mit dieser Hinwendung zur Gegenwart und zur Praxis drangen die Geisteswissenschaften in die ehemaligen Domänen der Sozialwissenschaften vor, was dementsprechend zu ihrer »Versozialwissenschaftlichung« führte. Damit gaben sie allerdings ihre kognitive Schließung und damit auch den Kern ihrer Identität ein Stück weit auf. Gleichzeitig entstand jedoch – jenseits des Lehrerberufs – ein wachsender Arbeitsmarkt für die Absolventen geisteswissenschaftlicher Studiengänge. Dass diese sich weniger für Goethe & Co. und mehr für Marketing, Personalmanagement und Public Relations interessierten, ist wenig verwunderlich. Gleichwohl wurde die Klage, heutige Germanistikstudenten könnten sich nicht länger für Literatur begeistern und seien es überhaupt nicht mehr gewohnt zu lesen, zur üblichen Begleiterscheinung dieses fundamentalen Wandels. Es ist der Zeitpunkt, zu dem die

Doxa (d. h. die herrschende Lehre) des Feldes zur Orthodoxie wurde, die sich nun heftiger heterodoxer (d. h. abweichender) Strömungen und alternativer Entwürfe zu erwehren hatte.

Man kann den in den achtziger Jahren vollzogenen Übergang zum Begriff der »Kulturwissenschaften« als Ablösung der geisteswissenschaftlichen Orthodoxie durch ein neues Paradigma identifizieren. Eine wichtige disziplinäre Ergänzung der klassischen Geisteswissenschaften stellen dabei insbesondere die aus dem angelsächsischen Sprachraum übernommenen Cultural Studies dar. Mit ihnen wurden die Untersuchungsgegenstände der neuen Kulturwissenschaften jedoch banalisiert. Heute ist es genauso möglich, sich mit der Punk- oder Hip-Hop-Szene oder mit Management- und Verhandlungsstilen zu beschäftigen wie mit der »hohen« Literatur. Damit waren die alten Geisteswissenschaften im Gewande der neuen Kulturwissenschaften endgültig ihres sakralen Kerns beraubt. Diese Profanisierung der kultur- bzw. geisteswissenschaftlichen Praxis hatte zugleich den Verlust ihrer besonderen gesellschaftlichen Wertschätzung zur Folge. Von der elitären Position der wissenschaftlichen Untersuchung gleichsam »heiliger« Texte und dem damit verbundenen Priesteramt sind sie auf den Boden einer Gebrauchsdisziplin herabgeholt worden, die Fertigkeiten für vergleichsweise banale Tätigkeiten vermittelt.

Einmal auf dieses Gleis gesetzt, gibt es kein Halten mehr. Der Versozialwissenschaftlichung und der Banalisierung ist längst die »Vernaturwissenschaftlichung« gefolgt. Die Linguistik hat hier den Anfang gemacht, indem sie sich zunehmend naturwissenschaftlicher Methodik bediente. Der Endpunkt dieser Entwicklung ist die explosionsartige Ausbreitung der Neurolinguistik. Dabei geht es immer auch um die Instrumentalisierung für praktische Zwecke und die ökonomische Verwertung zur Erzielung von Renditen. Schließlich können die neurolinguistischen Erkenntnisse mit Erfolg in der Sprachheilpraxis eingesetzt werden. Es geht hier nicht mehr um Hermeneutik als Textauslegung in der Tradition Diltheys, sondern um die instrumentelle Perfektionierung des Menschen im Interesse der möglichst breiten Ausschöpfung des Humankapitals einer Gesellschaft. Mit den neuen Ergebnissen der Neurowissenschaften hofft man etwa die Gehirnströme kriegslüsterner Diktatoren genauso kontrollieren zu können wie jene gewalttätiger Jugendlicher beim Konsum brutaler Filme. Den »vernaturwissenschaftlichten« Kulturwissenschaften kann dann endgültig niemand mehr den Vorwurf machen, es mangele ihnen an praktischer Nützlichkeit und ökonomischer Verwertbarkeit. Damit hat aber das alte Paradigma der Geisteswissenschaften endgültig abgedankt. Es kommt jetzt tatsächlich nicht mehr darauf an, die Welt nur zu verstehen und zu interpretieren – was Karl Marx in seiner 11. Feuerbachthese den Philosophen des Idealismus vorgehalten hat –, sondern sie durch gezielte chirurgische Eingriffe zu verändern (Ulrich 2007).

Schließlich ist es den neuen Kulturwissenschaften gelungen, in zunehmendem Maße an den Fördertöpfen der DFG zu partizipieren und durch die Volkswagenstiftung sowie die Fritz-Thyssen-Stiftung ihr Forschungspotenzial massiv auszubauen. Von 1972 bis 2006 ist das Jahresfördervolumen der DFG für die Geistes- und Sozialwissenschaften von 39 auf 200 Millionen Euro gestiegen, für die Ingenieurwissenschaften allerdings von 46 auf 308 Millionen (Statistisches Bundesamt 1974: 112; 2007: 159). Der Anteil der geistes- und sozialwissenschaftlichen Fächer liegt heute bei etwa 15 Prozent der Fördermittel. Auch die Exzellenzinitiative hat für die Geisteswissenschaften zusammen mit den Sozialwissenschaften einen Anteil von annähernd 17,5 Prozent der Fördermittel erbracht, d. h. an die 350 Millionen der zwei Milliarden Euro. Von einer Verdrängung der Geisteswissenschaften kann also auch in der Forschungsförderung nicht die Rede sein.

Der Expansionskurs der Geistes- bzw. Kulturwissenschaften hat allerdings seinen Preis: Die Professoren müssen sich an die naturwissenschaftlich geprägten Förderformate anpassen, wenn üppige Summen fließen sollen. Also bewerben auch sie sich nun vermehrt um interdisziplinäre Forschungszentren, Sonderforschungsbereiche, Forschergruppen und Graduiertenkollegs, um dadurch der Hochschulleitung und sich selbst möglichst hohe Fördersummen zu bescheren und im Förder-Ranking der DFG deutlich nach oben zu klettern. Die Graduiertenschulen (sie werden jährlich mit einer Million Euro gefördert), Exzellenzcluster (6,5 Millionen/Jahr) und schließlich auch noch die so genannten »Zukunftskonzepte« (21 Millionen/Jahr) der Exzellenzinitiative haben der geisteswissenschaftlichen Großforschung eine neue Dimension hinzugefügt. Auf einen Schlag können etwa 4000 neue Stellen – ganz überwiegend von Doktoranden und Projektmitarbeitern – besetzt werden. Die Tendenz zur praktischen Anwendbarkeit und zur Zusammenarbeit mit praxisnahen Organisationen, etwa der Entwicklungshilfe, ist dabei unverkennbar.

Das neue Regime: Kulturwissenschaften als industrielle Großproduktion

Geisteswissenschaftliche Forschung in solchen Formaten hat nichts mehr mit traditionellem Gelehrtentum oder der peniblen philologischen Arbeit an langjährigen Editionsprojekten zu tun. Auf dem Wege der Expansion unterwirft sie sich den Gesetzmäßigkeiten des verselbständigten Forschungsmanagements. Es muss kooperiert werden, auch dann, wenn damit lediglich höherer Zeit- und Koordinationsaufwand, aber kein Erkenntnisgewinn verbunden ist. Im interdisziplinären Verbund geht leicht das Maß für klar geschnittene Fragestellungen, Forschungsprogramme und Methoden verloren. Gelehrte werden zu Managern, die hauptsächlich damit beschäftigt sind, für die Anschlussbeschäftigung ihrer Mitarbeiter zu sorgen. Diese Manager bearbeiten mit ihren Forschungssklaven flächendeckend breit ausgewalzte Programme. Doktoranden arbeiten in großen Promotionsfabriken, Projektmitarbeiter in Großforschungszentren unter dem Diktat eines mühsam koordinierten Programms Detailprobleme ab, mit denen sie sich nur als Sachbearbeiter, aber nicht als zukünftige Gelehrte qualifizieren können. Bei einem Verhältnis von 68 Prozent Mitarbeiterstellen zu 32 Prozent Professorenstellen in diesen Disziplinen ist an einen Aufstieg aus den Projektstellen heraus kaum zu denken. So erzeugt diese Großforschung ihren eigenen erweiterten Personalbedarf, weil niemand mehr ein wissenschaftliches Teilgebiet vollkommen überblickt, geschweige denn beherrscht.

Der Ausbau der kulturwissenschaftlichen Großforschungszentren wird mit großzügiger Finanzierung durch die DFG von einer enormen Vermehrung von Stellen für Projektmanagement, Koordination und Public Relations begleitet: »Jetzt aber [...] braucht man [...] neuartige, hauptamtliche Kommunikatoren für die Exzellenzcluster und ihre zentrale Steuerung – eine Art ungekannten, akademisch gebildeten Organisationsmittelbau.« (Schloemann 2007) Statt in kreative Köpfe wird in wachsendem Maße in Managementtätigkeiten investiert. Die zwangsläufige Folge ist die Verringerung des Innovationspotenzials. Dabei wäre auch in diesem Bereich die möglichst breit gestreute Förderung vieler kreativer Forscher die bei weitem aussichtsreichere Strategie.

Die beschriebenen Entwicklungen werden zwar gern mit dem funktionalen Argument begründet, zur Bearbeitung komplexer Probleme sei eben auch in diesen Disziplinen Verbundforschung erforderlich, einen Nachweis für diese angebliche Notwendigkeit gibt es allerdings nicht. Dagegen spricht bereits, dass in den geistes- und sozialwissenschaftlichen Disziplinen, für die vom Centrum für Hochschulentwicklung (CHE) in Gütersloh Daten gesammelt wurden (für Anglistik/Amerikanistik, Geschichte, Erziehungswissenschaft, Soziologie, Betriebswirtschaftslehre und Volkswirtschaftslehre; Berghoff et al. 2005a, 2005b, 2006; Münch 2007: 433-439), kein signifikant positiver Zusammenhang zwischen dem Drittmittelinput und dem Publikationsoutput pro eingesetztem Personal zu erkennen ist. Auch der Ausbau von Großforschungszentren ist deshalb besser durch die oben skizzierten Mechanismen der verselbständigten zirkulären Akkumulation von monetärem und symbolischem Kapital als durch deren Produktivität und Kreativität zu erklären. Das Verfügen über monetäres Kapital, etwa in Gestalt eines Sonderforschungsbereichs, gilt dabei per se schon als Qualitätsausweis und somit als symbolisches Kapital, das wieder in die Akkumulation von monetärem Kapital investiert werden kann. Das ist kulturwissenschaftlicher Kapitalismus.

Die im Rahmen der Exzellenzinitiative eingerichteten Exzellenzcluster treiben diese Entwicklung auf die Spitze. Sie bringen auch unmissverständlich zum Ausdruck, was man tun muss, um unter dem Regime des kulturwissenschaftlichen Kapitalismus den Titel »Exzellenz« oder »Elite« zu erringen: Es geht darum, möglichst viel monetäres und symbolisches Kapital anzuhäufen und einen massiven PR-Aufwand zu betreiben. Ob die Großforschungszentren Kreativität und den offenen, breit gestreuten Diskurs fördern oder nicht, ist (wenn überhaupt relevant) sekundär. Ihr Reichtum ermöglicht es ihnen, viele Gastwissenschaftler einzuladen, die ihnen den Glanz verschaffen, den sie selbst nicht ausstrahlen würden. So werden aus lähmenden Forschungsfabriken internationale Leuchttürme. Mit ihrer Absorptionskraft verschlingen sie all das, was ohne die Kooperations- und Koordinationszwänge solcher Moloche aufblühen und weit mehr Erneuerungspotenzial gewährleisten würde.

Eine weitere Folge dieser Entwicklung ist die systematische Überforschung der Untersuchungsgegenstände, bei der in aller Regel Fragestellungen so breit ausgewalzt werden, dass die Stagnation der Erkenntnis schon in das Format selbst eingebaut ist. Die Analogie zur Übernutzung einer Gemeinweide durch zu große Rinderherden ist kaum übersehbar. Am Ende ist die Weide abgegrast, und es bleibt nichts mehr für die weitere Beweidung bzw. Forschung übrig. Angesichts dessen, was schon alles zu den »kulturellen Grundlagen gesellschaftlicher Integration« oder den »normativen Grundlagen sozialer Ordnung« erforscht worden ist, ist nicht abzusehen, welche revolutionären Erkenntnisse die entsprechenden, mit 6,5 Millionen Euro pro Jahr geförderten Exzellenzcluster hervorbringen könnten. Solche Leistungen werden immer von einzelnen Personen erbracht, man kann sie nicht mittels

Großinvestitionen erzwingen, schließlich ist es dem Zufall überlassen, wo dieser Durchbruch erfolgt. Die Manager der Großforschungsunternehmen werden durch ihre bürokratischen Pflichten jedenfalls eher an der Produktion spektakulärer Erkenntnisse gehindert.

Während man im Rahmen naturwissenschaftlicher Großprojekte darauf eingestellt ist, dass viel Geld investiert werden muss, um kleine Fortschritte zu erzielen, wird man sich bei den neuen Kulturwissenschaften daran erst noch gewöhnen müssen. Dies gilt insbesondere, da es in diesen Disziplinen überhaupt keinen Erkenntnisfortschritt im Sinne der Naturwissenschaften gibt. Der ganze Aufwand führt lediglich zu mehr, keinesfalls zu besserem Wissen, und dadurch stellt sich unweigerlich das Gefühl der Übersättigung ein. Die Publikationen geistes- und sozialwissenschaftlicher Sonderforschungsbereiche sprechen davon buchstäblich Bände. Sie sind ein Vorgeschmack auf das, was die neuen Exzellenzcluster in noch größerem Umfang hervorbringen werden: Fließbandforschung mit kaum erkennbarem Neuigkeitswert. Schließlich gibt es in den Geistes- und Kulturwissenschaften keine positiven Skaleneffekte, wie man sie von der industriellen Massenproduktion kennt. Sie sind stattdessen darauf angewiesen, dass an vielen Standorten selbständig geforscht wird, um sich in einem breiten Diskurs erneuern zu können.

Erkenntnisse, die dem Niveau eines traditionellen geisteswissenschaftlichen Werkes entsprechen, sind von dieser industriellen Forschung nicht zu erwarten. Es dominieren stattdessen der Forschungsbericht, die standardisierte Abarbeitung der Programme in Dissertationen und der Sammelband. Besonders erfolgreich in der Einwerbung von Drittmitteln sind solche Großforschungsprogramme, wenn sie sich mit der boomenden Neurowissenschaft zusammentun.

Von einem Exzellenzcluster »Languages and Emotions« lernen wir dann vielleicht, welche Gehirnzellen bei Schießereien und welche bei zärtlichen Liebesszenen auf der Leinwand oder auf dem Fernsehschirm bei den Probanden aktiviert werden. Der praktische Nutzen besteht dabei darin, dass wir immer genauer wissen, wie das gesellschaftliche Zusammenleben durch medikamentöse Behandlung der potenziell gefährlichen Menschen »gesteuert« werden kann.

Das Jahr der Geisteswissenschaften:
Der König ist tot, es lebe der König!

Nein, die Geisteswissenschaften sind nicht von Naturwissenschaft, Technik und Wirtschaft verdrängt worden. Sie sind vielmehr Opfer ihres eigenen Erfolges geworden. Sie haben sich in einem Ausmaß ausgebreitet, dass sogar über einen Mangel an Ingenieuren und Naturwissenschaftlern geklagt wird, während die Zahl der Studierenden und Absolventen der Kultur- und Geisteswissenschaften von Jahr zu Jahr neue Rekorde erreicht. Dasselbe gilt für die Beschäftigung ihrer Absolventen auf dem expandierenden Arbeitsmarkt der Kulturwirtschaft. In diesem Sinne sind diese Disziplinen ein florierendes »Unternehmen« im wahrsten Sinne des Wortes geworden. Diese Expansion war nur auf dem Weg der Abkehr von der sozialen und kognitiven Schließung und der sozialen und kognitiven Entgrenzung sowie des beschriebenen Identitätswandels von »Geistes-« zu »Kulturwissenschaften« möglich. Unter dem Regime des akademischen Kapitalismus ist die Akkumulation von Forschungskapital in Großprojekten zum Selbstzweck und zur maßgeblichen Legitimationsgrundlage der Kulturwissenschaften geworden.

Die alte philologische Orthodoxie führt nur noch ein Nischendasein. Dass sich nicht alle Geisteswissenschaftler dieser neuen Doxa beugen wollen, führt zu dem merkwürdigen Phänomen, dass der Wissenschaftsrat und die DFG unter Schlagworten wie »freie Zeit« und »Opus magnum« von entsprechenden Kommissionen Förderrichtlinien für eine am alten Gelehrtenmodell orientierte Wissenschaft erarbeiten lassen, während sie im Rahmen der Exzellenzinitiative das neue Modell der kulturwissenschaftlichen Großforschung massiv vorantreiben.

Beim aktuellen Stand der Dinge muss man davon ausgehen, dass es der alten Orthodoxie nicht gelingen wird, ihre Nische noch einmal zu verlassen. Ihr fehlen schlichtweg die Grundlagen (d. h. die ehemalige soziale und kognitive Schließung), um aus einer marginalisierten Position heraus das neue Paradigma anzugreifen. So gesehen, haben wir im Jahr 2007 eine Wissenschaft gefeiert, die es fast gar nicht mehr gibt. In der modernen Mediengesellschaft ist alles möglich: Man kann Dinge feiern, die längst verschwunden sind. Das Event wird zum Selbstzweck. Und an geisteswissenschaftlichem Eventmarketing herrschte in diesem Jubeljahr wahrlich kein Mangel. Dabei könnte man das Jahr der Geisteswissenschaften auch als »Begräbnis erster Klasse« bezeichnen. Einen Leichnam, der seine Existenz einmal der Sakralisierung durch die Distanz zu allem Kommerziellen verdankte, erweckt man nicht zum Leben, indem man ihn auf dem Marktplatz ausstellt. Aus der Sicht der Modernisierer heißt es aber: »Der König ist tot, es lebe der König!«

8. Verdrängungseffekte, Konzentrationsprozesse und die Schließung der Wissensevolution

Die Abkehr von der öffentlichen Finanzierung der Universitäten und der Trend zur Einwerbung öffentlicher und privater Drittmitteln wurde seit den achtziger Jahren forciert und hat inzwischen globale Verbreitung gefunden. Sie ist ein Aspekt der von Ronald Reagan in den USA und von Margaret Thatcher in Großbritannien vorangetriebenen neoliberalen Revolution. Dieser ging ein Paradigmenwechsel im Denken über die richtigen Instrumente der Gesellschaftsgestaltung voraus. Ausgangspunkt war der wirtschaftspolitische Sieg des Monetarismus über den Keynesianismus, der Angebotspolitik über die Nachfragepolitik, mit dem die Ökonomen der Chicagoer Schule eine hegemoniale Stellung im wirtschaftspolitischen Diskurs eingenommen haben. Die neue Lehre erwartete von der Schaffung und Erhaltung von Märkten eine effizientere Lösung wirtschaftlicher Probleme (Wachstum, Vollbeschäftigung, Preisstabilität, außenwirtschaftliches Gleichgewicht) als von der ökonomischen Steuerung durch weitreichende staatliche Eingriffe. Die Misserfolge der Keynesianischen Nachfragepolitik in den siebziger Jahren und auch die erst mit Verzögerung wiederbelebte Wirtschaftsdynamik in den USA und in Großbritannien schienen der neuen Lehre Recht zu geben. Das neue Denken blieb jedoch nicht auf die Wirtschaftspolitik im engeren Sinn beschränkt, es hat vielmehr nach und nach die Arbeitsmarkt- und Sozialpolitik und schließlich alle Politikfelder erfasst.

Die Schaffung von Märkten ist zu einem Mantra geworden. Weltweit haben Regierungen Staatsbetriebe privatisiert, öffentliche Dienstleistungen an private Unternehmen übertragen, Behörden in Dienstleistungsunternehmen umgewandelt und berufsständische Privilegien beseitigt. Während man in der Tradition des alten »Polizeystaates« gut zwei Jahrhunderte lang glaubte, für eine Vielzahl »öffentlicher« Aufgaben Beamte mit einer Verpflichtung auf den Staat und das Gemeinwohl zu benötigen, ist es unter der Herrschaft des neuen ökonomischen Denkens zu einer Selbstverständlichkeit geworden, dass jedwede Art von Leistung am besten von kommerziellen Anbietern auf einem dafür geschaffenen Markt erbracht wird. Es ist kaum noch eine staatliche Tätigkeit denkbar, die aus dieser Sicht nicht an private Dienstleistung überantwortet werden könnte. Auf diesem Weg ist z. B. in den USA das Betreiben von Gefängnissen zu einem profitablen Geschäft geworden. Konsequent zu Ende gedacht, könnte man den Staat ganz abschaffen und alles dem Markt überlassen. Nach der neuen ökonomischen Lehre würden sich spontan für alles, was die Bürger nachfragen, Agenturen bilden, die sich auf die entsprechenden Angebote spezialisieren. Im Bezugsrahmen dieses Denkens war es nur konsequent, die Grundausstattung von Universitäten zurückzufahren und den Anteil ihrer Finanzierung durch die Einwerbung von Drittmitteln zu erhöhen (Slaughter und Leslie 1997: 76-101). In den USA hat das folgende Konsequenzen gehabt (Slaughter und Leslie 1997: 208-245):

– Innerhalb der Gruppe der Privatuniversitäten hat sich die finanzielle Ausstattung auf die vorher schon kapitalkräftigsten Hochschulen konzentriert, sodass die ärmeren an den Rand gedrängt wurden und zunehmend in ihrem Überleben gefährdet sind.

– Vordem hochrangige staatliche Universitäten wie z. B. die University of California in Berkeley werden ökonomisch von den reichen Privatuniversitäten abgehängt. In einer wahren Materialschlacht bieten diese ein immer luxuriöseres akademisches Leben (teure Wissenschaftsstars und Forschungszentren, attraktive Freizeiteinrichtungen, paradiesische Betreuungsrelationen), mit dem die vom Staat auf Diät gesetzten öffentlichen Hochschulen nicht mehr mithalten können. In einem spiralförmigen Prozess können die reichen Privatuniversitäten ihre symbolischen Werte zu immer höheren Preisen (Studiengebühren) verkaufen, während die Einkommen, die die staatliche Konkurrenz aus Studiengebühren generiert, nicht länger wettbewerbsfähig sind. Das schlägt sich in ihrer gnadenlosen Herabstufung im Ranking von *U. S. News & World Report* nieder, das ganz darauf ausgerichtet ist, Reichtum und akademischen Luxus mit hohen Punktwerten zu honorieren.

– Das Hochschulmanagement, die Leitungen von Colleges, Schools und Departments sowie einzelne Professoren wandten sich zunehmend der Einwerbung von Forschungsmitteln zu, während das Engagement in der Lehre deutlich nachgelassen hat. Von allen wird unternehmerisches Handeln erwartet. Interdisziplinäre Forschungszentren, für die man umfangreiche Drittmittel einwerben kann, beherrschen das Geschehen. Die Konzentration der Professoren auf die Forschung wurde durch eine enorm gewachsene Zahl von Teilzeitlehrkräften kompensiert. Dazu kommt noch, dass die interdisziplinäre Forschungsorganisation eine Vernachlässigung der Ausbildung in den disziplinären Grundlagen zur Folge hat. Dementsprechend gelingt es nicht mehr in ausreichendem Maße, geeigneten wissenschaftlichen Nachwuchs auszubilden. Dieser muss nun im Ausland rekrutiert werden. Man könnte sagen, dass der akademische Kapitalismus in den USA genau wie die US-Wirtschaft in einem außerordentlich

181

großen Umfang von fremdem, in anderen Ländern generiertem Kapital lebt.

– Die besonders aktiven Forscher können sich von ihrer Lehrverpflichtung freikaufen, die auf die weniger aktiven Wissenschaftler, insbesondere aber auf Teilzeitlehrkräfte abgewälzt wird. Hat man von der Universität lange Zeit die Integration von Forschung und Lehre als sinnvoll für die Heranführung des wissenschaftlichen Nachwuchses an die Forschungsfront erwartet, ist dieses Prinzip jetzt vergessen, und man rechtfertigt die stärkere Trennung von Forschung und Lehre mit einer angeblich funktional notwendigen Arbeitsteilung, wofür es aber keine Beweise gibt. Infolgedessen handelt es sich dabei eher um ein Instrument der nachträglichen Legitimation einer Machtverschiebung zugunsten der besonders erfolgreichen Forscher und Forschungsmanager, die sich damit ruhigen Gewissens lästiger Pflichten entledigen können.

– Innerhalb der Universitäten haben drittmittelstarke Disziplinen diejenigen Fächer an den Rand gedrängt, in denen sich solche Sponsorengelder weniger leicht akquirieren lassen. Die Humanities und Social Sciences werden von den Natural Sciences, Life Sciences und vom Engineering abgehängt. Innerhalb der Naturwissenschaften dominiert die in interdisziplinären Forschungszentren organisierte angewandte Forschung über die Grundlagenforschung sowie über die klassischen Disziplinen und ihre Teilgebiete. Nanoscience bringt eben mehr Geld als Experimentalphysik, ganz zu schweigen von der theoretischen Physik. Damit einher geht die Behauptung, beide Bereiche würden sich ohnehin nicht länger klar trennen lassen und in der angewandten Forschung würden stets auch Grundlagenfragen bearbeitet.

– Auch innerhalb der Geistes- und Sozialwissenschaften dominieren die eher drittmittelaffinen Disziplinen. So verdrängt z. B. die Neuropsychologie die anderen Teilgebiete der Psychologie, die Neurolinguistik die philosophisch ausgerichtete Sprachwissenschaft, die Gehirnforschung die philosophische Erkenntnistheorie. In den Sozialwissenschaften dominieren große, langfristig angelegte Panelstudien oder die Politikberatung.

Die wesentliche Folge dieser Verdrängungs- und Konzentrationsprozesse ist die Herausbildung einer zementierten Rangordnung der Universitäten, der Fachbereiche, der Disziplinen und der Forschungsprogramme und damit eine erhebliche Einschränkung des Wettbewerbs. Wie Val Burris (2004) in einer Studie zum Ranking der amerikanischen Departments für Soziologie, Politikwissenschaft und Geschichte nachgewiesen hat, ist die Prämierung der Überinvestition von Forschungsmitteln an der Spitze der Statushierarchie jenseits der optimalen Größe mit stark sinkendem Grenznutzen eine Begleiterscheinung dieser Konzentrations- und Verdrängungsprozesse. Er hat herausgefunden, dass die Produktivität im Sinne von Publikationen, Zitationen und Drittmitteln pro Wissenschaftler im Vergleich zum sozialen Kapital (oder alternativ: der Größe) einen wesentlich geringeren Teil der Varianz in der Reputation eines Fachbereichs erklärt. Die Reputation eines Departments wurde anhand der im Abstand von vier bis fünf Jahren vom National Research Council (NRC) durch Befragung der Professoren erhobenen Einschätzung der Forschungsstärke und Qualität gemessen. Das soziale Kapital eines Departments bemisst sich nach dessen Zentralität im Austausch von Promovierten. Je mehr Promovierte ein Top-Department an andere Top-Departments abgibt und je mehr Promovierte es selbst aus den Reihen dieser Departments rekrutiert, umso zentraler ist dessen Stellung in diesem Netzwerk. Burris hat ermittelt, dass sich seit 1925 auf den ersten zehn Plätzen der Rangliste wenig verändert hat. Außerdem hat er herausgefunden, dass die 20 führenden Departments 88 Prozent ihrer Promovierten unter sich selbst austauschen. Die Produktivität eines Departments hat er anhand der 1.) Fachzeitschriftenaufsätze, 2.) Zitationen, 3.) eingeworbenen Drittmittel, 4.) höher gewichteten Publikationen in den sieben renommiertesten Fachzeitschriften und 5.) in *Contemporary Sociology* besprochenen Buchpublikationen gemessen. Das Ergebnis stellte sich so dar, dass die ersten drei Produktivitätsfaktoren 29 Prozent der Varianz in der Reputation erklären, alle fünf zusammen 53. Das soziale Kapital allein bringt es jedoch auf 84 Prozent erklärter Varianz. Fügt man dann die fünf Produktivitätsfaktoren hinzu, erhöht sich die erklärte Varianz lediglich um vier auf 88 Prozent. Ersetzt man das soziale Kapital durch die Größe eines Departments, kommt man genau zu demselben Ergebnis. Eine analog durchgeführte Analyse für die Disziplinen Politikwissenschaft und Geschichte erbrachte dasselbe Resultat.

Burris charakterisiert dieses System als geschlossenes akademisches Kastensystem. Dieses sei dadurch gekennzeichnet, dass die 20 führenden Departments ihre Spitzenkräfte in einem außerordentlichen Maß aus den eigenen Reihen rekrutieren, ohne dass diese Selbstreproduktion durch besondere Produktivität legitimiert wäre. Zur Erklärung dieser Prozesse greift Burris auf zwei schon von Max Weber (1922/1976: 534-539) identifizierte Faktoren zurück: Zum einen bilden die Top-Departments einen mehr oder weniger geschlossenen Kreis, zum anderen pflegen sie einen exklusiven akademischen Lebensstil, der in reich ausgestatteten Forschungszentren zum Ausdruck kommt. Darüber hinaus interpretiert er den Prozess unter Rückgriff auf Pierre Bourdieu (1992; 2004) als Akkumulation von sozialem Kapital. Burris erweiternd, lassen sich drei soziale Mechanismen identifizieren, die zur Konstruktion einer solchen Statushierarchie beitragen, und drei weitere, die deren Reproduktion gewährleisten (Münch 2008).

Mechanismen der Konstruktion von Statushierarchien:

1.) Der *Sichtbarkeits-Effekt*: Die Größe einer Einrichtung sowie die besondere Produktivität einzelner Stars erhöhen die Reputation.
2.) Der *Komplexitätsreduktions-Effekt*: Die Evaluation von Forschungsleistungen durch *peers* konzentriert sich auf eine begrenzte Zahl wesentlicher Leistungen, z. B. das Drittmittelvolumen und/oder Publikationen in besonders renommierten Fachzeitschriften mit hohem *impact*.
3.) Der *Konsekrations-Effekt*: Die einem Department durch Evaluation oder Befragung zugeschriebene Position in der Rangordnung gilt als konsekriert (geweiht) und wirkt als sozial verbindliche Tatsache.

Mechanismen der Reproduktion von Statushierarchien:

1.) Der *Matthäus-Effekt*: Nach dem Evangelisten Matthäus gilt der Satz: »Wer hat, dem wird gegeben.« (Merton 1968a) Nach diesem Prinzip prägen vergangene Erfolge die »Definition der Situation«, d. h. die Wahrnehmung gegenwärtiger Forschungsleistungen. Ihnen ist größere Aufmerksamkeit und eine höhere Bewertung gewiss (Merton 1995). Vergangene Erfolge steigern den Ressourcenzufluss, der sich im Sinne einer *self-fulfilling prophecy* in zukünftige Erfolge umsetzen lässt (Merton 1968b, 1996).

2.) Der *Potlatsch-Effekt:* Nach dem Modell des Potlatsch-Geschenk-Austauschs der nordamerikanischen Kwaki-utl-Indianer feiern die Reichen prunkvolle Feste, die Verschwendung und sogar Zerstörung wertvoller Dinge sowie reiche Geschenke für alle Teilnehmer beinhalten (Mauss 1968). Da die Beschenkten die Geschenke nicht gleichwertig nach der Regel der Reziprozität erwidern können, bleibt ihnen allein Dankbarkeit, Ehrerbietung und Unterwerfung als angemessenes Verhalten. Reiche Departments können diesen Mechanismus durch üppig ausgestattete Forschungszentren und großzügige Einladungen zu Forschungsaufenthalten nutzen. Die Beschenkten danken dies durch Lobpreisung und Zitation der Publikationen des Zentrums.

3.) Der *Schließungs-Effekt*: Nach den von Max Weber (1922/ 1976: 534-539) beschriebenen Mechanismen schließen die führenden Departments sich durch Selbstrekrutierung und einen luxuriösen akademischen Lebensstil ab, der von ärmeren Departments nicht nachgeahmt werden kann. Mit Bourdieu (1992, 2004) kann man annehmen, dass vorhandenes soziales (Netzwerke), ökonomisches (Budget), kulturelles (exklusiver Lebensstil) und symbolisches Kapital (aus sozialem, ökonomischem und kulturellem Kapital resultierende Reputation und Definitionsmacht) in die Akkumulation von weiterem Kapital umgesetzt werden. Dieser Prozess schließt potenzielle Konkurrenten vom Markt aus und erlaubt es den führenden Departments, sich wissenschaftliche Monopolrenten in Form von höherer Aufmerksamkeit, Herausgeber- und Gutachtertätigkeiten zu sichern sowie die

Definitionsmacht auszuüben und die Spielregeln zu bestimmen.

Aus der Studie von Burris und den Überlegungen zur Wirksamkeit der identifizierten Mechanismen der Konstruktion und Reproduktion von Statushierarchien kann man folgern, dass ein akademischer Markt zur Schließung tendiert, wenn man diesen gleichsam natürlichen Tendenzen nicht durch explizite Wettbewerbspolitik entgegenwirkt. Merton (1996) nennt zwei der Schließung entgegenwirkende Mechanismen, die dem System inhärent sind: 1.) Die Dominanz von Stars fördert in einem Department das Epigonentum, was zu Erstarrung führt. 2.) Potente Forscher meiden das entsprechende Department, weil sie sich anderswo bessere Entfaltungsmöglichkeiten versprechen. Darüber hinaus könnte es sinnvoll sein, durch eine gezielte staatliche Wettbewerbspolitik dafür zu sorgen, dass eine ausreichend große Zahl von Departments über eine konkurrenzfähige Grundausstattung verfügt. In einem föderalen System mit einzelstaatlicher Verantwortung für die Hochschulen wie in den USA und in Deutschland ist das eher zu erwarten als in einem zentralisierten System wie in Frankreich oder einem unitarischen wie in Großbritannien. Allerdings hat sowohl in den USA als auch in Deutschland die beschriebene Umstellung der Hochschulfinanzierung diese föderale Gegenkraft entscheidend geschwächt. Der Prozess der Schließung konnte so wesentlich ungehinderter ablaufen als zuvor. In den Vereinigten Staaten ist das an der Verdrängung der staatlichen Universitäten von den vorderen Rängen der Rankings zu beobachten, in Deutschland an der Tatsache, dass die besser ausgestatteten süddeutschen Traditionsuniversitäten in die Lage versetzt wurden, sich durch die für sie leichtere Drittmittelakkumulation in absoluten Zahlen an der Spitze des Förder-Rankings der DFG (2003, 2006a) festzusetzen und diesen Vorsprung auch in entsprechende Gewinne bei der 2006/2007 durchgeführten Exzellenzinitiative umzusetzen (Münch 2007: 63-65). Sechs der neun aufgrund ihrer »Zukunftskonzepte« besonders geförderten und von den Massenmedien zur neuen »Elite« gekürten Hochschulen liegen in Baden-Württemberg oder in Bayern. Den drei im Norden und Osten beheimateten Universitäten ist es überwiegend aus Gründen der Vermeidung einer kompletten regionalen Schieflage gelungen, in die »Gruppe der Neun« (G9) aufgenommen zu werden. An den übrigen Fördermitteln der Exzellenzinitiative (Exzellenzcluster und Graduiertenschulen) partizipierten zwar weitere 28 Hochschulen, aber auch bei diesen Förderlinien sind Konzentrationsprozesse unverkennbar. Dazu hat maßgeblich die Überlagerung des föderalen Pluralismus durch die zentrale Allokation von Forschungsmitteln auf Standorte beigetragen.

Im Zentrum dieses Akkumulationsprozesses steht die DFG, die mehr als eine Milliarde Euro Fördermittel pro Jahr verteilt (DFG 2006a: 25, Tabelle 2-7). Flankiert wird die zentrale Forschungsförderung durch die Empfehlungen des Wissenschaftsrates. Schließlich spielte bei der beschriebenen Entwicklung auch der Umstand eine entscheidende Rolle, dass die Mittel aus der Forschungsförderung des Bundes neben dem Ausbau der außeruniversitären Forschungseinrichtungen der Max-Planck-Gesellschaft, der Leibniz-Gemeinschaft, der Helmholtz-Gemeinschaft und der Fraunhofer-Gesellschaft auf die Universitäten auf dem Wege der zentralen DFG-Förderung verteilt werden mussten. Diese Faktoren haben zusammen zu einer Marginalisierung der weniger gut ausgestatteten Universitäten in Nordwest- und Ostdeutschland geführt, darunter vor allem der Neugründungen der siebziger Jahre sowie der in den Neunzigern restrukturierten ostdeutschen Hochschulen.

Die Besonderheit dieses massiven Konzentrationsprozesses besteht indessen darin, dass er nicht durch eine höhere Produktivität der siegreichen Universitäten bzw. Fachbereiche bestätigt wird, sondern sich im Gegenteil eine große Diskrepanz zwischen dem konzentrierten Input an Drittmitteln und dem Output an Publikationen zeigt (Münch 2007: 268-296). Von den politisch Verantwortlichen wird diese Diskrepanz mit dem Hinweis kommentiert, dass es nicht darauf ankomme, reale Unterschiede der Forschungsproduktivität zu prämieren, sondern für die Zukunft eine Reihe von international renommierten Forschungszentren (»Leuchttürme«) zu schaffen, die eine Chance haben, allein aufgrund ihrer schieren Größe im Shanghai-Ranking der 500 sichtbarsten Universitäten der Welt vorne mitzuspielen (SJTU 2004). Man sieht an diesem Argument erneut, dass im globalen Wettbewerb Konzentrationsprozesse per se zur erfolgreichen Strategie werden, unabhängig davon, welche reale Steigerung von Forschungsleistungen mit ihnen verbunden ist. Es kommt allein darauf an, Universitäten als Unternehmen in die Lage zu versetzen, an der spiralförmigen Steigerung von monetärem und symbolischem Kapital zu partizipieren. Der reale Erkenntnisfortschritt eines ganzen Landes muss hinter der symbolischen Platzierung von neun Universitätsunternehmen auf den vorderen Rängen eines imaginären Rankings zurückstehen, das offensichtlich allein die Situation definiert.

Die Folge dieser globalen Transformation des akademischen Feldes ist die Verringerung der Vielfalt des Wissens, die Einschränkung des Wettbewerbs und die Verengung des

Korridors der Wissensevolution. Damit einher geht die Absenkung der wissenschaftlichen Produktivität, weil Forschungsmittel weit über die Grenzen des optimalen Umfangs hinaus auf Großstandorte konzentriert und so massiv dem Gesetz des sinkenden Grenznutzens unterworfen werden. In der Tat lässt sich das in Deutschland genauso beobachten, wie es Burris (2004) für die Soziologie, Politik- und Geschichtswissenschaft in den USA gezeigt hat. Hierzulande dürfte sich dieser Effekt vor allem dadurch besonders bemerkbar machen, dass die Mittel vorwiegend in weitere Mitarbeiterstellen investiert werden, wodurch die Entstehung oligarchischer Strukturen befördert wird. Dazu kommt noch die Konzentration von Ressourcen auf große interdisziplinäre Forschungsverbünde. Beide Entwicklungen engen den Spielraum für Innovationen ein und tragen den Keim geringer Produktivität mangels Unabhängigkeit und Flexibilität der Mitarbeiter in sich.

Deutschland hat zweihundert Jahre lang eine internationale Spitzenposition in der Wissenschaft eingenommen, ohne über herausgehobene Eliteuniversitäten zu verfügen. Wenn in Deutschland nun doch solche Universitäten im Antragsverfahren geschaffen wurden, dann ist das ganz offensichtlich weder mit dem Argument der Steigerung des Erkenntniszuwachses im Land noch mit der besseren symbolischen Positionierung der potentesten Forscher im internationalen Feld der Wissenschaft zu begründen. Dass dies trotzdem geschieht, kann am besten dadurch erklärt werden, dass sich unter dem Regime des ökonomischen Paradigmas und dessen Umsetzung in Managementwissen ein Denken durchgesetzt hat, das Wissenschaft nicht mehr als einen von Forschern gestalteten Prozess um seiner selbst willen begreift, sondern als eine Ressource, die sich von unternehmerischen Universitäten nutzen lässt, um monetäres und symbolisches Kapital zu akkumulieren. Demnach geht es bei der Exzellenzinitiative nicht um die Förderung der Wissenschaft, sondern um die Schaffung einer Branche, mit der man glaubt, im internationalen Geschäft Profite machen zu können. Mit der Exzellenzinitiative steigt also auch Deutschland in den internationalen akademischen Kapitalismus ein.

Eliteuniversitäten werden geschaffen, um einem unter dem globalen Regime des Managementwissens herrschenden Modell der unternehmerischen Universität zu entsprechen und so vor dieser globalen Instanz Legitimität zu gewinnen. Die maßgeblichen Akteure – Ministerien, Wissenschaftsrat, Deutsche Forschungsgemeinschaft – müssen so denken, um im globalen Kontext als legitime, rational handelnde Akteure zu gelten. Die Präsidenten der zu Eliteinstitutionen gekürten Universitäten müssen ihre neue Rolle spielen und eine Marke kreieren, die sich profitabel vermarkten und in die Akkumulation von Kapital umsetzen lässt.

Die entsprechenden Fördergelder haben die Gewinner in der Tat in die Lage versetzt, in das »unternehmerische« Geschäft der Abwerbung von Spitzenwissenschaftlern einzusteigen und ihre Konkurrenten auf diese Weise in die Knie zu zwingen. Besonderer Druck ist dadurch entstanden, dass innerhalb kürzester Zeit 4000 neue Stellen mit »exzellenten« Köpfen besetzt werden sollen. Dabei handelt es sich um ein von vornherein zum Scheitern verurteiltes Unterfangen, weil es so viele frei verfügbare Spitzenforscher überhaupt nicht gibt. Das Vorbild der neuen akademischen Personalpolitik sind die reichen Fußballvereine, die ihren Konkurrenten die besten Spieler abkaufen, bevor diese ihre Spitzenposition gefährden. Konnte bislang jede Universität attraktive Angebote machen, bleibt dies in Zukunft nur noch wenigen reichen

Universitäten und Fachbereichen überlassen. In Großbritannien ist es im Zuge der regelmäßigen Durchführung des Research Assessment Exercise (RAE) zur Praxis geworden, dass die reicheren Universitäten kurz vor dem Begutachtungstermin die produktivsten Forscher der ärmeren Hochschulen abwerben. Im Lauf der Zeit ist dadurch das aktive Forschungspersonal an den reicheren und höher bewerteten Universitäten gewachsen, während es an den übrigen geschrumpft ist (Leište, de Boer und Enders 2006). Von Chancengleichheit kann hier nicht mehr die Rede sein. Was als »Wettbewerb« inszeniert wird, erweist sich im Gegenteil als systematische Schließung des Marktes. Wie im Fußball lassen sich Tabellenstände anhand der verfügbaren Budgets nahezu exakt voraussagen. Die entsprechend gesunkene Spannung muss deshalb durch Entertainment aller Art kompensiert werden, um die Zuschauer bei der Stange zu halten. Auf diesen Zustand bewegt sich ein von der Kapitalakkumulation beherrschtes Universitätssystem zu. Dazu gehört auch der Verlust an guten akademischen Sitten und der Bruch bisheriger Vereinbarungen. Finanzielle Vorteile werden rigoros ausgenutzt. Die alte Vereinbarung unter den Wissenschaftsministern der Länder, dass neu berufene Professoren zunächst einmal für drei Jahre gesperrt sind, bevor sie erneut berufen werden können, wird zur Makulatur. Es entwickelt sich ein Kampf aller gegen alle – unter ungleichen Bedingungen allerdings. Die Fairness bleibt dabei auf der Strecke. Es kann nicht ausbleiben, dass ein so unerbittlicher Kampf auch betrügerisches Verhalten hervorbringt, wie wir es von der Ausbreitung des Dopings im kommerzialisierten Sport und der Korruption in der globalisierten Wirtschaft kennen (Weingart 2005: 132-147).

Allerdings bedeutet die Nachahmung der US-Privatuniversitäten keineswegs eine deckungsgleiche Übernahme des amerikanischen Modells. In weiten Teilen handelt es sich lediglich um das Aufsetzen einer neuen Formalstruktur, unterhalb derer die alte Praxis weitergeführt wird (Meyer und Rowan 1977). So ist z. B. von der LMU München der Begriff des Departments übernommen worden. Hinter dieser Fassade verbergen sich jedoch die alten oligarchischen und patriarchalischen Lehrstuhl- und Institutsstrukturen, die es in den USA nicht gibt. Mit den Exzellenzgeldern werden ganz überwiegend Projektstellen für Mitarbeiter von Professoren finanziert, eine Personalkategorie, die an den amerikanischen Forschungsuniversitäten nicht vorgesehen ist. Während an den deutschen Universitäten das Verhältnis von Mitarbeitern und Professoren bei fünf zu eins liegt, besteht das Personal der amerikanischen Universitäten zu gut drei Vierteln aus Professoren und zu knapp einem Viertel aus Postdoktoranden und Teilzeitbeschäftigten, z. B. so genannten »Instructors« (DFG 2006a: 18; National Science Foundation 2004: Kap. 5, 23-24). Die neu eingerichteten Graduiertenschulen promovieren also en masse Nachwuchswissenschaftler, für die es überhaupt keinen akademischen Karriereweg zur Professur gibt.

Die oligarchischen Strukturen festigen auch das Patriarchat in der Wissenschaft. Es herrscht der männliche Habitus, der Weg zur Professur ist absolut nicht berechenbar. Wer Alternativen hat und sich nicht auf ein solches nahezu aussichtsloses Spiel einlassen will, steigt aus. Das tun Frauen mit guten Gründen häufiger als Männer. Dementsprechend befindet sich Deutschland, was den Anteil von Frauen an Professorenstellen anbelangt, im internationalen Vergleich zusammen mit der Schweiz, den Niederlanden und Österreich in der Schlussgruppe. Der Anteil der Frauen an den Vollprofessuren lag in Deutschland 1998 bei sechs, in den USA jedoch bei 14 Prozent, bei den assoziierten Professuren war das Verhältnis elf zu 30 Prozent (DFG 2006b).

In Deutschland ist es der alten Elite der Lehrstuhlinhaber und der Direktoren der außeruniversitären Forschungseinrichtungen im Machtzentrum des Wissenschaftsrats und der Deutschen Forschungsgemeinschaft in Zusammenarbeit mit dem Bundesministerium für Bildung und Forschung gelungen, NPM so umzusetzen, dass dadurch die oligarchischen und patriarchalischen Strukturen des Systems noch verschärft und die Forschungsmittel auf eine Kerngruppe von Traditionsuniversitäten konzentriert wurden. So konnte der Graben zwischen der außer- sowie inneruniversitären Forschung und der Lehre weiter wachsen. Der Effekt war die zunehmende Beherrschung des Forschungsbetriebs durch Kartell-, Monopol- und Oligarchiestrukturen und die mangelnde Anbindung der Lehre an die Forschung. Infolgedessen leidet das System unter Erstarrung. Der wissenschaftliche Nachwuchs gelangt zum weitaus größten Teil überhaupt nicht in Professorenstellen. Diejenigen, die es schaffen, müssen 40 und noch mehr Jahre alt werden. In einem so starren System, in dem sich ein Sechstel des Personals eine Monopolstellung und damit eine entsprechende Rente (größere Beachtung, Ausbeutung von Mitarbeitern) gesichert hat, kann es nur eine sehr langsame Erneuerung des Wissens geben. Das System leidet in der Forschung unter Altersstarre, während es gleichzeitig die Lehre systematisch von der Forschung abgekoppelt und durch Personalverknappung untergraben hat.

Die neuen Strategien, mit denen die Wettbewerbsposition der deutschen Wissenschaft gesteigert werden soll, ändern nichts an diesen nachwuchs- und frauenfeindlichen Strukturen, die überdies die Evolution neuen Wissens behindern. Drei Strategien stehen dabei im Vordergrund: 1.) Die Exzellenzinitiative vertieft den Graben zwischen Forschung und Lehre in doppelter Hinsicht. Einerseits setzen sich »Forschungsuniversitäten« von Lehrhochschulen ab, andererseits werden Großforschungszentren in den neuen Forschungsuniversitäten vom Massenbetrieb der Lehre abgekoppelt, indem sich die beteiligten Professoren aus der Lehre herausziehen. 2.) Der durch den Ausbau der Drittmittelforschung erzeugten Unterausstattung der Lehre wird in einer neuen Offensive begegnet, indem man die neue Kategorie der Lehrprofessur einrichtet, zu der sich die aus Studiengebühren finanzierten Lehrkräfte hinzugesellen. Die neuen Forschungsprofessoren können nicht nur über noch mehr Forschungssklaven als zuvor herrschen, sondern werden jetzt auch noch durch Lehrsklaven entlastet. 3.) Um ausgewanderte deutsche Wissenschaftler zurückzuholen, bietet man ihnen besonders üppig ausgestattete Lehrstühle oder Direktorenposten an. Dadurch werden genau jene oligarchischen Strukturen zementiert, die diese Forscher in ihren jungen Jahren in die USA getrieben haben.

Alle drei Strategien laufen darauf hinaus, das alte System in einer durch die Trennung von Forschungsuniversitäten und Lehrhochschulen neu akzentuierten Form zu erhalten. Die Monopolstellung der Forschungsprofessoren im Zentrum des Systems wird sogar noch gestärkt.

Schlussbemerkungen

Als Fazit lässt sich festhalten, dass die globale Ausbreitung des akademischen Kapitalismus die Umwandlung von Universitäten in Quasiunternehmen und die daraus resultierenden Prozesse der Konzentration von Forschungsmitteln auf vorher schon ausstattungsstarke Universitäten wie auch die damit einhergehenden inneruniversitären Prozesse der Förderung drittmittelstarker Fachbereiche und Disziplinen und der Trennung von Forschung und Lehre nicht durch funktionale Leistungssteigerung für das Land oder die Wissenschaft zu erklären sind, sondern in erster Linie durch die globale Durchsetzung des Marktparadigmas, die Hegemonie der neuen ökonomischen Lehre und die dadurch begünstigte Machtverschiebung zugunsten drittmittelstarker Disziplinen, Forschungszweige, Forscher und Standorte. Diese Machtverschiebung setzt einen zirkulären Prozess der Akkumulation von monetärem und symbolischem Kapital in Gang, der sich selbstreferenziell, d. h. unabhängig von dadurch verursachten Produktivitätsverlusten, durchsetzt. Großforschungsanlagen verdrängen Konkurrenten und verschaffen sich Monopolrenten zu ihrem eigenen Vorteil und zum Nachteil für die Vielfalt und die Erneuerung des Wissens sowie für die Offenheit der Wissensevolution.

Das Regime von McKinsey, BCG & Co. erzeugt keineswegs diejenige Modernisierung des Systems, die beabsichtigt ist. Es vollzieht sich vielmehr eine hybridale Form der Modernisierung auf gegebenen Entwicklungspfaden. Zu verdanken ist diese Erzeugung institutioneller Hybride einer fatalen Allianz zwischen der globalen Managementelite von McKinsey & Co. und den lokalen Autoritäten der Lehrstuhlinhaber und Institutsdirektoren im Machtzentrum von Wissenschaftsrat und Deutscher Forschungsgemeinschaft. Das deutsche Universitätssystem wird in einer Weise in das sich herausbildende internationale System des akademischen Kapitalismus inkludiert, die zu einer neuen Akzentuierung der alten Strukturen führt. Die diesen Strukturen innewohnende Tendenz zur Erstarrung eines auf die Sicherung von Monopolrenten angelegten Systems wird dadurch nicht überwunden, sondern noch weiter verfestigt.

Schlussbetrachtung

Die Regime der Wissenschaft, der Humankapitalproduktion und der Unternehmensberatung erzeugen einen weltumspannenden Rationalismus, der sich in einem dialektischen Prozess des Abarbeitens selbst erzeugter Widersprüche selbst vorantreibt. Dies führt dazu, dass sich die Lebenswelt unablässig und in einem atemberaubenden Tempo wandelt, eine Entwicklung, die alle Lebensbereiche durchdringt und sie einer grundlegenden Transformation weg von lokalen Traditionen und hin zu globalen Formaten unterwirft. In allen Bereichen der Gesellschaft werden historisch gewachsene Strukturen der Herrschaft durch globale Paradigmen und Akteure ersetzt, denen es, gemessen an demokratischen Maßstäben, an Legitimität mangelt.

Die lokalen Autoritäten werden nicht auf einen Schlag entmachtet, verlieren aber in erheblichem Maße an Definitionsmacht. In den Schaltstellen auf der lokalen Ebene wirken sie jedoch darauf hin, dass die von den globalen Eliten induzierten Veränderungen auf den eingefahrenen Entwicklungspfaden vollzogen werden. Das führt leicht dazu, dass die alten Ziele nicht mehr und die neuen noch nicht erreicht werden – so entstehen fatale Allianzen zwischen lokalen Autoritäten und globalen Eliten. Es entwickeln sich in dem Sinne globale Strukturen der Herrschaft, dass die globalen Eliten dauerhaft und mit sehr realen Folgen über die Gestaltung des gesellschaftlichen Lebens entscheiden und die historisch gewachsenen nationalen bzw. lokalen Akteursnetzwerke, Institutionen und Paradigmen einen Wandel erfahren.

Die nationalen bzw. lokalen Strukturen der Herrschaft haben im historischen Prozess Legitimität erworben. Es haben sich dabei spezifische Formen der Kontrolle herausgebildet, ohne die diese Legitimität nicht erfolgreich in Anspruch genommen werden kann. Für die neuen globalen Strukturen sind solche Verfahren noch nicht entwickelt worden. Alle Versuche, sie den nationalstaatlichen Institutionen nachzubilden, sind aufgrund der ganz anderen Gegebenheiten zum Scheitern verurteilt. Statt klarer und einklagbarer Verantwortlichkeiten entstehen undurchsichtige Strukturen. Für die Folgen der beschriebenen Umgestaltung durch die globalen Eliten kann also niemand konkret zur Verantwortung gezogen werden. Diese Problematik wird zunehmend erkannt und als untragbar kritisiert. Aus bloßen Randbedingungen der legitimen Strukturen der Herrschaft im Nationalstaat werden auf diesem Weg der Bewusstwerdung nichtlegitime Strukturen der Herrschaft in der Weltgesellschaft und umgekehrt. McKinsey & Co. sind längst nicht mehr reine Ratgeber, sondern die neuen Machthaber, denen sich die lokalen Autoritäten unterwerfen müssen, um in der Weltgesellschaft als legitime, rational handelnde Akteure gelten zu können.

Diese Beobachtung eines faktischen Strukturwandels der Herrschaft im globalen Kontext soll hier definitiv *nicht* normativ aufgehoben werden. Sie enthält sich jeder normativen Stellungnahme zu dem Vorgang selbst. Wir sprechen lediglich über die Illusio im jeweiligen Feld (Bourdieu 1998: 140 f.).

Den nationalen politischen Akteuren erscheinen die Spielregeln, nach denen die Macht verteilt und nach denen Entscheidungen mit kollektiv verbindlicher bzw. faktisch unausweichlicher Wirkung getroffen werden, als natürlich gegeben und deshalb als legitim. Das liegt daran, dass sie eine über einen langen Zeitraum eingespielte Praxis reflektieren, bei der die Gewinner und Verlierer so in das Spiel verstrickt sind, dass für beide Seiten eine Veränderung der Verhältnisse nur innerhalb der Spielregeln denkbar ist. Dadurch tendiert das Feld zur sozialen Schließung. Vergangene Erfolge lassen sich leicht in zukünftige Gewinne umsetzen. Neue Mitbewerber haben es schwer, überhaupt Fuß zu fassen. Das Spiel konstruiert die Realität auf eine Art und Weise, dass es kaum möglich ist, sie anders wahrzunehmen und aus ihr auszubrechen. Die Illusio wirkt so als ein besonders stabiles Bollwerk gegen den sozialen Wandel, der dann fast nur noch von außen in das Feld hineingetragen werden kann.

Solche Verkrustungen der »legitimen« nationalstaatlichen Herrschaft sind in der Tat in beiden hier untersuchten Feldern zu beobachten. Betrachten wir nur die Verhältnisse in Deutschland, dann ist nicht zu übersehen, dass sich Strukturen verfestigt haben, die einseitig historisch überkommenes Denken, eingespielte soziale Praxis und Privilegien der in den Feldern dominanten Eliten stützen und sich gegen sozialen Wandel sowie gegen Chancengleichheit und eine auf breitere Inklusion gesellschaftlicher Gruppen ausgerichtete Politik sperren. Das nationale Feld der Politik ist zur Beute der Großverbände und etablierten Parteien geworden, die sich durch die privilegierte Zusammenarbeit mit dem Staat und durch Partnerschaften untereinander unter dem Heiligenschein der öffentlichen Verantwortung den Kuchen aufgeteilt und alle nicht »akkreditierten« Vereinigungen und Gruppen ausgegrenzt haben. So ist eine Spaltung zwischen Insidern und Outsidern entstanden. Das ist in den Feldern der Beschäftigungs-, Sozial- und der Bildungspolitik in gleicher Weise zu beobachten wie in allen anderen Bereichen, etwa in der Forschungs-, Technologie-, der Industrie- oder der Verkehrspolitik.

In Deutschland hat sich ein Kartell der Ausschüsse der Parteien, der Arbeitgeberverbände, der Gewerkschaften, der

Wohlfahrtsverbände, der kassenärztlichen Vereinigung, der Versicherungswirtschaft und der Pharmaindustrie entwickelt, das die einzelnen Felder der Beschäftigungs-, Sozial-, Gesundheits- und Rentenpolitik in einer jeweils spezifischen Konstellation beherrscht. Ein solches Kartell kann aus sich heraus immer nur eine Realität konstruieren, die seine Fortführung stabilisiert und alternative Sichtweisen sowie nicht »akkreditierte« Organisationen und Gruppen systematisch aus dem Spiel ausschließt. Ein ähnliches Kartell bildet die Zusammenarbeit der Bildungsausschüsse der Parteien, der Kultusbürokratien der Länder und des Philologenverbandes sowie der anderen Lehrerverbände im Feld der Bildungspolitik im Ganzen wie auch in ihren einzelnen Subfeldern. Dieses Kartell ist der Träger der deutschen Tradition der klassischen Bildung und des Fachwissens, die eng mit dem ständischen Modell des dreigliedrigen Schulsystems verbunden ist. Dem Kartell ist die weltweit nahezu einmalige Fortführung eines ständisch gegliederten Schulsystems unter der demokratisch induzierten Bedingung der Bildungsexpansion nach dem Prinzip der Bildung als Bürgerrecht zu verdanken.

In der Hochschulpolitik haben es die Professoren geschafft, die Bildungsexpansion seit den sechziger Jahren statt in die Fachhochschulen in die wissenschaftlichen Studiengänge der Universitäten zu leiten und die Zahl der Mitarbeiter, die sie befehligen können, exorbitant zu steigern. Im Rahmen dieses oligarchischen Systems entstand ein akademisches Proletariat ohne Karriereaussichten, gleichzeitig wurden Frauen systematisch aus der elitären Kaste der Professoren ausgegrenzt. Der Graben zwischen dem wissenschaftlichen Bildungsanspruch und den realen Studienleistungen, zwischen außer- sowie inneruniversitärer Forschung und erbärmlicher Lehre wurde immer tiefer und breiter. Mit der Exzellenzinitiative und der neuen, auf Lehrprofessuren setzenden Lehroffensive wird sich diese Tendenz noch verschärfen. Man kann daran sehen, dass die lokalen Autoritäten nicht vollständig entmachtet sind, sondern die neuen globalen Herausforderungen in die Bahnen der schon angelegten Strukturen lenken. Es ergibt sich eine hybridale Modernisierung, die dazu führt, dass weder die alten noch die neuen Ziele erreicht werden. Strukturelle Grundlage dieser hybridalen Modernisierung ist die kartellartige Zusammenarbeit von Hochschulverband und Wissenschaftsbürokratie in den Ländern sowie zwischen der Hochschulrektorenkonferenz, dem Wissenschaftsrat, der Bund-Länder-Kommission für Bildungsplanung und Forschungsförderung (nach der Föderalismusreform: Gemeinsame Wissenschaftskonferenz) und dem Ministerium für Bildung und Forschung auf Bundesebene.

Die Überlagerung des nationalen Systems der Politik durch transnationale Felder schleift die Bastionen des Traditionalismus, bricht die Kartellstrukturen auf und macht den Weg frei für Erneuerung. Weil sie von außen kommen, können die neuen transnationalen Eliten, befreit von den Restriktionen der beschriebenen Illusio, bisher undenkbaren sozialen Wandel in Gang setzen. Aus der nationalen Sicht müssen diese neuen Strukturen der Herrschaft und das neue Denken, das sie mit sich bringen, zwangsläufig als illegitim erscheinen. Deshalb werden sie von den Trägern der alten Ordnung auch abgelehnt, als bedrohliche Ausgeburt des global herrschenden Neoliberalismus gegeißelt und aufs Heftigste bekämpft. Aus der Perspektive der neuen Wissens- und Wirtschaftselite stellen sich jedoch die alten Strukturen als nicht mehr legitim dar, weil sie die Privilegien der alten Eliten festschreiben und im Kontext der Weltgesellschaft neue aufstrebende Organisationen und Gruppen systematisch exkludieren. Insofern wird durch die skizzierten Mechanismen also auch Chancengleichheit hergestellt, sinnvolle innovative Anpassungsleistungen werden möglich. Allerdings ist es den neuen Eliten noch nicht endgültig gelungen, ihren Leitbildern den Status der Legitimität zu verschaffen und eine entsprechende Illusio zu etablieren. Bis dies so weit sein wird, steht uns ein langwieriger Prozess bevor.

Auf absehbare Zeit wird sich die Politik in einem Schwebezustand befinden, in dem die alten nationalen Strukturen der Herrschaft *nicht mehr* als legitim erscheinen und die neuen globalen *noch nicht*. Solange sich daran nichts ändert, werden die neuen Paradigmen den traditionellen nationalen Strukturen übergestülpt. Aus diesem Konflikt entstehen spannungsreiche Hybride, denen es nicht mehr gelingt, die alte Ordnung zu reproduzieren und die alten Ziele zu erreichen, die aber auch noch keine neue, als legitim anerkannte Ordnung erzeugen können und die neuen Ziele verfehlen. Insofern müssen wir davon ausgehen, dass die neuen Formen der Herrschaft auf absehbare Zeit als illegitim gelten werden und dass die Durchsetzung einer neuen gesellschaftlichen Ordnung Gegenstand heftiger politischer Kämpfe sein wird.

Anhang

1. Statistische Analysen zu PISA

PISA steht für ein globales Modell, nach dem gute schulische Leistungen einer möglichst breiten Masse der Bevölkerung bei gleichzeitig nicht zu großen Leistungsdifferenzen zwischen der Spitze und dem unteren Ende der Skala, zwischen Jungen und Mädchen, Einheimischen und Migranten die wirtschaftliche Wettbewerbsfähigkeit eines Landes auf dem Weltmarkt steigern. Gleichzeitig wird unterstellt, dass PISA die dafür erforderlichen schulischen Leistungen »misst« und dass erhöhte »Anstrengungen« zur Steigerung der von PISA gemessenen Kompetenzen führen. Worin diese Anstrengungen bestehen, bleibt offen. Einerseits können Länder ihren Schulunterricht ganz auf die Art der von PISA präferierten Grundkompetenzen konzentrieren, andererseits können sie innerhalb der eigenen traditionellen Bahnen den Druck auf Lehrer, Schüler und Eltern erhöhen. Die Kommentare von PISA-Forschern zu den neuesten Testergebnissen lesen sich dann wie oberlehrerhafte Ermahnungen: Es seien zwar kleine »Fortschritte« erzielt worden, dennoch sei kein Anlass zur »Entwarnung« gegeben. Vielmehr müssten Eltern und Lehrer darauf achten, dass die Schüler z. B. mehr und regelmäßiger lesen und dies so früh wie möglich.

Unter dem Regime von PISA wird die Gesellschaft zu einer Art totaler Besserungsanstalt, die auf dem Wege des lebenslangen Lernens dafür sorgt, dass niemand ausfällt, der oder die im internationalen Wettbewerb gebraucht wird. Besonders groß wird der Druck dort, wo mit einem weit von der PISA-Philosophie entfernten Schulsystem versucht wird, trotzdem gute Ergebnisse zu erzielen. Der paradigmatische Fall dafür ist Deutschland. Unter diesen Bedingungen ist die Wahrscheinlichkeit hoch, dass verstärkte Selektion, der gezielte Einsatz von Lernstrategien, mehr Lesen, mehr Unterricht und mehr Nachhilfeunterricht nicht zu einem besseren Abschneiden im Test führen. Wenn die damit einhergehende hohe Selektivität zur Folge hat, dass ein relativ großer Anteil von Schülern (durch späte Einschulung und das Wiederholen von Klassen) im Alter von 15 Jahren noch nicht die neunte oder zehnte Klasse besucht, erhöht sich die Wahrscheinlichkeit schlechter Ergebnisse sogar erheblich.

PISA-Lesekompetenz im Zusammenhang mit verschiedenen Variablen

Es werden im Folgenden sechs Variablen aus dem Datensatz von PISA 2000 und zwei Variablen aus der OECD-Statistik übernommen.

Variablen aus dem Datensatz von PISA 2000:

- PISA-Score Lesen (stellvertretend für alle drei PISA-Scores). Hier wurde die Lesekompetenz anhand der Interpretation von Texten ermittelt.
- Kontrollstrategie: Index der durch Befragung der Schüler ermittelten Anwendung von Strategien der Selbstregulation -1 bis +1. Es handelt sich dabei um Strategien der Schüler zur Überprüfung ihrer Lernfortschritte.
- Elaborationsstrategie: Index der durch Befragung der Schüler ermittelten Anwendung von Strategien der Verbindung des Lernstoffs mit anderen, schon bekannten Dingen −1 bis +1. Hier geht es um Strategien der Schüler, das Erlernen eines neuen Stoffes durch das Heranziehen von schon vorhandenem Wissen zu erleichtern.
- Schüler-Lehrer-Quote (wie viele Schüler pro Lehrer)
- Prozentsatz der 15-jährigen Schüler unterhalb der neunten Klasse als Indikator für die Selektivität des Schulsystems
- Differenz des durchschnittlichen PISA-Scores zwischen Migranten und Einheimischen als Indikator für die Inklusionskraft des Bildungssystems

Variablen aus der OECD-Statistik:

- Wachstum des Bruttoinlandsprodukts 2005 (BIP-Wachstum 2005)
- Standardisierte Arbeitslosenquote 2006 (Anteil der Arbeitslosen an der Erwerbsbevölkerung)

Tabelle A. I-1 gibt eine Übersicht über die Zusammenhänge zwischen allen genannten acht Variablen (Tabelle A. I-1). Die Zahlenwerte in den Spalten drücken eine Korrelation aus, deren Stärke von 0 (nicht existent) bis 1 (voll ausgeprägt) variiert. Die Korrelation kann positiv sein (je stärker x, umso stärker y) oder negativ (je stärker x, umso schwächer y). Negative Korrelationen sind an einem negativen Vorzeichen vor dem Zahlenwert

Tabelle A. 1-1: Korrelationstabelle

	PISA-Score Lesen	Kontroll-strategie	Elaborations-strategie	Schüler-Lehrer-Quote	Prozent unterhalb der neunten Klasse	Differenz Lesekompetenz zwischen Migranten und Einheimischen	BIP-Wachstum 2005	Standardisierte Arbeitslosen-quote 2006
PISA-Score Lesen	1	-,334	-,547	-,348	-,682	-,155	-,162	-,375
Kontrollstrategie	-,334	1	,633	,170	,216	,234	-,278	,488
Elaborations-strategie	-,547	,633	1	,680	,505	-,155	-,104	,464
Schüler-Lehrer-Quote	-,348	,170	,680	1	,609	-,063	-,010	,209
Prozent unterhalb der neunten Klasse	-,682	,216	,505	,609	1	,437	-,105	,260
Differenz Lesekompetenz zwischen Migranten und Einheimische	-,155	,234	-,155	-,063	,437	1	-,452	,199
GDP-Wachstum 2005	-,162	-,278	-,104	-,010	-,105	-,452	1	-,224
Standardisierte Arbeitslosenquote 2006	-,375	,488	,464	,209	,260	,199	-,224	1

zu erkennen. Die Korrelation beinhaltet nur einen Zusammenhang und sagt nichts über eine kausale Richtung des Zusammenhangs aus.

Da es sich um eine Vollerhebung handelt, erübrigt sich ein Signifikanztest. Die ermittelten Zusammenhänge gelten auf der Makroebene mit den einbezogenen Ländern als individuelle Merkmalsträger. Das Wirtschaftswachstum wurde hier für 2005 ermittelt, die Arbeitslosenquote für 2006, während alle anderen Variablen der PISA-Erhebung aus dem Jahr 2000 stammen. Die zeitliche Fixierung des Wirtschaftswachstums auf 2005 und der Arbeitslosenquote auf 2006 kann nur als exemplarischer zeitversetzter Blick auf die Performanz fünf bis sechs Jahre nach PISA 2000 verstanden werden. Da die Unterschiede zwischen den Ländern jedoch über einen längeren Zeitraum relativ stabil sind, ist es nicht ganz abwegig, die Daten von 2005 bzw. 2006 für die Unterschiede zwischen den Ländern zu verwenden.

Wir beschränken uns bei der Erläuterung der Korrelationstabelle exemplarisch auf Zeile 1, den Zusammenhang der 2000 ermittelten PISA-Lesekompetenz mit den anderen Variablen, und beziehen die ermittelten Zusammenhänge auf die theoretische Argumentation im Text von Teil I der Studie. Die übrigen Zeilen können analog gelesen werden. In Zeile 1 sehen wir einen negativen Zusammenhang des PISA-Scores 2000 im Lesen mit allen Variablen. Eine funktionale Rechtfertigung für PISA-konformes Lernen aufgrund eines positiven Zusammenhangs mit dem Wirtschaftswachstum ist für den erfassten Zeitraum nicht unmittelbar möglich. Allerdings zeigt sich auch ein negativer Zusammenhang mit der Arbeitslosenquote, sodass zumindest in Bezug auf diese Variable zu dem erfassten Zeitpunkt PISA-Konformität in positivem Licht erscheint. Auffallenderweise sind aber auch die anderen Variablen negativ mit dem PISA-Score 2000 in Lesen korreliert, am stärksten die Elaborationsstrategie, die Schüler-Lehrer-Quote und der Prozentsatz der 15-jährigen Schüler unterhalb der neunten Klasse. Aber auch die Kontrollstrategie und die Differenz zwischen Migranten und Einheimischen stehen in einem negativen Zusammenhang mit der Lesekompetenz. Dieses Ergebnis deutet darauf hin, dass Länder umso höhere PISA-Scores im Lesen erreichen, je mehr sie auf eine niedrige Schüler-Lehrer-Quote setzen und je weniger selektiv sie vorgehen. Damit verbindet sich offensichtlich eine geringere Notwendigkeit der Anwendung von Kontroll- und Elaborationsstrategien durch die Schüler und die erfolgreichere Inklusion von Migranten in Gestalt der etwas geringeren Differenz zwischen Migranten und Einheimischen in der Lesekompetenz.

Betrachten wir einzelne Länder, die besonders gut im PISA-Test 2000 abgeschnitten haben, dann wird dieses Ergebnis deutlich akzentuiert. So zeichnen sich insbesondere die erfolgreichen nordeuropäischen Länder Finnland, Norwegen, Schweden und Island durch Werte unterhalb bzw. nur knapp oberhalb des Durchschnittswertes 0 bei den Kontroll- und Elaborationsstrategien aus. Sie haben im Vergleich zu Deutschland relativ wenige Schüler pro Lehrer, wenige 15-jährige Schüler unterhalb der neunten Klasse, eine verhältnismäßig geringe Differenz in der Lesekompetenz zwischen Migranten und Einheimischen, eine moderate bis niedrige Arbeitslosenquote und moderates Wirtschaftswachstum.

Allerdings haben die eher liberalistisch geprägten Länder Irland, Neuseeland und Großbritannien auch mit relativ vielen Schülern pro Lehrer und moderater bis sogar ausgeprägter Nutzung von Kontroll- und Elaborationsstrategien recht hohe PISA-Werte im Lesen erzielt. Alle drei Länder haben jedoch nur sehr wenige bzw. überhaupt keine 15-jährigen Schüler unterhalb der neunten Klasse. Sie weisen außerdem geringe Differenzen in der Lesekompetenz zwischen Migranten und Einheimischen, moderates bis hohes Wirtschaftswachstum und niedrige Arbeitslosigkeit auf. Man sieht daran, dass vor allem eine geringe Zahl von 15-jährigen Schülern unterhalb der neunten Klasse von entscheidender Bedeutung für den Erfolg bei PISA sind.

Am unteren Ende der PISA-Tabelle im Lesen sammeln sich insbesondere diejenigen Länder, die verhältnismäßig viele 15-jährige Schüler unterhalb der neunten Klasse haben. Darunter sind überwiegend Schwellenländer mit recht hohen Wachstumsraten. Das erklärt wesentlich mit, warum kein systematisch positiver Zusammenhang zwischen PISA-Erfolg und Wirtschaftswachstum besteht. Außerdem ist in dieser Ländergruppe die Anwendung von Kontroll- und Elaborationsstrategien durch die Schüler überdurchschnittlich verbreitet. Vermutlich kompensieren sie Defizite des Unterrichts, die sich aus einer hohen Schüler-Lehrer-Quote ergeben. Mit dem entscheidenden Beitrag der Schüler oberhalb der achten Klasse für ein gutes Abschneiden im Test übt PISA einen globalen Druck aus, Kinder möglichst früh einzuschulen und sie dann erfolgreich und rasch durchzuschleusen. Damit erklärt sich z. B., warum die deutschen Kultusminister nun plötzlich darum bemüht sind, das Einschulungsalter zu senken, nachdem jahrzehntelang durch späte Stichtage und großzügiges Zurückstellen das Gegenteil getan wurde. Der wesentliche Grund dafür war die einseitige Fokussierung auf Unterricht und Selektion statt Förderung und Inklusion. Sie legte und legt es Eltern und Lehrern nahe, nur absolut

»schulreife« Kinder in die Schule zu schicken und diejenigen, die von selbst nicht mitkommen, nicht in die nächste Jahrgangsstufe zu versetzen. Ein Effekt dieser Praxis ist der bekannte PISA-Misserfolg.

Als OECD-Mitglied hat ein Land nur dann einen legitimen Status, wenn es das Bildungsmodell von PISA übernimmt und aus eigenem Antrieb umsetzt. Bildungsminister, Schulleiter, Lehrer, Eltern und Schüler sind dann alle überzeugt, dass frühe Einschulung und früher Schulabschluss besser sind für das Leben aller Einzelnen und für die ganze Gesellschaft, obwohl man bis dahin jahrzehntelang an das Gegenteil geglaubt hat. PISA erweist sich darin als ein Dispositiv der Macht, das nicht auf dem Weg der äußeren Sanktion, sondern auf dem Weg der Umstrukturierung des Denkens und der Selbstkontrolle die Gesellschaft verändert. PISA verbindet sich hier mit der Rhetorik des globalen Wettbewerbs, für die als sicher gilt, dass eine Gesellschaft Wettbewerbsnachteile hat, wenn sie ihre Kinder später einschult und länger lernen lässt als ihre Konkurrenten. Die Rhetorik trägt sich von selbst. Es genügt der Verweis auf den einen oder anderen Erfolgsfall, obwohl gerade im Bereich der Bildung über Jahrhunderte viele Wege nach Rom geführt haben. Unter dem Regime von PISA und der Rhetorik des globalen Wettbewerbs gibt es nur noch einen, den über PISA führenden Weg.

PISA-Regime

Eine Clusteranalyse könnte das so weit gezeichnete Bild ergänzen. Da in diese Analyse nur Länder aufgenommen werden können, für die zu allen acht Variablen Daten vorliegen, verringert sich die Zahl der einbezogenen Länder von 43 auf 25. Dabei muss beachtet werden, dass die Zahl von acht Variablen dazu führt, dass Länder in einem Cluster zusammengebracht werden, die bei Exklusion nur einer oder zweier Variablen nicht mehr in einem Cluster vereinigt wären. Das statistische Verfahren mit acht Variablen führt zu keiner sinnvoll interpretierbaren Clusterbildung. Die drei oder vier Cluster weisen eine zu breite innere Streuung der PISA-Werte auf. Deshalb nehmen wir eine Gruppierung anhand der uns besonders relevant erscheinenden Variablen der PISA-Lesekompetenz, der Schüler-Lehrer-Quote, der Kontrollstrategie und der Elaborationsstrategie vor, während den anderen Variablen nur ein sekundärer Status eingeräumt wird. Außerdem wird zugelassen, dass nur einige Länder einer Gruppe in besonders prägnanter Form eine bestimmte Merkmalskombination erreichen, die anderen davon in einzelnen Variablen aus teilweise erklärbaren Gründen aber abweichen. Bei näherer Betrachtung ergibt eine Erweiterung von Esping-Andersens (1990) Typologie der Wohlfahrtsregime eine sinnvoll interpretierbare Unterteilung in Ländergruppen. Wir unterscheiden die folgenden Regime:

1. das liberale Wachstumsregime
2. das egalitäre Inklusionsregime
3. das konservative Regime der Statusreproduktion
4. das familistische Regime der Ungleichheitsreproduktion
5. das paternalistische Disziplinarregime
6. das transformatorische Liberalisierungsregime
7. das inegalitäre Schwellenländerregime

Die Unterscheidung der Regime erfolgt nach folgenden Variablen:

- PISA-Lesekompetenz, Mittelwert aus 2000, 2003 und 2006
- Lernbedingungen (2000)
  - Schüler-Lehrer-Quote
  - durchschnittliche Klassengröße
  - Prozentsatz der Schüler unterhalb der neunten Klasse
  - Differenz zwischen Migranten und Einheimischen in der Lesekompetenz
- Kompensatorische individuelle Lernstrategien der Schüler (2000)
  - Kontrollstrategie: Index der durch Befragung ermittelten Anwendung von Strategien der Selbstkontrolle der Schüler von −1 bis +1
  - Elaborationsstrategie: Index der durch Befragung ermittelten Anwendung von Strategien der Verbindung des Lernstoffes mit anderen, schon bekannten Dingen durch die Schüler von −1 bis +1
  - Nachhilfeunterricht
- wirtschaftliche Performanz
  - Bruttoinlandsprodukt (BIP)-Wachstum 1996-2005 im Durchschnitt
  - Bruttoinlandsprodukt (BIP)-Wachstum 2005
  - Arbeitslosenquote 2002
  - Arbeitslosenquote 2006
  - Jugendarbeitslosenquote 2001 (15-24 Jahre)
- Einkommensungleichheit 2000 (nach GINI-Index)

Tabellen A.I-2 und A.I-3 repräsentieren die Ländergruppen und die entsprechenden Ausprägungen der Indikatoren (Tabelle A.I-2, A.I-3).

Tabelle A.1.-2: PISA-Regime 1

Land	PISA Lesen 2000 2003 2006	Kontrollstrategie	Elaborationsstrategie	Prozent mit Nachhilfeunterricht	Schüler/Lehrer-Quote	Durchschnittl. Klassengröße	Prozent Schüler unterhalb neunter Klasse	Differenz Lesen Migranten/Einheimische a)	Differenz Lesen Migranten/Einheimische b)	BIP-Wachstum 1996-2005	BIP-Wachstum 2005	Arbeitslosenquote 2002	Arbeitslosenquote 2006	Jugendarbeitslosenquote 2001	GINI 2000
Liberales Regime															
Australien	522	0,02	0,08	0,22	13,42	23,64	0,1	6,30	4,0	3,6	2,8	6,3	4,8	12,7	30,50
Neuseeland	524	0,06	0,09	0,29	16,13	24,68	0,0	22,68	31,00	3,2	1,9	5,2	3,8	11,8	33,67
Irland	520	0,07	-0,09	0,33	14,23	22,41	3,3	-16,99	9,00	7,4	5,5	4,6	4,4	6,2	30,37
Großbritannien	509	0,33	0,19	0,15	14,65	23,20	0,0	16,56	18,00	2,8	1,9	5,1	5,3	10,5	32,56
USA	500	-0,06	0,05	0,15	15,41	23,04	2,0	35,65	33,00	3,3	3,2	5,8	4,6	10,6	35,67
Kanada	530			0,20	16,02	24,75	2,0	-2,98	-1,00	3,3	2,9	7,7	6,3	12,8	30,09
Mittelwert	518	0,08	0,06	0,22	15,00	23,62	1,23	10,22	15,66	3,9	3,0	5,8	4,9	10,8	32,14
Egalitäres Regime															
Finnland	545	-0,47	-0,15	0,04	10,35	18,67	11,0	38,56		3,6	2,9	9,1	7,7	19,9	26,10
Schweden	512	0,03	0,01	0,05	12,38	20,17	2,0	47,77	38,00	2,7	2,9	4,0	7,0	11,8	24,28
Norwegen	496	-0,58	-0,22		10,12	23,17	0,0	49,61	46,00	2,8	2,3	3,9	3,5	10,5	26,10
Island	494	-0,36	-0,24	0,17	9,36	18,11	0,0	1,05		4,3	7,5	3,3	1,0	4,8	

Dänemark	494	-0,23	-0,11	0,04	11,15	17,10	6,0	54,13	95,00	2,1	3,0	4,7	3,9	8,3	22,48
Niederlande	510	-0,06	-0,19		15,41		5,1	72,17		2,4	1,5	2,7	3,9	5,8	25,06
Mittelwert	509	-0,28	-0,15	0,08	11,46	19,44	4,0	43,88	59,66	3,0	3,4	4,6	4,5	10,2	24,80
Konservatives Regime															
Österreich	496	0,38	0,17		12,07	17,99	5,1	77,72	62,00	2,2	2,0	4,0	4,7	5,5	25,19
Deutschland	490	0,24	0,06	0,27	17,37	23,85	14,3	74,82	75,00	1,3	0,9	8,7	9,8	8,4	27,74
Schweiz	497	0,09	0,08	0,16	11,95	17,79	14,7	77,83	54,00	1,5	1,9	2,9	4,0	5,6	26,66
Frankreich	496			0,20		26,47	7,8	46,30	41,00	2,1	1,2	8,9	9,2	18,7	27,30
Belgien	505	0,15	-0,17	0,12	9,28	18,19	4,4	93,22	111,00	2,1	1,2	7,5	8,2	15,3	
Mittelwert	497	0,22	0,04	0,19	12,66	20,86	9,3	73,98	68,60	1,8	1,4	6,4	7,2	10,7	26,72
Familistisches Regime															
Portugal	473	0,21	0,18	0,41	10,89	21,31	17,9	16,91	9,00	2,4	0,4	5,1	7,7	9,2	35,61
Italien	477	0,26	-0,09	0,36	9,12	22,04	1,1	24,89		1,3	-0,1	9,0	6,8	27,0	34,71
Spanien	478			0,46	13,08	23,82	2,0	34,20	44,00	3,6	3,5	11,4	8,5	20,8	
Griechenland	469				9,45	24,06	0,9	22,85		3,9	3,7	9,6	8,9	28,0	34,47
Mittelwert	474	0,24	0,05	0,41	10,64	22,81	5,5	24,71	26,50	2,8	1,9	8,8	8,0	21,3	34,93

Quellen: OECD-Statistiken, ILO-Statistik; Differenz Lesekompetenz Migranten/Einheimische a) Migrant: Beide Eltern oder Schüler im Ausland geboren, eigene Berechnung nach dem Individualdatensatz OECD.stat; b) beide Eltern im Ausland geboren nach OECD (2001)

Tabelle A. 1-3: PISA-Regime 2

Land	PISA Lesen 2000 2003 2006	Kontrollstrategie	Elaborationsstrategie	Prozent mit Nachhilfeunterricht	Schüler/ Lehrer-Quote	Durchschnittl. Klassengröße	Prozent Schüler unterhalb neunter Klasse	Differenz Lesen Migranten/ Einheimische a)	b)	BIP-Wachstum 1996-2005	BIP-Wachstum 2005	Arbeitslosenquote 2002	Arbeitslosenquote 2006	Jugendarbeitslosenquote 2001	GINI 2000
Paternalistisches Regime															
Korea	538	-0,48	-0,07	0,31	16,66	36,75	0,0			4,5	4,0	3,1	3,5	9,7	
Hongkong	524	-0,28	-0,21		18,13		9,4	9,94		3,9	7,5	7,3	4,0		
Japan	506			0,17	13,86	38,73	0,0	45,15		1,2	2,6	5,4	4,1	9,7	31,38
(Thailand)	423	-0,35	0,05		22,20		1,8	32,97		4,5	4,5	2,6	1,7		
Mittelwert	523	-0,38	-0,14		16,22	37,74	3,1	27,55		3,2	4,7	5,3	3,9	9,7	(31,38)
Transformationsregime															
Ungarn	481	0,19	0,14	0,27	11,12	27,47	3,3	-3,68		4,2	4,2	5,8	7,4	10,8	29,34
Lettland	476	-0,11	0,05	0,37	12,40	20,98	8,8	5,27	39,00	10,6	10,6	12,0	5,9	20,7	
Russland	448	0,09	0,14	0,21	14,34	23,94	1,8	-6,66	11,00	6,4	6,4	8,9	7,0	24,1	
Bulgarien	416	0,19	0,39				2,9	7,06		6,3	6,3	17,6		38,4	
Rumänien	423	0,22	0,50				7,6	45,23		4,1	4,1	8,4	4,5	17,5	

Tschech. Republik	488	0,28	0,10	0,19	14,95	24,80	2,1	8,21		6,1	6,1	7,3	7,1	16,6	25,96
(Polen)	495			0,42	13,19	28,79	0,0	71,74		3,2	3,2	19,9	13,8	41,0	36,74
Mittelwert	461	0,14	0,22	0,29	13,20	25,20	3,79	18,17		5,8	5,8	11,4	7,6	24,2	30,68
Inegalitäres Schwellenländerregime															
Brasilien	397	0,19	0,44	0,22	32,93		58,3	51,66		2,2	2,9	9,4	9,4	17,9	
Chile	426	0,41	0,45				8,6	1,03		4,3	5,7	7,8	7,0	18,8	
Mexiko	411	0,17	0,34	0,21		34,90	13,2	72,38	49,00	3,7	3,0	1,9	3,6	4,1	47,97
(Argentinien)	396						9,0	7,47		2,5	9,2	19,6		31,8	
Mittelwert	408	0,26	0,41		(32,93)	(34,90)	22,3	33,14		3,2	5,2	9,7	6,7	18,2	(47,97)

Quellen: OECD-Statistiken, ILO-Statistik; Differenz Lesekompetenz Migranten/Einheimische a) Migrant: Beide Eltern oder Schüler im Ausland geboren, eigene Berechnung nach dem Individualdatensatz OECD.stat; b) beide Eltern im Ausland geboren nach OECD (2001)

Das *liberale Regime* setzt auf Leistungsanreize und Wettbewerb. Es wird hohe bis sehr hohe PISA-Lesekompetenz erreicht. Das geschieht trotz einer überdurchschnittlichen Schüler-Lehrer-Quote und Klassengröße, was durch mittleren Gebrauch von Lernstrategien, umfangreiche Nachhilfe und einen sehr niedrigen Prozentsatz von 15-jährigen Schülern unterhalb der neunten Klasse kompensiert wird. Begünstigt wird die hohe PISA-Lesekompetenz durch die englische Universalsprache, die es ermöglicht, die Differenz in der Lesekompetenz von Migranten und Einheimischen weit unter dem Durchschnitt zu halten. Zum liberalen Regime gehört eine starke bis sehr starke wirtschaftliche Performanz – sowohl im Wachstum als auch in der Beschäftigung –, aber auch eine hohe Einkommensungleichheit.

Das *egalitäre Regime* zielt auf Fördern und Inklusion. Es beruht auf intensiver Betreuung bei einer niedrigen Schüler-Lehrer-Quote und Klassengröße und sehr geringem Einsatz von individuellen Lernstrategien und Nachhilfe. Der Prozentsatz der 15-jährigen Schüler unterhalb der neunten Klasse liegt unter dem Durchschnitt. Die Differenz in der Lesekompetenz von Migranten und Einheimischen befindet sich allerdings oberhalb des Durchschnitts. Hier macht sich im Vergleich zu den englischsprachigen liberalen Ländern ein sprachlicher Integrationsnachteil bemerkbar, der möglicherweise die entscheidende Ursache dafür ist, dass die egalitären Länder zwar hohe PISA-Lesekompetenz erreichen, aber als Gruppe etwas hinter den liberalen Ländern zurückbleiben. Die Leitidee des Förderns und der Inklusion ist gepaart mit starker bis sehr starker wirtschaftlicher Performanz in Wachstum und Beschäftigung und sehr niedriger Einkommensungleichheit.

Das *konservative Regime* wurzelt im Primat der familialen Erziehung und in der berufsständischen Differenzierung von Wissen und Kompetenzen, mit der sich die Lehre von den unterschiedlichen »Begabungen« verbindet. Seine schulische Verwirklichung findet dieses Regime in der Betonung von Unterricht als sachbezogener Vermittlung von Fachwissen und in der horizontalen und vertikalen Selektion der Schüler nach ihren »Begabungen«. Eine hohe Schüler-Lehrer-Quote und Klassengröße muss von den Schülern mit mittlerem bis sehr ausgiebigem Gebrauch von Lernstrategien und Nachhilfe kompensiert werden, was allerdings im Gesamtergebnis nur zu durchschnittlicher PISA-Lesekompetenz führt. Erschwert wird die PISA-Performanz durch einen hohen Prozentsatz von 15-jährigen Schülern unterhalb der neunten Klasse. Zwischen dem Primat der familialen Erziehung und dem rein sachlichen Fokus des Unterrichts herrscht eine unüberbrückbare Kluft, was bislang späte Einschulung und Klassenwiederholungen, trotz umfangreichen Nachhilfeunterrichts, befördert hat. Diese Kluft zwischen Familie und Schule trägt mit dazu bei, dass die mit der Zuwanderung gewachsene sprachliche Heterogenität kaum bewältigt werden kann. Die Folge ist eine sehr große Differenz in der Lesekompetenz von Migranten und Einheimischen. Die nur durchschnittliche PISA-Lesekompetenz wird von sehr schwacher bzw. schwacher wirtschaftlicher Performanz im Wachstum bzw. in der Beschäftigung, aber auch von geringer Einkommensungleichheit begleitet. Das bislang auf Berufsbildung ausgerichtete System kann allerdings eine für lange Zeit niedrige Jugendarbeitslosenrate für sich als Erfolg verbuchen. Dieser Erfolg könnte umso mehr verspielt werden, je weiter sich das System von der beruflichen Bildung entfernt, um OECD-Vorgaben der Erhöhung von Quoten der tertiären Allgemeinbildung zu erfüllen.

Das *familistische Regime* ist die unterentwickelte traditionalistische, südeuropäische Variante des konservativen Modells. Es folgt dessen Präferenz für familiale Erziehung, berufsständische Differenzierung von Wissen und Kompetenzen und für die horizontale und vertikale Selektion der Schüler nach »Begabung«. Die Kluft zwischen Familie und Schule ist groß und kann auch durch eine sehr niedrige Schüler-Lehrer-Quote – bei allerdings überdurchschnittlicher Klassengröße – wie auch den mittleren bis sehr umfangreichen Einsatz von individuellen Lernstrategien und Nachhilfe nicht überwunden werden. Der Prozentsatz der 15-jährigen Schüler unterhalb der neunten Klasse liegt im Mittel, die Differenz zwischen Migranten und Einheimischen in der Lesekompetenz unter dem Durchschnitt. Letzteres ist den vergleichsweise niedrigen Zuwanderungsraten geschuldet, ändert aber auch nichts an der insgesamt nur mittleren bis leicht unterdurchschnittlichen PISA-Lesekompetenz. Die wirtschaftliche Performanz ist in Wachstum und Beschäftigung durchgehend schwach, die Einkommensungleichheit sehr hoch.

Das *paternalistische Regime* betont Disziplin und die Einfügung des Einzelnen in die gesellschaftliche Rangordnung. Das schulische Lernen ist ganz darauf ausgerichtet, von einer möglichst ranghohen Universität bzw. einem ranghohen Unternehmen aufgenommen zu werden. Die sehr hohe Schüler-Lehrer-Quote und Klassengröße wird durch Disziplin und zusätzlichen organisierten Privatunterricht (Nachhilfe) ergänzt. Da der gesamte Lernprozess organisiert ist, bleibt für individuelle Strategien wenig Platz. Sie sind dementsprechend sehr schwach repräsentiert. Der Prozentsatz der 15-jährigen Schüler unterhalb der neunten Klasse und die Differenz zwischen Migranten und Einheimischen in der Lesekompetenz liegen unter dem Durchschnitt. Zusammen mit dem hohen Maß der Lerndisziplin tragen diese günstigen Bedingungen zu einer sehr hohen PISA-Lesekompetenz bei. Diese erfolgreiche PISA-Performanz ist gepaart mit einer ebenso erfolgreichen wirtschaftlichen Performanz, sowohl im Wachstum als auch in der Beschäftigung, aber auch mit hoher Einkommensungleichheit.

Das *Transformationsregime* befindet sich in einem Spannungsverhältnis zwischen dem alten Kampf um Zugang zu Positionen und Privilegien im sozialistischen System und den übergestülpten liberalen Elementen von Leistungsanreizen und Wettbewerb. Die Transformation bringt Zustände der Unsicherheit mit sich, so auch in der Schule. Sie werden offensichtlich durch den umfangreichen bis sehr umfangreichen Gebrauch von individuellen Lernstrategien und Nachhilfe bewältigt. Eine hohe Schüler-Lehrer-Quote und Klassengröße erschwert den Lernprozess zusätzlich. Der Prozentsatz von 15-jährigen Schülern unterhalb der neunten Klasse ist niedrig, die Differenz zwischen Migranten und Einheimischen in der Lesekompetenz sehr gering, zumal im internationalen Vergleich relativ wenige Zuwanderer integriert werden mussten. Beide begünstigenden Bedingungen können jedoch die anderen negativen Einflüsse nicht kompensieren, sodass nur eine niedrige bis mittlere PISA-Lesekompetenz erreicht wird. Da sich die Transformationsländer in einer Position der nachholenden Entwicklung befinden, zeichnen sie sich trotzdem durch sehr hohe Wachstumsraten aus, allerdings bei gleichzeitig weit überdurchschnittlichen Arbeitslosenraten. Die Einkommensungleichheit ist im Vergleich zur sozialistischen Vergangenheit stark gewachsen, allerdings in den einzelnen Ländern unterschiedlich stark ausgeprägt.

Das *inegalitäre Schwellenländerregime* in Süd- und Mittelamerika ist auf die Reproduktion sehr hoher Einkommensungleichheit ausgerichtet. Wenigen privilegierten Schülern in Privatschulen steht die Masse der Schüler in schlecht ausgestatteten staatlichen Schulen gegenüber. Eine sehr hohe Schüler-Lehrer-Quote und ein sehr hoher Prozentsatz von 15-jährigen Schülern unterhalb der neunten Klasse können auch durch einen sehr umfangreichen Einsatz individueller Lernstrategien und durch stark ausgeprägte Nachhilfe nicht kompensiert werden. Auch eine nur mittlere Differenz zwischen Migranten und Einheimischen in der PISA-Lesekompetenz kann nicht verhindern, dass die ungünstigen schulischen Lernbedingungen weit unterdurchschnittliche PISA-Lesekompetenz zur Folge haben. Die Situation der nachholenden Entwicklung ermöglicht trotz

Tabelle A. 1-4: PISA-Regime 3

PISA-Regime	PISA	Lernstrategien 2000			Lernbedingungen 2000			Wirtschaftliche Performanz					Ungleichheit
	PISA Lesen 2000 2003 2006	Kontrollstrategie	Elaborationsstrategie	Nachhilfe	Schüler-Lehrer-Quote/ Klassengröße	Prozent Schüler unterhalb neunter Klasse	Differenz Lesen Migranten/ Einheimische	BIP-Wachstum 1996-2005	BIP-Wachstum 2005	Arbeitslosenquote 2002	Arbeitslosenquote 2006	Jugendarbeitslosigkeit 2001	GINI 2000
liberal	+ +	0	0	+	+ +	– –	– –	+ +	+	–	– –	– –	+
egalitär	+	– –	– –	– –	–	–	+	+	+	– –	– –	– –	– –
konservativ	0	+ +	0	+	+	+	+ +	– –	– –	+	+	– –	–
familistisch	0	+ +	0	+ +	–	0	–	–	–	+ +	+ +	+ +	+ +
paternalistisch	+ +	– –	– –	+ +	+ +	–	–	+	+ +	–	– –	– –	+
transformatorisch	–	+	+ +	+ +	+	–	– –	+ +	+ +	+ +	+	+ +	0
inegalitär	– –	+ +	+ +	+	+ +	+ +	0	+	+ +	+ +	·+	+ +	(+ +)

Legende: + + weit überdurchschnittlich; + überdurchschnittlich; o durchschnittlich; – unterdurchschnittlich; – – weit unterdurchschnittlich schlechter PISA-Performanz sehr hohe Wachstumsraten, allerdings gepaart mit ebenso weit überdurchschnittlichen Arbeitslosenraten und sehr großer Einkommensungleichheit. Tabelle A. I-4 fasst die Merkmalsausprägungen der sieben Regime zusammen.

Im Vergleich der Regime wird die ganz unterschiedliche Konstellation von PISA-Lesekompetenz, Wirtschaftswachstum und Arbeitslosigkeit deutlich. Es besteht offensichtlich kein innerer Zusammenhang zwischen diesen Variablen, vielmehr spricht alles dafür, dass sie als Teil eines institutionellen und makroökonomischen Musters zu verstehen sind, das alle drei Variablen in besonderer Weise zur Ausprägung bringt. Tabelle A. I-5 bietet nochmals einen zugespitzten Überblick über das Profil der sieben Regime.

Tabelle A. I-5: PISA-Regime 4

	PISA Lesen	Günstige Lernbedingungen	Kompensatorische Lernstrategien	Wirtschaftl. Performanz		
				BIP-Wachstum	Arbeitslosenquote	Einkommensungleichheit
Liberalismus	+ +	+	0	+ +	– –	+
Egalitarismus	+	+	– –	+	– –	– –
Konservativismus	0	– –	+	– –	+	–
Familismus	0	+	+	–	+ +	+ +
Paternalismus	+ +	0	0	+ +	– –	+
Transformation	–	+	+ +	+ +	+ +	0
Inegalitarismus	– –	– –	+ +	+ +	+ +	+ +

Legende: ++ weit überdurchschnittlich; + überdurchschnittlich;
o durchschnittlich; – unterdurchschnittlich; – – weit unterdurchschnittlich

Erfolg und Misserfolg im PISA-Wettbewerb lassen sich nicht isoliert von diesen Regimen verstehen. Deshalb ist die Rangordnung im Vergleich von 2000, 2003 und 2006 außerordentlich stabil. Sie bringt außerdem Unterschiede zum Ausdruck, die auch unabhängig von PISA existierten und existieren und die auch weitgehend bekannt sind. Im Verhältnis zum Aufwand ist der von PISA geschaffene Mehrwert der Erkenntnis eher bescheiden. Was PISA allerdings bewirkt, ist die Erzeugung einer globalen Statushierarchie von Bildungssystemen, die den Systemen, die auf den hinteren

Plätzen gelandet sind, die Legitimation entzieht. Das trifft neben dem inegalitären Schwellenländerregime insbesondere das konservative der Statusreproduktion und das familistische der Ungleichheitsreproduktion. Dagegen hat das paternalistische Regime eine Legitimität erlangt, die ihm ohne PISA nicht zukäme. Dasselbe gilt für das liberale Wachstumsregime, das mit hoher Einkommensungleichheit einhergeht. Merkwürdigerweise wird im Kontext der Studie nur von der hohen sozialen Selektivität des dreigliedrigen deutschen Bildungssystems gesprochen, obwohl es de facto bislang mit deutlich geringerer Einkommensungleichheit verbunden ist als das liberale Regime und in dieser Hinsicht dem egalitären Regime sehr nahe kommt. Auf diese Weise trägt PISA seinen Teil zur Demontage des »Rheinischen Kapitalismus« und zur universellen Legitimation des liberalen Kapitalismus und der damit wachsenden Einkommensungleichheit bei. Zum dreigliedrigen deutschen Schulsystem gehörte immer auch das duale System der schulischen und betrieblichen Ausbildung, das die Grundlage für relativ niedrige Jugendarbeitslosigkeit und eine hochqualifizierte Facharbeiterschaft bildete. Die Studie der OECD entzieht diesem System die Legitimation, ohne garantieren zu können, dass die zwangsläufig eintretende institutionelle Hybridbildung zu besseren Ergebnissen führt. Alles, was man voraussagen kann, ist größere PISA-Konformität.

Lernstrategien, Lernbedingungen und PISA-Lesekompetenz

Im Folgenden soll mittels Regressionsanalysen weiter vertieft werden, wie sich der Zusammenhang von Lernstrategien sowie -bedingungen und der im PISA-Test 2000 gemessenen Lesekompetenz darstellt. Dabei gelten die Ergebnisse für die in den Test einbezogenen Länder. In diesem Sinne handelt es sich erneut um eine Vollerhebung, für die auf einen Signifikanztest verzichtet werden kann. Eine erste Untersuchung macht deutlich, dass zwischen den Testergebnissen in Lesen, Mathematik und Naturwissenschaft eine sehr hohe positive Korrelation besteht (Tabelle A. I-6). Dieses Ergebnis deutet darauf hin, dass ein Schulsystem als Ganzes und weniger fachspezifisch mehr oder weniger gut abschneidet, sodass kulturelle, institutionelle und organisationale Faktoren in den Vordergrund treten. Das soll in der weiteren Analyse ermittelt werden.

Tabelle A. 1-6: Korrelationstabelle PISA-Scores

	PISA-Score Lesen	PISA-Score Mathematik	PISA-Score Naturwissenschaft
PISA-Score Lesen	1	,916	,953
PISA-Score Mathematik	,916	1	,932
PISA-Score Naturwissenschaft	,953	,932	1

Wegen der sehr hohen Interkorrelation können wir uns auf die Lesekompetenz und im Einzelfall auf die Mathematik-Kompetenz beschränken. Es sollen die folgenden abhängigen Variablen untersucht werden:
– PISA-Score Lesen (auch stellvertretend für den Mathematik- und den Naturwissenschafts-Score);
– Differenz der durchschnittlichen Lese- und Mathematik-Kompetenz zwischen Mädchen und Jungen.

Eine Faktorenanalyse bringt vier Faktoren hervor, die wir als unabhängige Variablen einsetzen können: 1. Lernstrategien, 2. Umfang des Unterrichts, 3. Selektivität (Prozentsatz der 15-jährigen Schüler unterhalb der Klassenstufen 9 oder 10), 4. Lesen zum Vergnügen. Tabelle A. I-7 gibt die rotierte Komponentenmatrix der vier extrahierten Faktoren wieder.

Tabelle A. I-7: Faktorenanalyse der unabhängigen Variablen

	Faktoren			
	1	2	3	4
Elaborationsstrategie	,842	–,275	,214	,137
Mindestens eine Stunde täglich Lesen	,746	–,273	,101	,133
Naturwissenschaftsunterricht in Minuten pro Woche	,676	,436	–,064	,186
Durchschnittliche Klassengröße	,631	,312	–,183	–,519
Prozent mit Nachhilfeunterricht	,580	–,369	–,333	–,186
Kontrollstrategie	,533	–,193	,068	,515
Mathematikunterricht in Minuten pro Woche	–,113	,937	,010	–,142
Sprachunterricht in Minuten pro Woche	–,208	,808	–,081	,057
Prozent unterhalb der neunten Klasse	,123	,111	,899	,030
Prozent unterhalb der zehnten Klasse	–,079	–,509	,719	,044
Lesen zum Vergnügen	,111	,079	,010	,867

Eine Übersicht über die Korrelation zwischen den Variablen fördert Ergebnisse zu Tage, die in weiten Teilen die Ineffektivität von Lernstrategien, Unterrichtsumfang, Lesen und Selektivität zum Ausdruck bringen. Offensichtlich verhelfen diese Strategien nicht zu besseren PISA-Ergebnissen, wenn inadäquate schulische Lernbedingungen vorherrschen. Aus unserem Vergleich der PISA-Philosophie mit der deutschen Schultradition lässt sich die Erklärung ableiten, dass dieses paradoxe Ergebnis dadurch zustande kommt, dass solche Strategien Ausdruck eines PISA-fernen Schulsystems sind. Das Bestreben, PISA ohne institutionellen Wandel gerecht zu werden, scheint zum Scheitern verurteilt (Tabelle A. I-8).

Tabelle A. 1-8: Einfache Korrelationen

	PISA-Score Lesen	Geschlechts-spezifische Differenz Lesekompetenz	Geschlechts-spezifische Differenz mathematische Kompetenz
Elaborationsstrategie	–,547	,420	,339
Kontrollstrategie	–,334	,274	,188
Mindestens eine Stunde täglich Lesen	–,472	–,198	–,114
Durchschnittliche Klassen-größe	–,050	,333	,109
Lesen zum Vergnügen	–,143	–,271	–,274
Prozent unterhalb der neunten Klasse	–,682	,348	,466
Prozent unterhalb der zehnten Klasse	–,288	,057	,194
Sprachunterricht in Minuten pro Woche	,056	,079	–,123
Mathematikunterricht in Minuten pro Woche	,053	,124	–,151
Naturwissenschaftsunter-richt in Minuten pro Woche	–,234	,003	–,133
Prozent mit Nachhilfe-unterricht	–,169	,068	,198

Diese Ergebnisse bestätigen die These, die sich in der PISA-2000-Bro-schüre *Lernen für das Leben* findet, auf der Makroebene nicht:

»Zwischen der effektiven Anwendung von Kontrollstrategien und den Schülerleistungen besteht ein positiver Zusammenhang. Innerhalb der jeweiligen Länder erzielen Schülerinnen und Schüler, die häufiger auf derartige Strategien zurückgreifen, tendenziell höhere Punktzahlen.«

(OECD 2001)

Diese Aussage bezieht sich auf die Individualebene, auf der sie kaum bestritten werden kann: Wer gezielt lernt, erreicht bessere Noten. Wie kommt dann aber auf der Makroebene genau der entgegengesetzte Effekt zustande? Vor dem Hintergrund unserer Analyse bietet sich dafür die Erklärung an, dass der häufigere Einsatz dieser Strategien unmittelbar aus den Defiziten eines Schulsystems resultiert. Wenn also besonders viel Nachhilfeunterricht genommen wird, schafft es die Schule allein nicht, die Schüler zu guten Leistungen zu führen. Umso schlechter schneiden dann diejenigen ab, die nicht in den Genuss von Nachhilfeunterricht gelangen. Ein solches defizitäres System wird auch mehr Schüler haben, die eine Klasse wiederholen müssen, und die Schüler werden zur Kompensation vermehrt Kontroll- und Elaborationsstrategien einsetzen müssen. Daraus resultiert vermutlich auf der Makroebene der negative Zusammenhang mit der Lesekompetenz. Auf schlechte PISA-Ergebnisse mit der Mahnung zu gezielterem Lernen zu reagieren, hilft offensichtlich gar nichts.

Führen wir eine Regressionsanalyse zur Lesekompetenz als abhängiger Variablen durch und ermitteln wir die erklärungskräftigsten Faktoren, dann gelangen wir als Erstes zum Prozentsatz der Schüler unterhalb der neunten Klasse. Er erklärt allein den größten Teil der Varianz in der abhängigen Variablen, allerdings in *negativer* Korrelation und damit auf der Linie der oben entwickelten Argumentation. Die erklärte Varianz liegt bei 46,5 Prozent. Alle übrigen Variablen führen nur noch zu einer Erhöhung der erklärten Varianz auf 76 Prozent. In korrigierter Form erhöht sich die erklärte Varianz von 44 auf 52,1 Prozent (Tabelle A. 1-9).

Tabelle A. 1-9: Abhängige Variable: PISA-Score Lesen

Modell	R^2	Korrigiertes R^2
Prozent unterhalb der neunten Klasse	,465	,440
Zusätzlich: übrige Variablen	,760	,521

In einem weiteren Schritt suchen wir nach einer Erklärung für die Differenz zwischen Mädchen und Jungen in der Lesekompetenz. Von den in der Regression enthaltenen Variablen erweist sich zunächst die Elaborationsstrategie als relevant. Sie erklärt 17,6 Prozent (korrigiert: 13,7 Prozent) der Varianz. Das heißt, dass die vermehrte Anwendung der Elaborationsstrategie mit einer größeren geschlechtsspezifischen Differenz in der Lesekompetenz korreliert ist. Der naturwissenschaftliche Unterricht in

Minuten pro Woche führt zu einer Erhöhung der erklärten Varianz auf 34 Prozent (korrigiert 27,6 Prozent). Mehr naturwissenschaftlicher Unterricht ist mit größerer geschlechtsspezifischer Differenz in der Lesekompetenz verknüpft. Die zusätzlichen Variablen erhöhen die erklärte Varianz auf 74,1 Prozent, wenn das vorsichtiger schätzende korrigierte R^2 als Maß angewandt wird, auf 48,2 Prozent (Tabelle A. I-10).

Tabelle A. I-10: Abhängige Variable: Differenz der Lesekompetenz zwischen Mädchen und Jungen

Modell	R^2	Korrigiertes R^2
Elaborationsstrategie	,176	,137
Zusätzlich: Naturwissenschaftsunterricht in Minuten pro Woche	,341	,276
Zusätzlich: übrige Variablen	,741	,482

Zur Erklärung der Differenz in der Mathematik-Kompetenz zwischen Jungen und Mädchen erweist sich insbesondere der Prozentsatz von Schülern unterhalb der neunten Klasse als aussagekräftig. Der positive Zusammenhang der Mathematik-Differenz mit dem Prozentsatz der 15-jährigen Schüler unterhalb der neunten Klasse verweist darauf, dass verspätete Einschulung und viele Klassenwiederholer die Differenz zwischen den Geschlechtern erhöhen (Tabelle A. I-11).

Tabelle A. I-11: Abhängige Variable: Differenz der Mathematik-Kompetenz zwischen Mädchen und Jungen

Modell	R^2	Korrigiertes R^2
Prozent unterhalb der neunten Klasse	,217	,179
Zusätzlich: übrige Variablen	,700	,401

Schließlich unterstützt eine Clusteranalyse die entwickelte Argumentation. Es sind drei Cluster zu erkennen. Tabelle A. I-12 gibt die Mittelwerte der drei Cluster und die Gesamtmittelwerte in den vier Variablen »PISA-Score Lesen«, »Mindestens eine Stunde täglich lesen«, »Kontrollstrategie« und »Elaborationsstrategie« wieder. In Cluster 1 verbindet sich ein hoher Wert in der PISA-Lesekompetenz mit einem mittleren Wert im Faktor

»Mindestens eine Stunde täglich lesen« und niedrigen Werten in der Anwendung der Kontroll- und der Elaborationsstrategie. In Cluster 2 finden wir einen mittleren Wert in der PISA-Lesekompetenz mit einem mittleren Wert »Mindestens eine Stunde täglich lesen« und niedrigen Werten in der Anwendung der Kontroll- und Elaborationsstrategien verknüpft. Cluster 3 kombiniert einen niedrigen Wert in der PISA-Lesekompetenz mit hohen Werten im Faktor »Mindestens eine Stunde täglich lesen« sowie in der Anwendung von Kontroll- und Elaborationsstrategien.

Tabelle A. I-12: Clusteranalyse

Cluster	PISA-Score Lesen	Mindestens eine Stunde täglich lesen	Kontroll-strategie	Elaborations-strategie
1	527,7143	15,677	−,0622	,0104
	7	7	7	7
2	489,1333	15,582	,0473	,0092
	15	15	15	15
3	419,6667	19,898	,1368	,2148
	3	3	3	3
Insgesamt	491,6000	16,126	,0274	,0342
	25	25	25	25

Der individuelle positive Effekt von Lernstrategien auf die PISA-Testergebnisse ist auf der Makroebene nicht erkennbar. Es zeigt sich vielmehr eine Koalition von hoher Selektivität des Schulsystems mit vielen Späteingeschulten und Klassenwiederholern, viel Lesen und ausgeprägtem Gebrauch von Lernstrategien mit schwachen Leseleistungen, wie sich auch umgekehrt starke Leseleistungen mit durchschnittlichem Lesen und geringem Gebrauch von Lernstrategien paaren.

2. Statistische Analysen zur Allokation von Reputation und Forschungsgeldern an Forschungseinrichtungen

Im Folgenden soll im Anschluss an die Studien von Burris (2004) der läh-mende Effekt der Konzentration von Forschungsmitteln auf Großstand-orte auch für Deutschland nachgewiesen werden. Wir greifen dabei auf Daten des CHE-Forschungs-Rankings (Berghoff et al. 2005, 2006) und des DFG-Förder-Rankings (DFG 2003, 2006a) zurück. Über den schon in einer vorausgehenden Untersuchung erbrachten Nachweis hinaus (Münch 2007), können wir das in einer Detailanalyse für das Fach Medizin darlegen. Analysen für die Fächer Chemie, Physik und Biologie kommen zu Ergebnissen, die in dieselbe Richtung weisen. Die jeweils erklärte Va-rianz liegt aber bei der Physik und der Biologie niedriger als bei der Me-dizin und der Chemie. In einem ersten Schritt untersuchen wir, inwiefern der Publikationsoutput pro Wissenschaftler sich über das verfügbare Ka-pital erklären lässt. Die folgenden Variablen gehen in die Analyse ein:

abhängige Variable:
– Publikationswert je leitendem Wissenschaftler (Professoren und selb-
  ständige Projektleiter)
unabhängige Variablen:
Ökonomisches Kapital:
– Drittmittel absolut
– Drittmittel je Professor
Soziales Kapital:
– Partizipation an kooperativen DFG-Programmen
– Gastwissenschaftler der Alexander-von-Humboldt-Stiftung (AvH)
– Stipendiaten des Deutschen Akademischen Austauschdiensts (DAAD)
Kulturelles Kapital:
– Traditionsuniversitäten in Westdeutschland und Berlin
Symbolisches Kapital:
– DFG-Fachgutachter (Zahl der Mitglieder eines Fachbereichs, die im Be-
  obachtungszeitraum ein Fachgutachten über einen bei der DFG einge-
  reichten Förderantrag verfasst haben)

Zunächst sollen Streudiagramme einen ersten Einblick vermitteln, wie sich das Verhältnis zwischen dem Input an Drittmitteln und dem Output an Publikationen darstellt, und zwar 1.) in absoluten Zahlen, 2.) in relativen Zahlen pro Personaleinsatz und 3.) in relativen Zahlen pro eingesetzter Million Euro an Drittmitteln (Abbildung A. II-1, A. II-2, A. II-3). Für das Fach Medizin können wir feststellen, dass bei den absoluten ($R^2 = 0.79$) und bei den relativen Zahlen pro Professor/Wissenschaftler ($R^2 = 0.43$) ein positiver Zusammenhang zwischen dem Drittmittelinput und dem Publikationsoutput besteht. Der Zusammenhang zwischen dem absoluten Input und den Publikationen pro einer Million Euro Drittmittel stellt sich jedoch als negativ dar ($R^2 = 0.32$). (Das R^2 gibt an, wie viel Prozent der Varianz in der abhängigen Variablen durch die unabhängige Variable erklärt wird. Bei $R^2 = 0,43$ sind das 43 Prozent.) Dieses Ergebnis legt nahe, dass der positive Zusammenhang bei den relativen Werten darauf zurückzuführen ist, dass mit höheren Einnahmen mehr Mitarbeiter beschäftigt werden können, die als Koautoren die Zahl der Publikationen der leitenden Wissenschaftler erhöhen. Der positive Zusammenhang wäre demnach ein reiner Ausstattungseffekt, der sich ins Gegenteil verkehrt, sobald die Publikationen auf die investierten Drittmittel bezogen werden. Auch in der multiplen Regression sehen wir einen signifikant positiven Effekt der Drittmittel pro Professor auf die Publikationen pro leitendem Wissenschaftler (Tabelle A. II-1). Der Status einer Traditionsuniversität in Westdeutschland oder Berlin wirkt für sich allein ebenfalls signifikant positiv auf die Publikationen pro leitendem Wissenschaftler, allerdings erklärt er nur elf Prozent Varianz in der abhängigen Variablen (Modell 3). Aus der Analyse der Streudiagramme können wir als Zwischenergebnis festhalten, dass diese signifikant positiven Zusammenhänge vermutlich Ausstattungseffekten geschuldet sind. Der positive Effekt des Status einer Traditionsuniversität verliert sich auch wieder in Kombination mit den übrigen Variablen (Modell 4). Alle anderen Variablen des ökonomischen, sozialen und symbolischen Kapitals sind nicht signifikant positiv, die AvH-Gastwissenschaftler sogar signifikant negativ.

Abbildung A. II-1: Medizin. Forschungsgelder und Publikationen

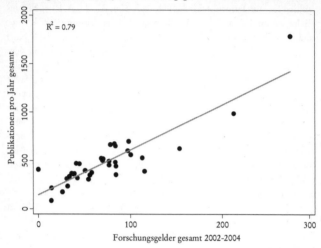

Abbildung A. II-2: Medizin. Forschungsgelder pro Professor, Publikationen pro Wissenschaftler

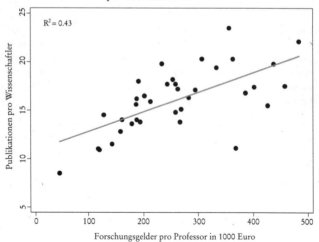

Abbildung A. II-3: Medizin. Forschungsgelder und Publikationen

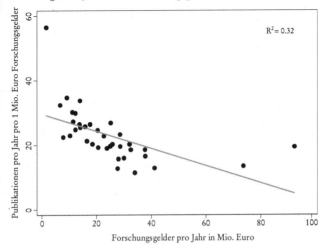

In der weiteren Analyse fragen wir, wie sich Rangunterschiede in der Reputation und im relativen sowie absoluten Drittmittelaufkommen eines Fachbereichs erklären lassen. Darüber hinaus soll ermittelt werden, wie weit sich im Fach Medizin kurvilineare Zusammenhänge zwischen den verfügbaren Forschungsmitteln und dem Publikationsoutput derart finden lassen, dass der Publikationsoutput bis zu einer optimalen Größenordnung der Forschungsmittel zunimmt, um danach wieder zu sinken, wie das Jansen et al. (2007) fachspezifisch für die Mikroökonomie, die Astrophysik und die Nanowissenschaft gezeigt haben. Das lässt sich anhand der einfachen und der quadrierten Summe an Forschungsmitteln erfassen. Die Reputation eines Fachbereichs wird dem Forschungs-Ranking 2006 des CHE entnommen. Dort wird aufgrund der Befragung von Professoren jeweils eine Spitzengruppe von Fachbereichen als forschungsstark ausgewiesen. Außerdem verwenden wir die absolut sowie pro Wissenschaftler eingeworbenen Drittmittel als weitere abhängige Variablen. Wir nehmen dabei an, dass die Summe der Drittmittel indirekt die einem Fachbereich zugeschriebene Reputation zum Ausdruck bringt. Laut CHE-Ranking besteht hier tatsächlich eine hohe Korrelation, diese ist allerdings stärker bei der absoluten Drittmittelsumme als bei der relativen pro Wissenschaftler (Berghoff et al. 2005, 2006).

Tabelle A. II-1: Medizin. Publikationen pro Wissenschaftler

	(1) Veröffent- lichungen pro Wissen- schaftler	(2) Veröffent- lichungen pro Wissen- schaftler	(3) Veröffent- lichungen pro Wissen- schaftler	(4) Veröffent- lichungen pro Wissen- schaftler
Forschungsgelder pro Professor in 1000 Euro	0.0286*** (0.0059)	0.0311*** (0.0064)	–	0.0302*** (0.0068)
Forschungsgelder gesamt	–0.0305 (0.0224)	–0.0060 (0.0176)	–	–0.0021 (0.0238)
Beteiligungen an kooperativen DFG-Forschungs-programmen	0.0575 (0.2162)	–0.0418 (0.2118)	–	–0.0538 (0.2217)
AvH-Gastwissen-schaftler	–	–0.3867** (0.1408)	–	–0.3957** (0.1443)
DAAD-Gast-wissenschaftler	–	0.0142 (0.1333)	–	–0.0087 (0.1620)
DFG-Gutachter 2002-2004	–	0.0273 (0.0482)	–	0.0237 (0.0511)
Traditionsuniver-sitäten in West-deutschland und Berlin	–	–	2.5146** (1.0348)	0.3809 (1.0669)
Konstante	10.4916*** (1.1016)	9.7480*** (1.1696)	14.8737*** (0.7110)	9.8877*** (1.3277)
Universitäten R^2	36 0.48	36 0.53	36 0.11	36 0.51

Bemerkungen: Robuste Standardfehler in Klammern. Signifikanzlevel: * 10 %; ** 5 %; *** 1 %

Es geht nun um die Frage, wie weit die Produktivität eines Fachbereichs pro Wissenschaftler die zugeschriebene Reputation (direkt bzw. indirekt) erklärt und wie weit im Vergleich dazu Faktoren eine Rolle spielen, die man der Kapitalausstattung (sozial, ökonomisch, kulturell oder symbolisch) zuordnen kann. Der Erfassung von Produktivität nähern wir uns in drei Stufen. Auf der ersten Stufe werden die Forschungsleistungen pro Professor bzw. pro Wissenschaftler berechnet, wobei unter Wissenschaftler Professoren und die zahlenmäßig kaum ins Gewicht fallende Gruppe der selbständigen Projektleiter (in Sonderforschungsbereichen oder Nachwuchsgruppen) zu verstehen sind. Bei diesem Produktivitätsmaß ist zu beachten, dass es stark zugunsten der besser mit Mitarbeitern ausgestatteten Fachbereiche verzerrt, zumal in dieser Hinsicht recht große Unterschiede zwischen den Fachbereichen bestehen. Die Zahl der Mitarbeiter pro Professur bzw. Projektleiter variiert etwa zwischen 3,5 und zehn, teilweise sogar noch deutlich mehr. Deshalb wird in einem zweiten Schritt die Produktivität in Bezug auf die Zahl der Mitarbeiter pro Professur berechnet. Eine dritte Möglichkeit der Relativierung des Ressourceneinsatzes stellt die Berücksichtigung der an einem Fachbereich pro Professur zur Verfügung stehenden Drittmittel dar (Abbildung A. II-4).

Betrachten wir exemplarisch die Regressionsanalysen für das Fach Medizin. Da deutlich erkennbare Reputationswerte auf eine Spitzengruppe von einem Viertel der Fachbereiche konzentriert sind und die restlichen drei Viertel Reputationswerte nahe oder gleich Null aufweisen, eignet sich eine Tobit-Regression, die auf die nach unten gestutzte Verteilung der Werte in der abhängigen Variablen zugespitzt ist. Die Erklärung des relativen und absoluten Drittmittelaufkommens wird mittels OLS-Regression geschätzt. Es wird jeweils der Anteil ermittelt, den die verschiedenen als unabhängig definierten Variablen an der erklärten Varianz (R^2, korrigiertes R^2) der abhängigen Variablen haben.

In Tabelle A. II-2 finden sich die Ergebnisse einer Tobit-Regression. Zwei der drei Produktivitätsvariablen erweisen sich in Modell 1 als signifikant, allerdings bei nur 13 Prozent erklärter Varianz. Letztere erhöht sich in Modell 2 auf 18. Dabei zeigen sich nur noch die Drittmittel pro Professor als signifikant positiv mit der Reputation korreliert. Die DFG-Fachgutachter erreichen in Modell 3 allein 30 Prozent der erklärten Varianz. In Modell 4 erhöht sich Letztere nur auf 32 Prozent, wobei nur das symbolische Kapital in Gestalt der DFG-Fachgutachter signifikant positiv mit der Reputation zusammenhängt. Die Modelle 5 bis 9 ersetzen jeweils die DFG-Fachgutachter durch eine Variable des ökonomischen oder so-

Abbildung A. II-4: Produktivität, Kapitalsorten und konstruierte Exzellenz

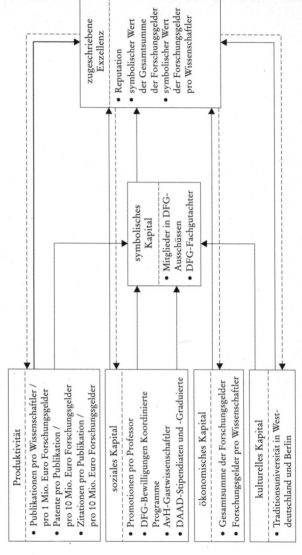

234

zialen Kapitals und erbringen Ergebnisse in derselben Richtung, allerdings bei geringerer erklärter Varianz. Es zeigt sich deutlich die größere Erklärungskraft der Verfügung über Kapital im Vergleich zur Publikationsproduktivität.

In Tabelle A. II-3 wird eine Tobit-Regression repräsentiert, in der die Produktivitätsvariablen auf die verfügbare Summe von Drittmitteln relativiert werden. Wir sehen hier, dass die Produktivitätsvariablen nicht signifikant oder sogar signifikant negativ auf die Reputation wirken. Das verweist erneut auf die im Vergleich zu Publikationen, Zitationen und Patenten größere Wirksamkeit des Drittmittelaufkommens. Am erklärungskräftigsten stellt sich wieder die Zahl der DFG-Gutachter in Modell 3 dar (allein 30 Prozent der erklärten Varianz). In Verbindung mit den Produktivitätsvariablen nimmt die erklärte Varianz nur leicht zu. Dabei zeigen die Produktivitätsvariablen keinen signifikant positiven, teilweise sogar einen signifikant negativen Effekt (Modell 4). Die Drittmittel pro Professor wirken ähnlich wie die DFG-Fachgutachter (Modell 5). In den übrigen Modellen erweisen sich die Variablen für ökonomisches und soziales Kapital als erklärungskräftig, jedoch nicht die Produktivitätsvariablen. Insgesamt liegt jedoch die erklärte Varianz niedriger (Modelle 6-9).

Wollen wir die Zuweisung von Drittmitteln pro Professor als abhängige Variable erklären, dann erweisen sich die Produktivitätsvariablen als deutlich erklärungskräftiger als bei der Erklärung der Zugehörigkeit zur Spitzengruppe der renommiertesten Fachbereiche (Tabelle A. II-4). Bei den Publikationen pro Wissenschaftler und Zitationen pro Publikation liegt die erklärte Varianz in Modell 1 bei 54 Prozent; sie erhöht sich in Modell 2 mit den Patenten pro Professor auf 77 Prozent. Die Zahl der DFG-Gutachter erreicht in Modell 3 allein 48 Prozent. In Modell 4 bringen es die Variablen zusammen auf 81 Prozent. Der Austausch der DFG-Gutachter gegen die absolute Drittmittelsumme in Modell 5 erbringt 82 Prozent der erklärten Varianz. Zusammen mit den Traditionsuniversitäten (nicht signifikant) und den Traditionsuniversitäten mit Zahl der DFG-Gutachter (nicht signifikant in Modell 6) erzielt die Zahl der DFG-Gutachter 55 Prozent erklärte Varianz, mit den Produktivitätsvariablen in Modell 7 noch dazu 80 Prozent. Tauschen wir in Modell 8 die DFG-Gutachterzahl gegen die Drittmittelsumme aus, dann kommen wir auf 82 Prozent erklärte Varianz.

Die Ergebnisse dieser Regressionsanalyse sind jedoch stark zugunsten der Fachbereiche mit besserer Ausstattung der Professuren mit Mitarbeitern verzerrt. Je mehr Mitarbeiter einem Professor zur Verfügung stehen,

Tabelle A. 11-2: Medizin: Tobit-Regression; abhängige Variable: Reputation 1

Tabelle: Tobit-Schätzung mit robusten Standardfehlern

	(1) Reputation	(2) Reputation	(3) Reputation	(4) Reputation	(5) Reputation	(6) Reputation	(7) Reputation	(8) Reputation	(9) Reputation
Publikationen pro Wissenschaftler	-0.8268 (1.035)	-2.2394** (0.8951)	–	0.0371 (0.7195)	-1.1523 (0.7801)	-0.9379 (1.0400)	-1.8729** (0.8177)	-1.1521 (0.7836)	-0.0744 (0.6604)
Zitationen pro Publikation	10.2938*** (2.0980)	4.6560* (2.5726)	–	2.5100 (2.2988)	3.1823 (2.712)	2.0261 (2.6081)	2.0840 (2.9109)	1.7092 (3.1792)	3.1589 (2.2079)
Patente pro Professor	130.8492** (55.7577)	-9.7175 (58.2075)	–	-0.2428 (36.0243)	10.8265 (52.9438)	-35.4327 (48.4146)	-69.6763 (67.2210)	-28.7948 (47.0463)	20.0966 (37.1217)
Forschungsgelder pro Professor in 1000 Euro	–	0.1490** (0.0590)	–	0.0046 (0.0448)	0.0466 (0.0443)	0.1048 (0.0689)	0.1983*** (0.07131)	0.0907* (0.0480)	-0.0066 (0.0352)
Promotionen pro Professor	–	3.4225 (6.6077)	–	5.4643 (6.3283)	8.3111 (7.7493)	5.2126 (7.2397)	-0.3543 (4.8941)	5.432 (6.4390)	9.7000 (6.3173)
DFG-Gutachter 2002-2004	–	–	0.7597*** (0.1449)	0.6424*** (0.1459)	–	–	–	–	–
Forschungsgelder gesamt 2002-2004	–	–	–	–	–	–	–	–	0.2211*** (0.0661)
DFG-Forschungsgelder gesamt 2002-2004	–	–	–	–	–	–	–	0.7798*** (0.2553)	–

DAAD-Gastwiss.	–	–	–	–	–	–	–	–	–
AvH-Gastwiss.	–	–	–	–	–	1.3236 (0.9657)	1.8795** (0.8687)	–	–
Beteiligungen an kooperativen DFG-Programmen	–	–	–	–	1.6964*** (0.0584)	–	–	–	–
Konstante	−80.6765** (24.1643)	−45.5176 (18.9994)	−39.0951*** (8.0117)	−64.9242** (24.2683)	−49.5192** (23.7212)	−45.1215 (17.1076)	−35.3461 (16.9314)	−43.7367 (24.4420)	−61.6436** (20.7097)
Pseudo R²	0.14	0.18	0.30	0.32	0.23	0.19	0.21	0.24	0.27
Prob > chi²	0.00	0.00	0.00	0.00	0.00	0.00	0.00	0.00	0.00
Beobachtungen	36	36	36	36	36	36	36	36	36

Robuste Standardfehler in Klammern

* signifikant bei 10%; ** signifikant bei 5%; *** signifikant bei 1%

Es handelt sich um ein zweifach zensiertes Tobit. Die Reputationswerte auf der linken Seite können nicht kleiner als null sein. Auf der rechten Seite beträgt der theoretisch erreichbare Maximalwert 100.

Tabelle A. II-3: Medizin. Tobit-Regression; abhängige Variable: Reputation 2

Tabelle: Tobit-Schätzung mit robusten Standardfehlern

Modell	(1) Reputation	(2) Reputation	(3) Reputation	(4) Reputation	(5) Reputation	(6) Reputation	(7) Reputation	(8) Reputation	(9) Reputation
Publikationen pro Jahr pro 1 Mio. Euro Forschungsgelder	-2.9637*** (0.8488)	-2.1193** (0.8666)	–	-0.6961 (0.4731)	-0.9081* (0.5264)	-1.079 (0.6261)	0.0957 (0.5009)	-1.4625* (0.7428)	-1.0424* (0.6123)
Patente pro Jahr pro 10 Mio. Euro Forschungsgelder	-0.7506 (1.833)	0.7495 (1.7815)	–	-0.9827 (1.0911)	-0.4540 (2.1563)	0.5808 (1.2393)	0.4105 (1.4621)	-0.7893 (1.6422)	1.0294 (1.3948)
Zitationen pro Publikation pro 10 Mio. Euro Forschungsgelder	–	-0.2839** (0.1139)	–	0.0651 (0.0703)	-0.4813*** (0.1170)	-0.0267 (0.0733)	-0.3400*** (0.0829)	-0.1234 (0.0889)	-0.1151 (0.0729)
DFG-Gutachter 2002-2004	–	–	0.7597*** (0.1449)	0.7580*** (0.1713)	–	–	–	–	–
Beteiligungen an kooperativen DFG-Programmen	–	–	–	–	–	–	–	–	1.8725*** (0.6301)
AvH-Gastwissenschaftler	–	–	–	–	–	–	–	1.8942*** (0.4904)	–
Forschungsgelder pro Professor in 1000 Euro	–	–	–	–	–	–	0.1526*** (0.0369)	–	–

Forschungsgelder gesamt 2002–2004	–	–	–	–	–	0.0007*** (0.0002)	–	–	–
Promotionen pro Professor	–	–	–	–	26.8436*** (6.9913)	–	–	–	–
Konstante	61.2418** (24.7090)	68.6406*** (18.2013)	-39.0951*** (8.6151)	-27.271 (20.0255)	10.9744 (16.2245)	3.1515 (17.1016)	-9.8084 (15.9901)	33.0764* (16.6173)	14.2766 (16.9187)
Pseudo R²	0.10	0.14	0.30	0.31	0.25	0.20	0.28	0.19	0.19
Prob > chi²	0.00	0.00	0.00	0.00	0.00	0.00	0.00	0.00	0.00
Beobachtungen	36	36	36	36	36	36	36	36	36

Standardfehler in Klammern
* signifikant bei 10%; ** signifikant bei 5%; *** signifikant bei 1%

Es handelt sich um ein zweifach zensiertes Tobit. Die Reputationswerte auf der linken Seite können nicht kleiner als null sein. Auf der rechten Seite beträgt der theoretisch erreichbare Maximalwert 100.

umso höher ist seine Publikations-, Patent- und möglicherweise auch Zitationsquote, zumal in den Natur- und Lebenswissenschaften die Professoren in aller Regel an jeder Publikation als Autoren beteiligt sind, die den Lehrstuhl bzw. das Institut verlässt. Die Publikationsquote (Patent-, Zitationsquote) pro Professor ist deshalb an einem besser mit Mitarbeitern ausgestatteten Lehrstuhl bzw. Institut zwangsläufig höher. In den Drittmitteln pro Professor sind die an den Publikationen beteiligten Mitarbeiter schon enthalten. Das bedeutet zwangsläufig, dass ein enger positiver Zusammenhang zwischen den Publikationen und Patenten pro Professor bzw. Wissenschaftler – die Mitarbeiter sind hier nicht mitgezählt – und den Drittmitteln pro Professor bestehen muss. Die mit der Publikationsmenge zunehmende Sichtbarkeit erhöht auch die Chance, dass eine Publikation zitiert wird. Die in Tabelle A. II-4 präsentierten Ergebnisse überzeichnen deshalb den Erklärungsbeitrag der Produktivitätsvariablen. Um diese Überzeichnung herauszufiltern, müssen die Publikationen, Patente und Zitationen auf die einer Professur zur Verfügung stehenden Forschungsmittel (Personal und Sachmittel) relativiert werden.

Nimmt man die entsprechende Relativierung vor, dann verschwinden die positiven Korrelationen zwischen den Produktivitätsvariablen und den Drittmitteln pro Professor (Tabelle A. II-5). Die Publikationen wirken sogar in allen Modellen signifikant negativ auf die Drittmittel pro Professor. Nur die Zitationen pro Publikation weisen in vier Modellen einen signifikant positiven Effekt auf. Eine Erklärung dafür könnte sein, dass mit der verfügbaren Drittmittelsumme und den damit beschäftigten Mitarbeitern die Forschungsteams und die Chancen der Vernetzung mit anderen Forschungsteams größer werden, woraus wieder größere Zitationschancen resultieren. Die DFG-Gutachter erklären erneut allein 48 Prozent der Varianz (Modell 3), zusammen mit den Produktivitätsvariablen 78 Prozent, wobei die Publikationsproduktivität signifikant negativ wirkt (Modell 4). Die Variabeln des sozialen Kapitals erbringen ähnliche Ergebnisse (Modelle 5-8). Setzen wir die absolute Summe der verfügbaren Drittmittel als abhängige Variable ein, dann sehen wir weitgehend dieselben Ergebnisse: keinen signifikant positiven Effekt der Produktivitätsvariablen auf die Drittmittel, auch nicht der Zitationen, dagegen jedoch durchgehend bei den Variablen, die für symbolisches und soziales Kapital stehen, wobei die höchste erklärte Varianz von 78 Prozent von den DFG-Fachgutachtern allein erreicht wird (Tabelle A. II-6).

Tabelle A. II-4: Medizin. OLS-Regression; abh. Variable: Forschungsgelder pro Professor in 1000 Euro

	(1) Forschungsgelder pro Professor in 1000 Euro	(2) Forschungsgelder pro Professor in 1000 Euro	(3) Forschungsgelder pro Professor in 1000 Euro	(4) Forschungsgelder pro Professor in 1000 Euro	(5) Forschungsgelder pro Professor in 1000 Euro	(6) Forschungsgelder pro Professor in 1000 Euro	(7) Forschungsgelder pro Professor in 1000 Euro	(8) Forschungsgelder pro Professor in 1000 Euro
Publikationen pro Wissenschaftler	15.8818*** (4.5366)	7.3913*** (2.4304)		9.2622*** (2.5350)	9.1272*** (2.4741)		8.7487*** (2.6849)	9.7683*** (2.8086)
Zitationen pro Publikation	30.7031*** (9.1153)	31.7547*** (7.2209)		17.4930* (9.1274)	15.5207 (9.5505)		17.8071* (9.6043)	11.8121 (11.2343)
Patente pro Professor		677.3712*** (90.3791)		511.8414*** (106.0200)	538.2929*** (104.1982)		519.2140*** (131.4421)	488.4746*** (139.5301)
DFG-Gutachter 2002–2004			2.9852*** (0.5867)	1.2632** (0.4669)		2.2421*** (0.6463)	1.3538*** (0.3971)	
Forschungsgelder gesamt 2002–2004					0.0020*** (0.0005)			0.0020*** (0.0006)
Traditionsuniversitäten in Westdeutschland und Berlin						97.8372 (58.1104)	20.2820 (28.3157)	−0.5938 (29.1397)

	(1) Forschungsgelder pro Professor in 1000 Euro	(2) Forschungsgelder pro Professor in 1000 Euro	(3) Forschungsgelder pro Professor in 1000 Euro	(4) Forschungsgelder pro Professor in 1000 Euro	(5) Forschungsgelder pro Professor in 1000 Euro	(6) Forschungsgelder pro Professor in 1000 Euro	(7) Forschungsgelder pro Professor in 1000 Euro	(8) Forschungsgelder pro Professor in 1000 Euro
Interaktion (Traditionsuniversitäten in Westdeutschland und Berlin)* (Forschungsgelder gesamt 2002-2004)								0.1585 (0.2589)
(Traditionsuniversitäten in Westdeutschland und Berlin)* (DFG-Gutachter 2002-2004)						-0.5099 (0.7730)	-0.3977 (0.3027)	
Konstante	-196.076*** (48.4669)	-162.561*** (32.3861)	126.7814*** (32.7195)	-132.159*** (43.1616)	-112.578** (41.9858)	124.6622*** (22.5036)	-130.606*** (42.2639)	-97.8987** (46.0542)
Beobachtungen	36	36	36	36	36	36	36	36
Korrigiertes R²	0.54	0.77	0.48	0.81	0.82	0.55	0.80	0.82

Robuste Standardfehler in Klammern
* signifikant bei 10%; ** signifikant bei 5%; *** signifikant bei 1%

Tabelle A. 11-5: Medizin. OLS-Regression
Abh. Variable: Forschungsgelder pro Professor in 1000 Euro

Tabelle: OLS-Schätzung mit robusten Standardfehlern

Modell	(1) Forschungsgelder pro Professor in 1000 Euro	(2) Forschungsgelder pro Professor in 1000 Euro	(3) Forschungsgelder pro Professor in 1000 Euro	(4) Forschungsgelder pro Professor in 1000 Euro	(5) Forschungsgelder pro Professor in 1000 Euro	(6) Forschungsgelder pro Professor in 1000 Euro	(7) Forschungsgelder pro Professor in 1000 Euro	(8) Forschungsgelder pro Professor in 1000 Euro
Publikationen pro Jahr pro 1 Mio. Euro Forschungsgelder	-8.3039*** (1.6471)	-12.0158*** (2.5706)	-	-9.7158*** (2.1117)	-8.7905*** (2.4032)	-9.9872*** (1.8426)	-10.5255** (2.0944)	-10.1422*** (2.0151)
Patente pro Jahr pro 10 Mio. Euro Forschungsgelder	3.7258 (4.2371)	1.5862 (3.7119)	-	0.1802 (2.9713)	-7.0947 (4.4408)	2.8676 (2.6611)	-0.0191 (3.0383)	2.9741 (3.7896)
Zitationen pro Publikation pro 10 Mio. Euro Forschungsgelder	-	0.7577* (0.4671)	-	1.6539*** (0.3208)	0.5083 (0.4033)	1.4767*** (0.2714)	1.2850*** (0.3444)	1.2348*** (0.2791)
DFG-Gutachter 2002-2004	-	-	2.9852*** (0.5867)	3.4284*** (0.4909)	-	-	-	-
Beteiligungen an kooperativen DFG-Programmen	-	-	-	-	-	-	-	11.0414*** (1.9192)

Tabelle: OLS-Schätzung mit robusten Standardfehlern

Modell	(1)	(2)	(3)	(4)	(5)	(6)	(7)	(8)
	Forschungsgelder pro Professor in 1000 Euro	Forschungsgelder pro Professor in 1000 Euro	Forschungsgelder pro Professor in 1000 Euro	Forschungsgelder pro Professor in 1000 Euro	Forschungsgelder pro Professor in 1000 Euro	Forschungsgelder pro Professor in 1000 Euro	Forschungsgelder pro Professor in 1000 Euro	Forschungsgelder pro Professor in 1000 Euro
AvH-Gastwiss.	–	–	–	–	–	–	12.5672*** (2.6697)	–
Forschungsgelder gesamt 2002-2004	–	–	–	–	–	0.0044*** (0.0007)	–	–
Promotionen pro Professor	–	–	–	–	81.0533*** (21.4204)	–	–	–
Konstante	432.3265*** (48.9787)	430.7933*** (45.6334)	126.7814*** (32.7195)	115.3248** (55.4352)	262.9513*** (50.7346)	174.9781*** (46.0717)	259.4669*** (45.7581)	252.5327*** (53.4873)
Korrigiertes R^2	0.3919	0.4375	0.4848	0.7768	0.6549	0.7571	0.6799	0.6473
Prob > F	0.00	0.00	0.00	0.00	0.00	0.00	0.00	0.00
Beobachtungen	36	36	36	36	36	36	36	36

Robuste Standardfehler in Klammern
* signifikant bei 10%; ** signifikant bei 5%; *** signifikant bei 1%

Im Folgenden sind die Ergebnisse einer Regressionsdiagnostik aufgelistet. Es werden für die Modelle 1 bis 8 (Mo 1-8) die Ausreißer benannt. Das sind Universitäten, deren Werte weit von dem Rest abweichen und dadurch die Regression stark beeinflussen können. Weiterhin wird angezeigt, welche Veränderungen sich bei Herausnahme der Ausreißer in den Modellen ergeben. Steigende Modellanpassung bedeutet geringere Fehlerwahrscheinlichkeit und höhere Stabilität eines Modells. Jeweils wird die neue erklärte Varianz in der abhängigen Variablen angegeben (korrigiertes R^2 bzw. K.R^2).

Mo 1: Ausreißer: Uni Witten-Herdecke, ohne Ausreißer R^2: 0.36; sonst keine grav. Unterschiede;

Mo 2: Ausreißer: Uni Witten-Herdecke, Uni Rostock, Charité Berlin, ohne Ausreißer R^2: 0.55, Modellanpassung steigt; jetzt Zitationen pro Publikation pro 10 Millionen Euro Forschungsgelder hoch signifikant;

Mo 3: Ausreißer: Uni Heidelberg/Mannheim, Uni Tübingen, ohne Ausreißer R^2: 0.62, Modellanpassung steigt;

Mo 4: Ausreißer: Uni Heidelberg/Mannheim, Uni Tübingen, Uni Rostock, ohne Ausreißer R^2: 0.84, Modellanpassung steigt; sonst keine grav. Unterschiede;

Mo 5: Ausreißer: Uni Ulm, Charité Berlin, Uni Witten-Herdecke, Uni Regensburg, ohne Ausreißer R^2: 0.79, Modellanpassung steigt; jetzt Patente pro Jahr pro 10 Millionen Euro Forschungsgelder hoch signifikanter negativer Zusammenhang;

Mo 6: Ausreißer: LMU München, Charité Berlin, Uni Witten-Herdecke, Uni Rostock, ohne Ausreißer R^2: 0.89, Modellanpassung steigt; sonst keine grav. Unterschiede;

Mo 7: Ausreißer: Uni Freiburg, Uni Witten-Herdecke, Uni Rostock, ohne Ausreißer R^2: 0.73, Modellanpassung steigt; sonst keine grav. Unterschiede;

Mo 8: Ausreißer: Uni Lübeck, Uni Witten-Herdecke, Uni Rostock, ohne Ausreißer R^2: 0.68, Modellanpassung steigt; sonst keine grav. Unterschiede.

Tabelle A. 11-6: Medizin. OLS-Regression.
Abh. Variable: Gesamtsumme der Forschungsgelder

Tabelle: OLS-Schätzung mit robusten Standardfehlern

	(1) Forschungs-gelder gesamt 2002-2004 in 1000 Euro	(2) Forschungs-gelder gesamt 2002-2004 in 1000 Euro	(3) Forschungs-gelder gesamt 2002-2004 in 1000 Euro	(4) Forschungs-gelder gesamt 2002-2004 in 1000 Euro	(5) Forschungs-gelder gesamt 2002-2004 in 1000 Euro	(6) Forschungs-gelder gesamt 2002-2004 in 1000 Euro	(7) Forschungs-gelder gesamt 2002-2004 in 1000 Euro
Publikationen pro Jahr pro 1 Mio. Euro Forschungsgelder	-1.248,2799*** (302.0993)	-456.2074 (437.6964)	—	-57.5769 (330.0759)	-182.7150 (485.4211)	-170.4760 (341.1032)	-45.8287 (312.9688)
Patente pro Jahr pro 10 Mio. Euro Forschungsgelder	-744.7340 (582.5225)	-288.1705 (663.3614)	—	-531.8712* (291.9010)	-1.024,2854 (719.6980)	-595.9713 (579.1810)	15.8222 (479.3714)
Zitationen pro Publikation pro 10 Mio. Euro Forschungsgelder	—	-161.6895 (97.8029)	—	-6.3666 (42.2179)	-182.8364* (99.2207)	-60.5853 (50.0461)	-57.1990 (44.3712)
DFG-Gutachter 2002-2004	—	—	612.5863*** (105.9100)	594.2104*** (139.9848)	—	—	—
Beteiligungen an kooperativen DFG-Programmen	—	—	—	—	—	—	2.418,5043*** (552.8651)
AvH-Gastwiss.	—	—	—	—	—	2.409,6072*** (747.6315)	—
Promotionen pro Professor	—	—	—	—	6,873.0689** (2,760.4549)	—	—

Konstante	57,204.1193*** (9,522.6451)	57,531.3040*** (9,392.9841)	−2,929.3938 (4,114.1856)	2,854.2054 (10,312.4020)	43,298.8172*** (9,524.2770)	24,681.5740* (13,255.0830)	18,485.1018** (7,812.9995)
Beobachtungen	36	36	36	36	36	36	36
Prob > F	0.00	0.00	0.00	0.00	0.00	0.00	0.00
korrigiertes R^2	0.2956	0.3833	0.7775	0.7636	0.4265	0.7204	0.7709

Robuste Standardfehler in Klammern
* signifikant bei 10%; ** signifikant bei 5%; *** signifikant bei 1%

Zur Regressionsdiagnostik siehe die Erläuterungen zu Tabelle A. II-5.

Mo 1: Ausreißer: Charité Berlin, Uni Witten-Herdecke, LMU München, ohne Ausreißer R^2: 0.60, Modellanpassung steigt; sonst keine Änderungen;

Mo 2: Ausreißer: Charité Berlin, Uni Witten-Herdecke, LMU München, ohne Ausreißer R^2: 0.65, Modellanpassung steigt; jetzt Zitationen pro Publikation pro 10 Millionen Euro Forschungsgelder signifikant negativer Zusammenhang;

Mo 3: Ausreißer: Charité Berlin, Uni Heidelberg/Mannheim, Uni Heidelberg, LMU München, ohne Ausreißer R^2: 0.8, Modellanpassung steigt; sonst keine Änderungen;

Mo 4: Ausreißer: Charité Berlin, Uni Heidelberg/Mannheim, Uni Heidelberg, LMU München, ohne Ausreißer R^2: 0.86, Modellanpassung steigt; jetzt Publikationen pro Jahr pro 1 Million Euro Forschungsgelder signifikanter negativer Zusammenhang;

Mo 5: Ausreißer: Charité Berlin, Uni Witten-Herdecke, LMU München, ohne Ausreißer R^2: 0.78, Modellanpassung steigt; jetzt Publikationen pro Jahr pro 1 Million Euro Forschungsgelder und Zitationen pro Publikation pro 10 Millionen Euro Forschungsgelder hoch signifikanter negativer Zusammenhang;

Mo 6: Ausreißer: MH Hannover, Uni Witten-Herdecke, Uni Heidelberg/Mannheim, Uni Freiburg, Uni Lübeck, Charité Berlin, ohne Ausreißer R^2: 0.85, Modellanpassung steigt; jetzt Publikationen pro Jahr pro 1 Million Euro Forschungsgelder und Zitationen pro Publikation pro 10 Millionen Euro Forschungsgelder signifikanter negativer Zusammenhang;

Mo 7: Ausreißer: Uni Würzburg, Uni Witten-Herdecke, Uni Lübeck, TU München, Uni Lübeck, Charité Berlin, ohne Ausreißer R^2: 0.75, Modellanpassung sinkt; jetzt Publikationen pro Jahr pro 1 Million Euro Forschungsgelder signifikanter negativer Zusammenhang.

Abschließend sollen noch einige Bemerkungen zur Einschätzung der Robustheit der Ergebnisse gemacht werden: Bei der Fallzahl von 36 beobachteten Einheiten bewegen sich die Regressionsmodelle mit zwei, in den meisten Fällen drei oder vier und nur in Einzelfällen fünf oder sechs unabhängigen Variablen noch innerhalb der Grenzen des Gangbaren. Robuster wären die Ergebnisse sicherlich bei einer höheren Fallzahl. Das würde durch eine weitere Beobachtungsperiode von 2005 bis 2007 in einer fortführenden Analyse ermöglicht werden. Die Tatsache, dass bei den Fächern Biologie, Chemie und Physik bei einer höheren Fallzahl, z. B. 52 in der Chemie, ähnliche Ergebnisse herausgekommen sind, kann vorläufig als weitere Unterstützung gewertet werden. Ein Test auf Zusammenhänge (Multikollinearität) zwischen den unabhängigen Variablen hat gezeigt, dass die Ergebnisse dadurch nicht beeinflusst werden. Werden die abhängigen Variablen logarithmiert, dann ändern sich die Ergebnisse nur unwesentlich. In mehreren Fällen wird eine bessere Modellanpassung erreicht; in Tabelle A. II-6 wird der Effekt der Publikationen pro Jahr pro eine Million Euro Forschungsgelder in allen Modellen signifikant negativ. Die deskriptive Statistik zeigt bei einigen unabhängigen Variablen Abweichungen von einer Normalverteilung. Sie geben jedoch nicht zwingend Anlass zu deren Logarithmierung, zumal man sich damit von den realen Verhältnissen entfernt. »Forschungsgelder« als unabhängige und als abhängige Variable meinen jeweils etwas anderes. Als unabhängige Variable sind sie ein Attribut eines Fachbereichs und eine materielle Voraussetzung für die Produktion von Publikationen. Als abhängige Variable sind sie ein Attribut der die Forschungsgelder bewilligenden Instanzen, die sich in dieser Entscheidung u. a. vom wahrgenommenen Publikationsoutput eines Fachbereichs leiten lassen. In dieser Bedeutung sind sie außerdem ein Ausdruck und demgemäß eine Ersatzvariable für die Reputation, die ein Fachbereich bei einer Förderinstitution als Repräsentantin der Scientific Community genießt.

Die abnehmende Forschungsproduktivität jenseits optimaler Größe und Ausstattung erkennen wir andeutungsweise in Tabelle A. II-7. Zwar nicht durchgehend, jedoch in einigen Faktoren zeigt sich ein positiver Zusammenhang der Publikationen pro Wissenschaftler oder der Zitationen pro Publikation mit der einfachen Ausstattungssumme, aber ein negativer mit der quadrierten Summe, und zwar bei den Drittmitteln pro Professor. Dieser Effekt ist bei den Fächern Chemie, Physik und Biologie weniger deutlich erkennbar.

Tabelle A. II-7: Medizin. OLS-Regression; abh. Variable: Publikationen pro Jahr, Publikationen pro Wissenschaftler und Zitationen pro Publikation

	(1) Publikationen pro Jahr	(2) Publikationen pro Jahr	(3) Publikationen pro Wissenschaftler	(4) Publikationen pro Wissenschaftler	(5) Zitationen pro Publikation	(6) Zitationen pro Publikation
Forschungsgelder gesamt	4.6137*** (1.1837)	-0.4011 (1.1119)	-0.0255*** (0.0082)	-0.0439* (0.0245)	0.0093 (0.0060)	0.0226** (0.0105)
Forschungsgelder pro Professor in 1000 Euro	0.0211 (0.3617)	2.4100*** (0.8567)	0.0289*** (0.0056)	0.0739*** (0.0151)	0.0047** (0.0021)	0.0153** (0.0061)
(Forschungsgelder gesamt)^2		0.0183*** (0.0045)		0.0001 (0.0001)		-0.0000 (0.0000)
(Forschungsgelder pro Professor in 1000 Euro)^2		-0.0036* (0.0018)		-0.0001*** (0.0000)		-0.0000* (0.0000)
Konstante	142.8172*** (52.4165)	25.8490 (87.7128)	10.4135*** (1.0548)	5.7029*** (1.6469)	4.6582*** (0.4440)	2.9571*** (0.5055)
Beobachtungen	36	36	36	36	36	36
Korrigiertes R^2	0.77	0.85	0.50	0.56	0.40	0.45

Robuste Standardfehler in Klammern
* signifikant bei 10%; ** signifikant bei 5%; *** signifikant bei 1%

Literatur

AEA (American Evaluation Association) 2006: »High Stakes Testing in PreK-12 Education«, online verfügbar unter: ⟨http://www.eval.org/hst3.htm⟩ (Stand 19. 11. 2008).

Alchian, Armen A. und Susan Woodward 1987: »Reflections on the theory of the firm«, in: *Journal of Institutional and Theoretical Economics* 143, S. 110-136.

Alesi, Bettina, Sandra Bürger, Barbara M. Kehm und Ulrich Teichler 2005: *Stand der Einführung von Bachelor- und Master-Studiengängen im Bologna-Prozess sowie in ausgewählten Ländern Europas im Vergleich zu Deutschland*. Berlin: Bundesministerium für Bildung und Forschung.

Arrow, Kenneth J. 1974: *The Limits of Organization*. New York: Norton.

Baumert, Jürgen et al. (Hg.) 2001: *PISA 2000. Basiskompetenzen von Schülerinnen und Schülern im internationalen Vergleich*. Opladen: Leske + Budrich.

Baumert, Jürgen et al. (Hg.) 2002: *PISA 2000 – Die Länder der Bundesrepublik Deutschland im Vergleich*. Opladen: Leske + Budrich.

Becker, Gary S. 1993: *Human Capital*. Chicago: University of Chicago Press, 3. Aufl.

Bellenberg, Gabriele 1999: *Individuelle Schullaufbahnen. Eine empirische Untersuchung über Bildungsverläufe von der Einschulung bis zum Abschluss*. Weinheim und München: Juventa.

Ben-David, Joseph 1971: *The Scientist's Role in Society. A Comparative Study*. Englewood Cliffs, N. J.: Prentice Hall.

Berg, Gary A. 2005: *Lessons from the Edge: For-Profit and Nontraditional Higher Education in America*. Westport, CT: Greenwood/Praeger.

Berghoff, Sonja, Gero Federkeil, Petra Giebisch, Cord-Dennis Hachmeister, Mareike Hennings und Detlef Müller-Böling 2005: *Das CHE-ForschungsRanking deutscher Universitäten 2005*. Arbeitspapier Nr. 70. Gütersloh: Centrum für Hochschulentwicklung.

Berghoff, Sonja, Gero Federkeil, Petra Giebisch, Cord-Dennis Hachmeister, Mareike Hennings und Detlef Müller-Böling 2006: *Das CHE-Forschungsranking deutscher Universitäten 2006*. Gütersloh: Centrum für Hochschulentwicklung.

Bernhard, Stefan 2005: *Sozialpolitik im europäischen Mehrebenensystem. Die Bekämpfung von Armut und sozialer Ausgrenzung im Rahmen der Offenen Methode der Koordinierung.* Berlin: Berliner Wissenschafts-Verlag.

Beyer, Jürgen 2006: *Pfadabhängigkeit.* Frankfurt und New York: Campus.

Bieling, Hans-Jürgen und Frank Deppe 1996: »Internationalisierung, Integration und politische Regulierung.« In: Markus Jachtenfuchs und Beate Kohler-Koch (Hg.): *Europäische Integration.* Opladen: Leske + Budrich, S. 481-511.

Bittlingmayer, Uwe 2005: ›*Wissensgesellschaft‹ als Wille und Vorstellung.* Konstanz: UVK.

Blobel, Günter et al. 2008: »Das ungelöste Max Planck-Problem«, in: *Frankfurter Allgemeine Zeitung,* Nr. 6 vom 8. Januar 2008, S. 35.

Bogumil, Jörg, Rolf G. Heinze, Stephan Grohs und Sascha Gerber 2007: *Hochschulräte als neues Steuerungsinstrument? Eine empirische Analyse der Mitglieder und Aufgabenbereiche.* Abschlussbericht der Kurzstudie. Düsseldorf: Hans-Böckler-Stiftung.

Bohler, Karl Friedrich und Hansfried Kellner 2004: *Auf der Suche nach Effizienz. Die Arbeitsweisen von Beratern in der modernen Wirtschaft.* Frankfurt und New York: Campus.

Bok, Derek 2003: *Universities in the Marketplace: The Commercialization of Higher Education.* Princeton, N. J.: Princeton University Press.

Boli, John und George M. Thomas (Hg.) 1999: *Constructing World Culture. International Non-Governmental Organizations Since 1875.* Stanford, CA: Stanford University Press.

Bourdieu, Pierre 1982: *Die feinen Unterschiede. Kritik der gesellschaftlichen Urteilskraft.* Frankfurt am Main: Suhrkamp (frz. Original 1979).

Bourdieu, Pierre 1992: *Homo academicus.* Frankfurt am Main: Suhrkamp.

Bourdieu, Pierre 1998: *Praktische Vernunft. Zur Theorie des Handelns.* Frankfurt am Main: Suhrkamp.

Bourdieu, Pierre 2004: *Der Staatsadel.* Konstanz: UVK (frz. Original 1989).

Bröckling, Ulrich 2007: *Das unternehmerische Selbst.* Frankfurt am Main: Suhrkamp.

Bröckling, Ulrich, Susanne Krasmann und Thomas Lemke (Hg.) 2000: *Gouvernementalität der Gegenwart. Studien zur Ökonomisierung des Sozialen.* Frankfurt am Main: Suhrkamp.

Bröckling, Ulrich, Susanne Krasmann und Thomas Lemke (Hg.) 2004: *Glossar der Gegenwart.* Frankfurt am Main: Suhrkamp.

Burris, Val 2004: »The Academic Caste System: Prestige hierarchies in

PhD exchange networks«, in: *American Sociological Review* 69 (2), S. 239-264.

Burtscheid, Christine 2007a: »Wir brauchen Standards für das Abitur. SZ-Interview mit Siegfried Schneider«, in: *Süddeutsche Zeitung* 63, Nr. 182 vom 9. August 2007, S. 37.

Burtscheid, Christine 2007b: »Freiheit für die Schulen. Warum Eltern, Lehrer und Kommunen über die Struktur des Bildungssystems entscheiden sollten«, in: *Süddeutsche Zeitung* 63, Nr. 265 vom 17./18. November 2007, S. 49.

Burtscheid, Christine 2007c: »Der Stress hat zugenommen. Psychologen kritisieren den Druck an den Schulen«, Interview mit Norbert Hirschmann, in: *Süddeutsche Zeitung* 63, Nr. 236 vom 13. Oktober 2007, S. 46.

Burtscheidt, Christine 2008a: »Die Humanisten führen die Liste an. Kultusministerium ermittelt die 25 besten Gymnasien«, in: *Süddeutsche Zeitung* 64, Nr. 9 vom 11. Januar 2008, S. 33.

Burtscheid, Christine 2008b: »Der lange Abschied von Humboldt«, in: *Süddeutsche Zeitung* 64, Nr. 85 vom 11. April 2008, S. 39.

Burtscheid, Christine und Birgit Taffertshofer 2007: »Unionspolitiker fordern deutsches Zentralabitur«, in: *Süddeutsche Zeitung* 63, Nr. 182 vom 9. August 2007, S. 1.

Campbell, John L. und Ove K. Pedersen (Hg.) 2001: *The Rise of Neoliberalism and Institutional Analysis*. Princeton, N. J.: Princeton University Press.

Clark, Burton 1998: *Creating Entrepreneurial Universities. Organizational Pathways of Transformation*. Oxford und New York: Pergamon Press.

Coase, Ronald 1937: »The nature of the firm«, in: *Economica* 16 (4), S. 386-405.

Comte, Auguste 1830-42/1975: *Cours de philosphie positive*, hg. von Michel Serres, François Dagognet und Allal Sinaceur. Paris: Hermann.

Czerwenka, Kurt, Karin Nölle, Gerhard Pause, Werner Schlotthaus, Hans Jochim Schmidt, Janina Tessloff 1990: *Schülerurteile über die Schule. Bericht über eine internationale Untersuchung*. Frankfurt am Main: Peter Lang.

Dahrendorf, Ralf 1965: *Bildung ist Bürgerrecht. Plädoyer für eine aktive Bildungspolitik*. Hamburg: Nannen-Verlag.

Davis, Kingsley und Wilbert E. Moore 1945: »Some principles of stratification«, in: *American Sociological Review* 10, S. 242-249.

Delanty, Gerard 2001: *Challenging Knowledge. The University in the Knowledge Society.* Buckingham: Open University Press.

Deutsche Forschungsgemeinschaft (DFG) 2003: *Förder-Ranking 2003. Institutionen – Regionen – Netzwerke. DFG-Bewilligungen und weitere Basisdaten öffentlich geförderter Forschung.* Bonn.

Deutsche Forschungsgemeinschaft (DFG) 2006a: *Förder-Ranking 2006. Institutionen – Regionen – Netzwerke.* Bonn.

Deutsche Forschungsgemeinschaft (DFG) 2006b: *Chancengleichheit.* online verfügbar unter: ⟨http://www.dfg.de/wissenschaftliche_karriere/chancengleichheit/statistik.html⟩ (Stand: 19.11. 2008).

Dezalay, Yves und Bryant Garth 1998: »Le Washington Consensus: Contribution a une sociologie de l'hegemonie du neoliberalisme«, in: *Actes de la Recherche en Sciences Sociales* 3, S. 121-122.

Dezalay, Yves und Bryant Garth 2002: *The Internationalization of Palace Wars: Lawyers, Economists, and the Contest to Transform Latin American States.* Chicago: University of Chicago Press.

Dilthey, Wilhelm 1883/1968: *Der Aufbau der geschichtlichen Welt in den Geisteswissenschaften.* In: *Gesammelte Schriften*, Bd. 7. Stuttgart: Teubner.

DiMaggio, Paul und Walter W. Powell 1983: »The Iron cage revisited: Institutional isomorphism and collective rationality in organizational fields«, in: *American Sociological Review* 48 (2), S. 147-160.

Drori, Gili S., John W. Meyer, Francisco O. Ramirez und Evan Schofer 2003: *Science in the Modern World Polity: Institutionalization and Globalization.* Stanford, CA: Stanford University Press.

Duncker, Ludwig 2004: »Kulturaneignung als Bildungsprinzip. Schulkindheit im Schnittfeld kulturtheoretischer und pädagogisch-anthropologischer Bestimmungen«, in: Ludwig Duncker, Annette Scheunpflug und Klaudia Schultheis (Hg.): *Schulkindheit. Anthropologie des Lernens im Schulalter.* Stuttgart: Kohlhammer, S. 11-95.

Durkheim, Emile 1961: *Die Regeln der soziologischen Methode.* Neuwied und Berlin: Luchterhand (frz. Original 1895).

Eberlein, Burkard und Dieter Kerwer 2004: »New governance in the EU: A theoretical perspective«, in: *Journal of Common Market Studies* 42 (1), S. 121-142.

Eckardt, Philipp 2005: *Der Bologna-Prozess: Entstehung, Strukturen und Ziele der europäischen Hochschulreformpolitik.* Norderstedt: Books on Demand.

Espeland, Wendy N. und Michael Sauder 2007: »Rankings and reactivity.

How public measures recreate social worlds«, in: *American Journal of Sociology* 113 (1), S. 1-40.

Esping-Andersen, Gøsta 1990: *The Three Worlds of Welfare Capitalism.* Cambridge: Polity Press.

Fama, Eugene F. 1980: »Agency problems and the theory of the firm«, in: *Journal of Political Economy* 88 (2), S. 288-307.

Fama, Eugene F. und Michael C. Jensen 1983: »Separation of ownership and control«, in: *Journal of Law and Economics* 26 (2), S. 301-325.

Faust, Michael 2005: »Managementberatung in der Organisationsgesellschaft«, in: Wieland Jäger und Uwe Schimank (Hg.): *Organisationsgesellschaft. Facetten und Perspektiven.* Opladen: VS Verlag für Sozialwissenschaften, S. 529-588.

Festinger, Leon 1962: *A Theory of Cognitive Dissonance.* Stanford, CA: Stanford University.

Feyerabend, Paul K. 1970: »Against method. Outline of an anarchistic theory of knowledge«, in: Michael Radner und Stephen Winokur (Hg.): *Minnesota Studies on the Philosophy of Science*, Bd. IV. Minneapolis, MN: University of Minnesota Press, S. 17-130.

Finetti, Marco 2007: »Herbe Kritik an deutschen Schulen«, in: *Süddeutsche Zeitung* 63, Nr. 68 vom 23. März 2007, S. 1.

Foucault, Michel 1977: *Überwachen und Strafen. Die Geburt des Gefängnisses.* Frankfurt am Main: Suhrkamp.

Foucault, Michel 2006: *Geschichte der Gouvernementalität.* 2 Bde. Frankfurt am Main: Suhrkamp.

Fourcade, Marion 2006: »The construction of a global profession: The transnationalization of economics«, in: *American Journal of Sociology* 112 (1), S. 145-194.

Franck, Georg 1998: *Ökonomie der Aufmerksamkeit: ein Entwurf.* München: Carl Hanser.

Frank, David J. und Jay Gabler 2006: *Reconstructing the University: Worldwide Shifts in Academia in the 20th Century.* Stanford, CA: Stanford University Press.

Frank, David J. und John Meyer 2006: »Worldwide expansion and change in the university«, in: Georg Krücken, Christian Castor, Anna Kosmützky und Marc Torka (Hg.): *Towards a Multiversity? Universities between Global Trends and National Traditions.* Bielefeld: transcript-Verlag, S. 19-44.

Frank, David J., Suk-Ling Wong, John W. Meyer und Francisco O. Ramirez 2000: »What counts as history: A cross-national and longitudinal study of university curricula«, in: *Comparative Education Review* 44 (1), S. 29-53.

Frey, Bruno S. 2006: »Evaluitis – Eine neue Krankheit«, in: *Working Paper* Nr. 293. Institut für Empirische Wirtschaftsforschung. Universität Zürich.

Friedman, Milton 1995: »Public schools: Make them private«, in: *CATO-Institute Briefing Paper* 23, 23. Juni 1995.

Gauger, Jörg-Dieter (Hg.) 2006: *Bildung der Persönlichkeit.* Freiburg: Herder.

Gehring, Thomas 2002: *Die Europäische Union als komplexe internationale Institution. Wie durch Kommunikation und Entscheidung soziale Ordnung entsteht.* Baden-Baden: Nomos.

Geiger, Roger L. 2004: *Knowledge and Money: Research Universities and the Paradox of the Marketplace.* Stanford, CA: Stanford University Press.

Gibbons, Michael und Björn Wittrock (Hg.) 1985: *Science as a Commodity. Threats to the Open Community of Scholars.* Harlow: Longman.

Gloger, Axel 2007: »Kampf der Marken«, in: *Süddeutsche Zeitung* 63, Nr. 236 vom 13./14. Oktober 2007, S. V2/15.

Greve, Jens und Bettina Heintz 2005: »Die ›Entdeckung‹ der Weltgesellschaft. Entstehung und Grenzen der Weltgesellschaftstheorie«, in: Bettina Heintz, Richard Münch und Hartmann Tyrell (Hg.): *Weltgesellschaft. Theoretische Zugänge und empirische Problemlagen,* Sonderheft »Weltgesellschaft« der *Zeitschrift für Soziologie.* Stuttgart: Lucius & Lucius, S. 89-119.

Habermas, Jürgen 1969: »Gegen einen positivistisch halbierten Rationalismus«, in: Theodor W. Adorno, Ralf Dahrendorf und Harald Pilot. *Der Positivismusstreit in der deutschen Soziologie,* hg. von H. Maus und F. Fürstenberg. Neuwied und Berlin: Luchterhand, S. 235-266.

Habermas, Jürgen 1981: *Theorie des kommunikativen Handelns,* 2 Bde. Frankfurt am Main: Suhrkamp.

Hall, Peter und David Soskice 2001: *Varieties of Capitalism: the Institutional Foundations of Comparative Advantage.* Oxford: Oxford University Press.

Hartmann, Michael 2002: *Der Mythos von den Leistungseliten. Spitzenkarrieren und soziale Herkunft in Wirtschaft, Politik, Justiz und Wissenschaft.* Frankfurt/New York: Campus.

Hartmann, Michael 2006: »Die Exzellenzinitiative – ein Paradigmenwechsel in der deutschen Hochschulpolitik«, in: *Leviathan* 34 (4), S. 447-465.

Hartmann, Michael 2007: *Eliten und Macht in Europa. Ein internationaler Vergleich*. Frankfurt/New York: Campus.

Hasse, Raimund und Georg Krücken 1999: *Neo-Institutionalismus*. Bielefeld: transcript-Verlag.

Hentig, Hartmut von 2003: »Die vermessene Bildung. Die ungewollten Folgen von TIMSS und PISA«, in: *Neue Sammlung* 42, S. 211-234.

Hinrichs, Wolfgang 2008: »Gleichwertige, aber andersartige Aufstiegsmöglichkeiten. Zur deutschen Bildungs- und Hochschultradition«, in: *Forschung & Lehre* 15 (1), S. 32-34.

Honigstein, Raphael 2008: »Herrschaft ausgeweitet. Die englische Stärke in der Champions League ist in Wahrheit die Stärke der immergleichen vier Klubs«, in: *Süddeutsche Zeitung* 64, Nr. 64 vom 15./16. März 2008, S. 41.

Huaco, George 1966: »The functionalist theory of stratification: Two decades of controversy«, in: *Inquiry* 9, S. 215-240.

Huntington, Samuel P. 1996: *Der Kampf der Kulturen. Die Neugestaltung der Weltpolitik im 21. Jahrhundert*. München und Wien: Europaverlag.

Hymans, Jacques E. C. 2005: »What counts as history and how much does history count? The Case of French Secondary Education«, in: Hanna Schissler und Yasemin Nuhoglu Soysal (Hg.): *The Nation, Europe, the World. Textbooks in Transition*. New York: Berghahn Books, S. 61-81.

Jacobson, Kerstin 2004: »Soft regulation and the subtle transformation of states: the case of EU employment policy«, in: *Journal of European Social Policy* 14 (4), S. 355-370.

Jahnke, Thomas 2008: »Die PISA-Unternehmer. Eine Kritik«, in: *Forschung & Lehre* 15 (1), S. 26-27.

Jahnke, Thomas und Wolfram Meyerhöfer (Hg.) 2006: *PISA & Co. Kritik eines Programms*. Hildesheim: Verlag Franzbecker.

Jansen, Dorothea, Andreas Wald, Karola Franke, Ulrich Schmoch und Torben Schubert 2007: »Drittmittel als Performanzindikator der wissenschaftlichen Forschung. Zum Einfluss von Rahmenbedingungen auf Forschungsleistungen«, in: *Kölner Zeitschrift für Soziologie und Sozialpsychologie* 59 (1), S. 125-149.

Jensen, Michael C. und William H. Meckling 1976: »Theory of the firm: Managerial behavior, agency cost and ownership structure«, in: *Journal of Financial Economics* 3 (4), S. 305-360.

Joerges, Christian und Jürgen Neyer 1997: »From intergovernmental bargaining to deliberate political processes: The constitutionalisation of comitology«, in: *European Law Journal* 3, S. 272-299.

Karabel, Jerome 2005: *The Chosen: The Hidden History of Admission and Exclusion at Harvard, Yale, and Princeton.* Boston: Houghton Mifflin Company.

Kehm, Barbara M. (Hg.) 2006: *Looking Back to Look Forward. Analyses of Higher Education after the Turn of the Millennium.* Kassel: International Centre for Higher Education Research.

Kehm, Barbara M. und Ute Lanzendorf (Hg.) 2007: *Reforming University Governance.* Bonn: Lemmens.

Kemnade, Ingrid 1989: *Schullaufbahn und Durchlässigkeit in der Sekundarstufe I. Empirische Untersuchung von Schülerkarrieren in der Stadt Bremen.* Frankfurt am Main: Peter Lang.

Koenig, Matthias 2005a: *Menschenrechte.* Frankfurt/New York: Campus.

Koenig, Matthias 2005b: »Weltgesellschaft, Menschenrechte und der Formwandel des Nationalstaats«, in: Bettina Heintz, Richard Münch und Hartmann Tyrell (Hg.): *Weltgesellschaft. Theoretische Zugänge und empirische Problemlagen*, Sonderheft »Weltgesellschaft« der *Zeitschrift für Soziologie.* Stuttgart: Lucius & Lucius, S. 374-393.

Krais, Beate 1989: »Soziales Feld, Macht und kulturelle Praxis«, in: Klaus Eder (Hg.): *Klassenlage, Lebensstil und kulturelle Praxis.* Frankfurt am Main: Suhrkamp, S. 47-70.

Kraus, Josef 2005: *PISA-Schwindel. Unsere Kinder sind besser als ihr Ruf.* Wien: Signum.

Krautz, Jochen 2007: *Ware Bildung.* München: Verlag Heinrich Hugendubel.

Lane, Jan-Erik 2000: *New Public Management.* London: Routledge.

Lavdas, Kostas, Nikos E. Papadakis und Marianna Gidarakou 2006: »Policies and networks in the construction of the European higher education area«, in: *Higher education management and policy* 18 (1), S. 129-139.

Leištė, Liudvika, Harry de Boer und Jürgen Enders 2006: »England – the Prototype of the ›Evaluative State‹«, in: Barbara M. Kehm und Ute Lanzendorf (Hg.): *Reforming University Governance.* Bonn: Lemmens, S. 21-57.

Lemke, Thomas 1997: *Eine Kritik der politischen Vernunft. Foucaults Analysen der modernen Gouvernementalität.* Hamburg: Argument.

Lemke, Thomas 2000: »Neoliberalismus, Staat und Selbsttechnologien. Ein kritischer Überblick über die governmentality studies«, in: *Politische Vierteljahresschrift* 41 (1), S. 31-47.

Lenhardt, Gero 2002a: »Die verspätete Entwicklung der deutschen Schule«, in: *Pädagogische Korrespondenz* 29, S. 5-22.

Lenhardt, Gero 2002b: »Europe and higher education between universalisation and materialist particularism«, in: *European Educational Research Journal* 1 (2), S. 274-289.

Lenhardt, Gero 2005: *Hochschulen in Deutschland und in den USA. Deutsche Hochschulpolitik in der Isolation.* Wiesbaden: VS Verlag für Sozialwissenschaften.

Lessenich, Stephan 2003: »Soziale Subjektivität. Die neue Regierung der Gesellschaft«, in: *Mittelweg* 36 (4), S. 80-93.

Lewin, Tamar 2008: »American Universities find a global market«, in: *The New York Times International Weekly.* Beilage der *Süddeutschen Zeitung* vom 18. Februar 2008, S. 3.

Little, Todd D., Paul B. Baltes, Gabriele Oettingen und Anna Stetsenko 1995: »Children's action-control beliefs about school performance: How do American children compare with German and Russian children?«, in: *Journal of Personality and Social Psychology* 69 (4), S. 686-700.

Lohmann, Ingrid 2001: »After Neoliberalism. Können nationalstaatliche Bildungssysteme den ›freien Markt‹ überleben?«, in: Ingrid Lohmann und Rainer Rilling (Hg.): *Die verkaufte Bildung. Kritik und Kontroversen zur Kommerzialisierung von Schule, Weiterbildung, Erziehung und Wissenschaft.* Opladen: Leske + Budrich, S. 89-107.

Lohmann, Ingrid 2003: »Bildung – Ware oder öffentliches Gut? Auswirkungen des General Agreement on Trade in Services (GATS) auf den Bildungsbereich«, in: Gewerkschaft Erziehung und Wissenschaft (Hg.): *Materialien und Dokumente Hochschule und Forschung* 103. Frankfurt am Main, S. 242-252.

Lohmann, Ingrid 2006: »Universities, the Internet and the Global Education Market«, in: Jenny Ozga, Terry Seddon und Thomas S. Popkewitz (Hg.): *World Year Book of Education 2006.* New York: Routledge, S. 17-32.

Lohmann, Ingrid und Rainer Rilling (Hg.) 2001: *Die verkaufte Bildung. Kritik und Kontroversen zur Kommerzialisierung von Schule, Weiterbildung, Erziehung und Wissenschaft.* Opladen: Leske + Budrich.

Löwer, Chris 2007: »Die Qual der Auswahl«, in: *Süddeutsche Zeitung* 63, Nr. 236 vom 13./14. Oktober 2007, S. V2/12.

Lutz, Juliane 2007: »Pauken unter Palmen«, in: *Süddeutsche Zeitung* 63, Nr. 236 vom 13./14. Oktober 2007, S. V2/13.

Mackert, Jürgen (Hg.) 2004: *Die Theorie sozialer Schließung. Tradition, Analysen, Perspektiven*. Wiesbaden: VS Verlag für Sozialwissenschaften.

Majone, Giandomenico 1996: *Regulating Europe*. London: Routledge.

Martens, Kerstin und Ansgar Weymann 2007: »The internationalization of education Policy – towards convergence of national paths?«, in: Achim Hurrelmann, Stephan Leibfried, Kerstin Martens und Peter Mayer (Hg.): *Transforming the Golden-Age Nation States*. Houndmills und Basingstoke: Palgrave, S. 152-172.

Martens, Kerstin, Alessandra Rusconi und Kathrin Leuze (Hg.) 2007: »New arenas of education governance – The impact of international organizations and markets on educational policymaking (introduction)«, in: Kerstin Martens, Alesssandra Rusconi und Kathrin Leuze (Hg.): *New Arenas of Education Governance – The Impact of International Organisations and Markets on Educational Policymaking*. Houndmills und Basingstoke: Palgrave, S. 3-15.

Martens, Kerstin, Carolin Balzer, Reinhold Sackmann und Ansgar Weymann 2004: »Comparing governance of international organisations – the EU, the OECD and educational policy«, in: *TransState Working Papers* 7, S. 1-19.

Mauss, Marcel 1968: *Die Gabe. Form und Funktion des Austauschs in archaischen Gesellschaften*. Frankfurt am Main: Suhrkamp.

McSherry, Corynne 2001: *Who Owns Academic Work. Battling for Control of Intellectual Property*. Cambridge, Mass.: Harvard University Press.

Mead, George Herbert 1968: *Geist, Identität und Gesellschaft*. Frankfurt am Main: Suhrkamp.

Menninghaus, Winfried 2006: »Tonnenideologie«, in: *Süddeutsche Zeitung* Nr. 96 vom 26. April 2006, S. 14.

Merton, Robert K. 1968a: »The Matthew Effect in science«, in: *Science* 159, S. 56-63.

Merton, Robert K. 1949/1968b: »The Self-Fulfilling Prophecy«, in: Robert K. Merton. *Social Theory and Social Structure*. New York: Free Press, S. 424-436.

Merton, Robert K. 1942/1973: »The normative structure of science«, in: Robert K. Merton. *The Sociology of Science*. Chicago: University of Chicago Press, S. 267-278.

Merton, Robert K. 1995: »The Thomas Theorem and the Matthew Effect«, in: *Social Forces* 74 (2), S. 379-424.

Merton, Robert K. 1996: »The Matthew Effect in science, II: Cumulative advantage and the symbolism of intellectual property«, in: Robert K. Merton. *On Social Structure and Science*. Chicago: The University of Chicago Press, S. 318-336.

Metz-Göckel, Sigrid 2004: *Exzellenz und Elite im amerikanischen Hochschulsystem. Portrait eines Women's College*. Wiesbaden: VS Verlag für Sozialwissenschaften.

Meyer, Hilbert 2004: *Was ist guter Unterricht?* Berlin: Cornelsen Verlag Scriptor.

Meyer, John W. 2005: *Weltkultur. Wie die westlichen Prinzipien die Welt durchdringen*. Frankfurt am Main: Suhrkamp.

Meyer, John W. und Brian Rowan 1977: »Institutionalized organizations: Formal structure as myth and ceremony«, in: *American Journal of Sociology* 83 (2), S. 55-77.

Meyer, John W. und Ronald L. Jepperson 2000: »The ›Actors‹ of modern society: The cultural construction of social agency«, in: *Sociological Theory* 18 (1), S. 100-120.

Meyer, John W., John Boli, George M. Thomas und Francisco O. Ramirez 1997: »World society and the nation state«, in: *American Journal of Sociology* 103 (1), S. 144-181.

Meyer, Wolfgang und Gabriela Höhns 2002: *Was ist Evaluation?* Bonn: BiBB (Schriftenreihe des Bundesinstituts für Berufsbildung Heft 59; in deutscher und russischer Sprache).

Meyerhöfer, Wolfram 2005: *Tests im Test. Das Beispiel PISA*. Leverkusen: Budrich.

Mugabushaka, Alexis-Michel 2005: *Schlüsselqualifikationen im Hochschulbereich: Eine diskursanalytische Untersuchung der Modelle, Kontexte und Dimensionen in Deutschland und Großbritannien*. Kassel: Diss. Universität Kassel.

Münch, Richard 1972: *Mentales System und Verhalten*. Tübingen: Mohr Siebeck.

Münch, Richard 1982/1988: *Theorie des Handelns*. Frankfurt am Main: Suhrkamp.

Münch, Richard 1991: *Dialektik der Kommunikationsgesellschaft*. Frankfurt am Main: Suhrkamp.

Münch, Richard 1986/1993: *Die Kultur der Moderne*, 2 Bde. Frankfurt am Main: Suhrkamp.

Münch, Richard 1995: *Dynamik der Kommunikationsgesellschaft*. Frankfurt am Main: Suhrkamp.

Münch, Richard 2001a: *The Ethics of Modernity*. Lanham, MD: Rowan & Littlefield.

Münch, Richard 2001b: *Offene Räume. Soziale Integration diesseits und jenseits des Nationalstaates*. Frankfurt am Main: Suhrkamp.

Münch, Richard 2006: »Wissenschaft im Schatten von Kartell, Monopol und Oligarchie. Die latenten Effekte der Exzellenzinitiative«, in: *Leviathan* 34 (4), S. 466-486.

Münch, Richard 2007: *Die akademische Elite. Zur sozialen Konstruktion wissenschaftlicher Exzellenz*. Frankfurt am Main: Suhrkamp.

Münch, Richard 2008: »Stratifikation durch Evaluation. Mechanismen der Konstruktion von Statushierarchien in der Forschung«, in: *Zeitschrift für Soziologie* 37 (1), S. 60-80.

Münch, Richard und Sebastian Büttner 2006: »Die europäische Teilung der Arbeit. Was können wir von Emile Durkheim lernen?«, in: Martin Heidenreich (Hg.), *Die Europäisierung sozialer Ungleichheit. Zur transnationalen Klassen- und Sozialstrukturanalyse*. Frankfurt und New York: Campus, S. 65-107.

Naschold, Frieder und Jörg Bogumil 2000: *Modernisierung des Staates. New Public Management in deutscher und internationaler Perspektive*. Opladen: Leske + Budrich.

National Science Foundation 2004: »Science and engineering indicators«, Arlington, VA: Division of Science Resources Statistics (SRS). online verfügbar unter: ⟨http://www.nsf.gov/statistics/seind04/c5/c5h.htm⟩ (Stand: 19. 11. 2008).

Nienhüser, Werner, Anna Katharina Jacob und Maria Wegener 2007: *Besetzung und Struktur von Hochschulräten in deutschen Universitäten – Konzeption und erste Befunde eines laufenden Forschungsprojektes*. Essen: Lehrstuhl für Allgemeine Betriebswirtschaftslehre, insb. Personalwirtschaft.

North, Douglas C. 1990: *Institutions, Institutional Change, and Economic Development*. Cambridge: Cambridge University Press.

Öchsner, Thomas 2007: »Die neue falsche Steuer«, in: *Süddeutsche Zeitung* 63, Nr. 120 vom 26./27. Mai 2007, S. 25.

OECD 2001: *Lernen für das Leben. Erste Ergebnisse der internationalen Schulleistungsstudie PISA 2000*. Paris: OECD. online verfügbar unter: ⟨http://www.oecd.org/dataoecd/44/31/33691612.pdf⟩ (Stand: 19. 11. 2008).

OECD 2007: *Executive Summary. PISA 2006: Science Competencies for Tomorrow's World*. Paris: OECD.

Oelkers, Jürgen 2003: *Wie man Schule entwickelt. Eine bildungspolitische Analyse nach PISA.* Basel und Berlin: Beltz.

Pierson, Paul 2004: *Politics in Time: History, Institutions, and Social Analysis.* Princeton, N. J.: Princeton University Press.

Power, Michael 1997: *The Audit Society: Rituals of Verification.* Oxford: Oxford University Press.

Power, Michael 2008: »Research evaluation in the audit-society«, in: Hildegard Matthies und Dagmar Simon (Hg.): *Wissenschaft unter Beobachtung. Effekte und Defekte von Evaluationen. Leviathan* Sonderheft 24/2007. Wiesbaden: VS Verlag für Sozialwissenschaften, S. 15-24.

Prenzel, Manfred et al. (Hg.) 2004: *PISA 2003. Deutschland – Ergebnisse des zweiten internationalen Vergleichs.* Münster: Waxmann.

Raan, Anthony F. J. 2005: »Fatal Attraction: Ranking of Universities by Bibliometric Methods«, in: *Scientometrics* 62 (1), S. 133-143.

Readings, Bill 1996: *The University in Ruins.* Cambridge, MA: Harvard University Press.

Reheis, Fritz 2007: *Bildung kontra Turboschule!* Freiburg: Herder.

Reich, Robert 1991: *The Work of Nations.* New York: A. A. Knopf.

Rindermann, Heiner 2006: »Intelligenz, kognitive Fähigkeiten, Humankapital und Rationalität auf verschiedenen Ebenen«, in: *Psychologische Rundschau* 52 (2), S. 137-145.

Rindermann, Heiner 2007: »The g-factor of international cognitive ability comparisons: The homogeneity of results in PISA, TIMSS, PIRLS and IQ-tests across nations«, in: *European Journal of Personality* 21 (5), S. 667-706.

Ringer, Fritz 1969: *The Decline of the German Mandarins. The German Academic Community, 1890-1933.* Cambridge, MA: Harvard University Press.

Ritzer, George 1993: *The McDonaldization of Society.* Thousand Oaks, CA: Pine Forge Press.

Rose, Nikolas 1999: *Powers of Freedom. Reframing Political Thought.* Cambridge: Cambridge University Press.

Rost, Christian 2007: »Plädoyer für einfache Zeugnisse«, in: *Süddeutsche Zeitung* 63, Nr. 120 vom 26./27. Mai 2007, S. 54.

Rügemer, Werner 2004: *Die Berater. Ihr Wirken in Staat und Gesellschaft.* Bielefeld: transcript-Verlag.

Sahlin-Andersson, Kerstin 2001: »National, international and transnational constructions of New Public Management«, in: Tom Christensen und Per Lægreid (Hg.): *New Public Management: The Transformation of Ideas and Practice.* Aldershot: Ashgate, S. 43-72.

Schelsky, Helmut 1971: *Einsamkeit und Freiheit.* 2. erw. Aufl. Düsseldorf: Bertelsmann Universitätsverlag.

Schimank, Uwe 1995: *Hochschulforschung im Schatten der Lehre.* Frankfurt und New York: Campus.

Schloemann, Johann 2007: »Die Kommunikatoren. Ihr Jahr ist um – was machen die Geisteswissenschaften jetzt?«, in: *Süddeutsche Zeitung* 63, Nr. 286 vom 12. Dezember 2007, S. 11.

Schluchter, Wolfgang 1988: *Religion und Lebensführung,* 2 Bde. Frankfurt am Main: Suhrkamp.

Schmoll, Heike 2008: *Lob der Elite. Warum wir sie brauchen.* München: C. H. Beck.

Schnitzer, Klaus 2005: »Von Bologna nach Bergen«, in: Michael Leszczensky und Andrä Wolter (Hg.): *Der Bologna-Prozess im Spiegel der HIS-Hochschulforschung.* Kurzinformation HIS, S. 1-9.

Schultz, Tanjev 2008a: »Unterfordert. Ruf nach Kursen für Hochbegabte«, in: *Süddeutsche Zeitung* 64, Nr. 11 vom 14. Januar 2008, S. 16.

Schultz, Tanjev 2008b: »Zu viel Wegwerfwissen. G8 als Symptom: Der Pädagoge Fritz Reheis kritisiert die Turboschule. Interview mit Fritz Reheis«, in: *Süddeutsche Zeitung* 64, Nr. 35 vom 11. Februar 2008, S. 16.

Schultz, Tanjev 2008c: »Kinder als Stopfgänse. Wer die Schulzeit verkürzt, muss zuerst die Lehrpläne entrümpeln, sonst wird die Schule zur Qual«, in: *Süddeutsche Zeitung* 64, Nr. 30 vom 5. Februar 2008, S. 4.

Schultz, Tanjev 2008d: »Elite im Sonderangebot. Reiche US-Universitäten verzichten auf Studiengebühren«, in: *Süddeutsche Zeitung* 64, Nr. 46 vom 23./24. Februar 2008, S. 1.

Schwertfeger, Bärbel 2007: »Deutscher Sonderweg«, in: *Süddeutsche Zeitung* 63, Nr. 236 vom 13./14. Oktober 2007, S. V2/14.

Seibt, Gustav 2007a: »Blaue Grotte. In Berlin wurde das Jahr der Geisteswissenschaften eröffnet«, in: *Süddeutsche Zeitung* 63, Nr. 22 vom 27/28. Januar 2007, S. 15

Seibt, Gustav 2007b: »Du sollst nicht lärmen. Wider die Reklame für Geisteswissenschaften und Literatur«, in: *Süddeutsche Zeitung* 63, Nr. 25 vom 31. Januar 2007, S. 11

SJTU (Shanghai Jiao Tong University) 2004: *Academic Ranking of World Universities – 2004.* online verfügbar unter: ⟨http://ed.sjtu.edu.cn/ranking.htm⟩ (Stand 19. 11. 2007).

Slaughter, Sheila und Larry L. Leslie 1997: *Academic Capitalism: Politics,*

Policies, and the Entrepreneurial University. Baltimore und London: The Johns Hopkins University Press.

Slaughter, Sheila und Garry Rhoades 2004: *Academic Capitalism and the New Economy. Markets, State, and Higher Education.* Baltimore und London: The Johns Hopkins University Press.

Stamm-Riemer, Ida (Hg.) 2004: *Lebenslanges Lernen. Zur Verknüpfung akademischer und beruflicher Bildung.* Berlin: Berliner Wissenschaftsverlag.

Statistisches Bundesamt 1974: *Statistisches Jahrbuch für die Bundesrepublik Deutschland 1974.* Stuttgart: Kohlhammer.

Statistisches Bundesamt 1976: *Statistisches Jahrbuch für die Bundesrepublik Deutschland 1976.* Stuttgart: Kohlhammer.

Statistisches Bundesamt 2007: *Statistisches Jahrbuch für die Bundesrepublik Deutschland 2007.* Wiesbaden: Statistisches Bundesamt.

Stehr, Nico 1994: *Knowledge Societies.* Thousand Oaks, CA und London: Sage.

Steinberg, Rudolf 2007: »Den Geldbeutel fest geschlossen. Die Deutschen spenden gern für Tsunami-Opfer, aber den Universitäten zu Hause geben die meisten nichts«, in: *Süddeutsche Zeitung* 63 vom 8. August 2007, S. 2.

Steinfeld, Thomas 2007a: »Gräuliche Stängel. Die Rechtschreibreform ist jetzt an den Schulen verbindlich«, in: *Süddeutsche Zeitung* 63, Nr. 175 vom 1. 8. 2007, S. 1.

Steinfeld, Thomas 2007b: »Wo entstehen die großen Bücher? Die Forschung wird aus den Universitäten vertrieben«, in: *Süddeutsche Zeitung* 63, Nr. 182 vom 10. August 2007, S. 11.

Streeck, Wolfgang (Hg.) 1998: *Internationale Wirtschaft, nationale Demokratie.* Frankfurt/New York: Campus.

Süddeutsche Zeitung 2007a: »LMU kooperiert mit Universität in Berkeley«, in: *Süddeutsche Zeitung* 63, Nr. 184 vom 13. August 2007, S. 45.

Süddeutsche Zeitung 2007b: »Multi-Milliardärin. Harvard-Uni steigert ihr Vermögen«, in: *Süddeutsche Zeitung* 63, Nr. 196 vom 27. August 2007, S. 16.

Süddeutsche Zeitung 2008a: »Von der Kindheit bleibt nichts übrig«, in: *Süddeutsche Zeitung* 64, Nr. 58 vom 8./9. März 2008, S. 55.

Süddeutsche Zeitung 2008b: »TU München erweitert ›europäische Allianz‹«, in: *Süddeutsche Zeitung* 64, Nr. 77 vom 2. April 2008, S. 46.

Taffertshofer, Birgit 2007: »Albtraum Gymnasium«, in: *Süddeutsche Zeitung* 63, Nr. 68 vom 22. 03. 2007, S. 37.

Teichler, Ulrich 2005: *Hochschulstrukturen im Umbruch. Eine Bilanz der Reformdynamik seit vier Jahrzehnten.* Frankfurt am Main und New York: Campus.

Terhart, Ewald 2002: *Nach PISA. Bildungsqualität entwickeln.* Hamburg: Europäische Verlagsanstalt.

Thelen, Kathleen 2002: »The Explanatory Power of Historical Institutionalism«, in: Renate Mayntz (Hg.): *Akteure – Mechanismen – Modelle. Zur Theoriefähigkeit makrosozialer Analysen.* Frankfurt/New York: Campus, S. 91-107.

Tumin, Melvin M. 1953: »Some principles of stratification: A critical analysis«, in: *American Sociological Review* 18, S. 387-394.

Tuschling, Anna und Christoph Engemann 2006: »From education to lifelong learning: the merging regime of learning in the European Union«, in: *Educational Philosophy and Theory* 38 (4), S 451-469.

Ulrich, Gerald 2007: »Psychotherapie unter den Auspizien der Naturalisierungsförderung«, in: *Journal für Psychologie* 15 (3). online verfügbar unter: ⟨http://www.journal-fuer-psychologie.de/jfp-3-2007-7.html⟩ (Stand: 20. 11. 2008).

Vereinigung der Bayerischen Wirtschaft (Hg.) 2007: *Bildungsgerechtigkeit. Jahresgutachten 2007.* München.

Wagner, Gerhard 2001: *August Comte zur Einführung.* Hamburg: Junius.

Washburn, Jennifer 2005: *University, Inc.: The Corporate Corruption of American Higher Education.* New York: Basic Books.

Weber, Max.1971: *Gesammelte Aufsätze zur Wissenschaftslehre.* Tübingen: Mohr Siebeck.

Weber, Max 1920/1972a: *Gesammelte Aufsätze zur Religionssoziologie.* Bd. 1. Tübingen: Mohr Siebeck.

Weber, Max 1920/1972b: *Gesammelte Aufsätze zur Religionssoziologie.* Bd. 2. Tübingen: Mohr Siebeck.

Weber, Max 1922/1976: *Wirtschaft und Gesellschaft.* Tübingen: Mohr Siebeck.

Weber, Peter J. 2001: »Technisierung und Marktorientierung von Bildung in Europa«, in: Ingrid Lohmann und Rainer Rilling (Hg.): *Die verkaufte Bildung. Kritik und Kontroversen zur Kommerzialisierung von Schule, Weiterbildung, Erziehung und Wissenschaft.* Opladen: Leske + Budrich, S. 29-43.

Weingart, Peter 2001: *Die Stunde der Wahrheit? Zum Verhältnis der Wissenschaft zu Politik, Wirtschaft und Medien in der Wissensgesellschaft.* Weilerswist: Velbrück Wissenschaft.

Weingart, Peter 2005: *Die Wissenschaft der Öffentlichkeit*. Weilerswist: Velbrück Wissenschaft.

Wiklund, Nils 2007: »Wie viel er auch dichtete, kein Nobelpreis für Sigmund Freud«, in: *Süddeutsche Zeitung* 63, Nr. 169 vom 25. 7. 2007, S. 11.

Williamson, Oliver E. 1985: *The Economic Institutions of Capitalism: Firms, Markets, Relational Contracting*. New York: The Free Press.

Windolf, Paul 1997: »Expansion and structural change: Higher education in Germany, the United States, and Japan, 1870-1990«, in: *Contemporary Sociology* 27 (2), S. 149-150.

Wissenschaftsrat 1999: *Stellungnahme zum Verhältnis von Hochschulausbildung und Beschäftigungssystem*. Pressemitteilung 14/1999 vom 21. Juli 1999.

Wissenschaftsrat 2000: *Empfehlungen zur Einführung neuer Studienstrukturen und -abschlüsse (Bakkalaureus/Bachelor-Magister/Master) in Deutschland*. Pressemitteilung 05/2000 vom 21. Januar 2000.

Wissenschaftsrat 2003: *Prüfungsnoten an Hochschulen 2005 nach ausgewählten Studienbereichen und Studienfächern*. Arbeitsbericht, April 2007.

Wissenschaftsrat 2007: *Forschungsleistungen deutscher Universitäten und außeruniversitärer Einrichtungen in der Chemie*. Köln: Wissenschaftsrat.

Wissenschaftsrat 2008: *Forschungsleistungen deutscher Universitäten und außeruniversitärer Einrichtungen in der Soziologie*. Köln: Wissenschaftsrat.

Witte, Johanna K. 2006: *Change of Degrees and Degrees of Change. Comparing Adaptions of European Higher Education System in the Context of the Bologna Process*. Enschede: Diss. Universität Twente.

Wuttke, Joachim 2006: »Fehler, Verzerrungen, Unsicherheiten in der PISA-Auswertung«, in: Thomas Jahnke und Wolfram Meyerhöfer (Hg.): *PISA & Co. Kritik eines Programms*. Hildesheim: Verlag Franzbecker, S. 102-154.

Ziltener, Patrick 1999: *Strukturwandel der europäischen Integration*. Münster: Westfälisches Dampfboot.

Nachweise

Eine Kurzfassung des Abschnitts »Erzwungener Bildungswandel. Grundkompetenz statt Fachwissen« in Teil I ist unter folgendem Titel erschienen: »Bildung oder Humankapital?«, in Frankfurter Allgemeine Zeitung, 13. November 2008, S. 8.

Eine Kurzfassung des Abschnitts »Warum die deutsche Universität den Anschluss an die internationale Entwicklung verloren hat« in Teil II ist unter folgendem Titel erschienen: »Forschung und Lehre: Erneuerung jenseits disziplinärer Grenzen.« *Frankfurter Allgemeine Zeitung*, 24. Juli 2008, S. 8.

Eine Kurzfassung des Abschnitts »Die Kulturwissenschaften im Sog des akademischen Kapitalismus« in Teil II ist unter folgendem Titel erschienen: »Der König ist tot, es lebe der König! Identitätswandel der Geisteswissenschaften durch Expansion.« *Forschung & Lehre* 15 (4), 2008, S. 234-236.

»Soziologie«
in der edition suhrkamp
Eine Auswahl

Zygmunt Bauman
- Flüchtige Moderne. Übersetzt von Reinhard Kreissl.
  es 2447. 260 Seiten
- Gemeinschaften. Auf der Suche nach Sicherheit in einer be-
  drohlichen Welt. Übersetzt von Frank Jakubzik.
  es 2565. 180 Seiten
- Leben in der flüchtigen Moderne. Übersetzt von Frank
  Jakubzik. es 2503. 287 Seiten
- Vom Nutzen der Soziologie. Übersetzt von Christian
  Rochow. es 1984. 329 Seiten

Ulrich Beck
- Die Erfindung des Politischen. Zu einer Theorie reflexiver
  Modernisierung. es 1780. 303 Seiten
- Gegengifte. Die organisierte Unverantwortlichkeit.
  es 1468. 324 Seiten
- Ulrich Beck. Die Neuvermessung der Ungleichheit unter
  den Menschen: Soziologische Aufklärung im 21. Jahrhun-
  dert. Eröffnungsvortrag zum Soziologentag »Unsichere
  Zeiten« am 6. Oktober 2008 in Jena. 57 Seiten
- Risikogesellschaft. Auf dem Weg in eine andere Moderne.
  es 1365 und es 3326. 396 Seiten
- Das Schweigen der Wörter. Über Terror und Krieg. Rede
  vor der Staatsduma Moskau, November 2001. Sonderdruck
  es. 57 Seiten

Ulrich Beck/Anthony Giddens/Scott Lash. Reflexive
Modernisierung. Eine Kontroverse. es 1705. 364 Seiten

Pierre Bourdieu
- Ein soziologischer Selbstversuch. Übersetzt von Stephan Egger. Mit einem Nachwort von Franz Schultheis. es 2311. 160 Seiten
- Praktische Vernunft. Zur Theorie des Handelns. Übersetzt von Hella Beister. es 1985. 226 Seiten
- Rede und Antwort. Übersetzt von Bernd Schwibs. es 1547. 237 Seiten
- Soziologische Fragen. Übersetzt von Hella Beister und Bernd Schwibs. es 1872. 256 Seiten
- Über das Fernsehen. Übersetzt von Achim Russer. es 2054. 140 Seiten

Norbert Elias über sich selbst. A. J. Heerma van Voss und A. van Stolk, Biographisches Interview mit Norbert Elias. Norbert Elias, Notizen zum Lebenslauf. Übersetzt von Michael Schröter. es 1590. 199 Seiten

Elena Esposito. Die Fiktion der wahrscheinlichen Realität. Übersetzt von Nicole Reinhardt. es 2485. 127 Seiten

Wolfgang Fach. Die Regierung der Freiheit. es 2334. 234 Seiten

Anthony Giddens. Entfesselte Welt. Wie Globalisierung unser Leben verändert. Übersetzt von Frank Jakubzik. es 2200. 116 Seiten

Hartmut Häußermann/Dieter Läpple/Walter Siebel. Stadtpolitik. es 2512. 403 Seiten

Wilhelm Heitmeyer (Hg.)
- Deutsche Zustände. Folge 1. es 2290. 304 Seiten
- Deutsche Zustände. Folge 2. es 2332. 320 Seiten
- Deutsche Zustände. Folge 3. es 2388. 300 Seiten
- Deutsche Zustände. Folge 4. es 2454. 320 Seiten

- Deutsche Zustände. Folge 5. es 2484. 300 Seiten
- Deutsche Zustände. Folge 6. es 2525. 308 Seiten
- Deutsche Zustände. Folge 7. es 2552. 328 Seiten

Wilhelm Heitmeyer/Hans-Georg Soeffner (Hg.) Gewalt.
Neue Entwicklungen und alte Analyseprobleme.
es 2246. 560 Seiten

Wolfgang Hoffmann-Riem
- Kriminalpolitik ist Gesellschaftspolitik. es 2154. 232 Seiten
- Modernisierung von Recht und Justiz. Eine Herausforderung des Gewährleistungsstaates. es 2188. 364 Seiten

Barbara Holland-Cunz. Die alte neue Frauenfrage.
es 2335. 309 Seiten

Karl Otto Hondrich
- Enthüllung und Entrüstung. Eine Phänomenologie des politischen Skandals. es 2270. 166 Seiten
- Liebe in Zeiten der Weltgesellschaft. es 2313. 176 Seiten
- Der Neue Mensch. es 2287. 222 Seiten
- Wieder Krieg. es 2297. 194 Seiten

Marie Jahoda/Paul F. Lazarsfeld/ Hans Zeisel. Die Arbeitslosen von Marienthal. Ein soziographischer Versuch über die Wirkungen langandauernder Arbeitslosigkeit. Mit einem Anhang zur Geschichte der Soziographie. es 769. 148 Seiten

Franz-Xaver Kaufmann
- Herausforderungen des Sozialstaates. es 2053. 194 Seiten
- Sozialpolitsches Denken. Die deutsche Tradition. es 2321. 208 Seiten
- Varianten des Wohlfahrtsstaats. Der deutsche Sozialstaat im internationalen Vergleich. es 2301. 330 Seiten

Christoph Kucklick. Das unmoralische Geschlecht. Zur Geburt der negativen Andrologie. es 2538. 379 Seiten

Wolf Lepenies. Benimm und Erkenntnis. Über die notwendige Rückkehr der Werte in die Wissenschaften. Die Sozialwissenschaften nach dem Ende der Geschichte. Zwei Vorträge. Redaktion: Rüdiger Zill. Erbschaft unserer Zeit. Band 1. es 2018. 100 Seiten

Richard Münch. Die akademische Elite. Zur sozialen Konstruktion wissenschaftlicher Exzellenz. es 2510. 474 Seiten

Ludger Pries. Die Transnationalisierung der sozialen Welt. Sozialräume jenseits von Nationalgesellschaften. es 2521. 398 Seiten

Shalini Randeria/Andreas Eckert (Hg.). Vom Imperialismus zum Empire. Nicht-westliche Perspektiven auf Globalisierung. Herausgegeben von Andreas Eckert und Shalini Randeria. es 2548. 337 Seiten

Elmar Rieger/Stephan Leibfried. Grenzen der Globalisierung. Perspektiven des Wohlfahrtsstaates. es 2207. 410 Seiten

Roger Silverstone. Anatomie der Massenmedien. Ein Manifest. Aus dem Englischen von Frank Jakubzik. es 2505. 299 Seiten

Bernhard Zangl/Michael Zürn. Frieden und Krieg. Sicherheit in der nationalen und postnationalen Konstellation. es 2337. 338 Seiten

Pierre Carles

Soziologie ist ein Kampfsport
Pierre Bourdieu im Porträt

fes 5. DVD 146 Minuten. Farbe
Französische Originalfassung mit deutschen Untertiteln
Booklet mit Interviews sowie dem Aufsatz »Im Banne
des Journalismus« von Pierre Bourdieu
48 Seiten

Mit dem Satz »Soziologie ist ein Kampfsport« beschrieb
Pierre Bourdieu in einem Radiointerview sein Selbstverständnis als Wissenschaftler. Kaum ein Soziologe hat sich
so eingehend mit der öffentlichen Funktion der Intellektuellen und der Rolle der Massenmedien in der modernen
Gesellschaft auseinandergesetzt wie Bourdieu, kaum ein
Theoretiker hat so klar zu politischen Fragen Stellung bezogen: Er solidarisierte sich mit streikenden Bahnarbeitern
und prangerte früh die Folgen des Neoliberalismus an.
Für sein Porträt begleitete Pierre Carles den Soziologen
bei seiner Arbeit am Collège de France und zu öffentlichen Auftritten. Er zeigt ihn bei Diskussionen mit Globa-
lisierungsgegnern, als geduldigen Gesprächspartner, der
Auskunft gibt über seine intellektuelle Biographie, und als
engagierten Pädagogen, der anhand konkreter Beispiele
die zentralen Konzepte seiner Theorie erläutert.

»Eine fulminante, fast schon propagandistische und doch
fesselnde Hommage an den engagierten Intellektuellen.«
Der Spiegel

NF 922/1/12.08